"双碳"时代
综合交通运输高质量发展
探索与实践

镇江市综合交通运输学会　编

江苏大学出版社
JIANGSU UNIVERSITY PRESS

镇　江

图书在版编目(CIP)数据

"双碳"时代综合交通运输高质量发展探索与实践 /
镇江市综合交通运输学会编. -- 镇江：江苏大学出版社，
2024.3
ISBN 978-7-5684-2175-1

Ⅰ．①双… Ⅱ．①镇… Ⅲ．①综合运输－交通运输发
展－研究－中国 Ⅳ．①F512.4

中国国家版本馆 CIP 数据核字(2024)第 055443 号

"双碳"时代综合交通运输高质量发展探索与实践
"Shuangtan" Shidai Zonghe Jiaotong Yunshu Gaozhiliang Fazhan Tansuo yu Shijian

编　　者/镇江市综合交通运输学会
责任编辑/李菊萍
出版发行/江苏大学出版社
地　　址/江苏省镇江市京口区学府路 301 号(邮编：212013)
电　　话/0511-84446464(传真)
网　　址/http://press.ujs.edu.cn
排　　版/镇江市江东印刷有限责任公司
印　　刷/江苏扬中印刷有限公司
开　　本/787 mm×1 092 mm　1/16
印　　张/13.75
字　　数/330 千字
版　　次/2024 年 3 月第 1 版
印　　次/2024 年 3 月第 1 次印刷
书　　号/ISBN 978-7-5684-2175-1
定　　价/68.00 元

如有印装质量问题请与本社营销部联系(电话：0511-84440882)

序

习近平总书记在党的二十大报告中明确提出要加快交通强国建设，强调要积极稳妥推进碳达峰碳中和，坚持先立后破，深入推进能源革命。总书记的讲话描绘了建设交通强国的宏伟蓝图，指明了安全、便捷、高效、绿色、经济的交通运输发展方向，给出了交通供给侧结构性改革的实践路径，明确了创新是引领综合交通运输发展的第一动力，是我国交通运输高质量发展的重要遵循。

近年来，镇江市综合交通运输学会自觉坚持以习近平新时代中国特色社会主义思想为指导，全面贯彻中共中央、国务院发布的《交通强国建设纲要》，积极按照市委、市政府高度关注，交通运输行业发展迫切需要的选题原则，重点围绕镇江交通当好现代化建设开路先锋，加大对全市交通道路网络建设和交通运输产业发展的超前研究力度，为实质性推动镇江交通运输高质量发展提供智力支持。

为了深入贯彻落实习近平总书记关于综合交通运输发展的新要求，2021年我们编辑出版了《新时代综合交通运输理论与实践》一书；今年，我们以《"双碳"时代综合交通运输高质量发展探索与实践》为题，将近我市有关综合交通运输的优秀论文集结成册，正式出版。这部书，凝聚着我市交通系统近百位科技工作者的心血，他们以远见凝聚共识，以笃行践行担当，积极投身创新实践、理论探索，为交通强市建设贡献自己的智慧。

致广大而精微，蹄疾迈须步稳。我们将以习近平新时代中国特色社会主义思想为指导，围绕中心、服务大局，坚持"有为才有位"，在助推交通运输产业高质量发展上持续发力，为市委、市政府当好参谋和助手；充分发挥综合性学会优势，打造有特色的学会品牌，发挥专家委员的智库作用，主动为重点交通建设工程项目、重点交通运输企业提供专家咨询，为推动镇江经济社会发展提供智力支撑，在交通强省建设镇江交通新实践的征程上，贡献学会更多的智慧和力量。

镇江市综合交通运输学会理事长 张惠水

2024 年 3 月

目　录

1　综合交通规划

2　综合交通运输

3 交通工程技术

综合交通规划

构建市域交通快速干线　促进城市能级提升

郜大浩[1]　张道骏[1]　纪书锦[2]　戴维思[2]

（1. 镇江市综合交通运输学会；2. 镇江市规划勘测设计集团有限公司）

摘　要　为呼应镇江市委提出的"一体、两翼、三带、多片区"空间发展战略，加快推进市域一体化进程，镇江亟须构建市域快速干线网络，拉开城市框架，引导人口、产业空间有效集聚，支撑全域融合发展。本文首先以市域快速干线为研究对象，遵循"找问题、明需求、定目标、做方案、强保障"的总体思路，剖析了市域快速干线现状及存在的问题，定性分析了对外交通和市域交通的发展态势，定量分析了城际交通和市域交通出行需求，通过借鉴国内外城市先进经验，对标找到差距，从而提出镇江市域快速干线规划方案；其次，根据城、产、人等布局筛选合理通道，确定网络规模和网络结构，并进行线位功能分析和建设条件分析，做出服务能力、覆盖范围、可达效果等方面的方案评估；最后，针对镇丹一体化、金三角一体化、市区快速路网提升、加强区域交通联系、建设时序及投资估算等问题提出合理建议。

关键词　市域交通；快速干线；一体化建设

近两年到省内周边城市旅行居住过的镇江市民，大多感叹其他兄弟城市的发展和变化，让他们印象最深的是城市交通的快捷方便，以及现代交通设施给城市增添的现代气息。一座城市（包括大的市域范围）的交通现代化程度能直观地反映这座城市的"精气神"，也关系着市域经济的高质量发展和本市人民群众的自豪感、自信心。因此，应该将镇江市交通快速干线网建设提上重要的议事日程。

1　镇江市域快速干线道路现状和存在的问题

1.1　没有一条完整意义上的市域快速干线

一方面，镇江市域尚无一条完整意义上的市域快速干线，也缺乏促进城市抱团发展的快速环线。镇江市域公路总长 6990 km，在苏南五市中排名第二，但公路结构不尽合理，二级以上公路比重仅占 29.8%，仅略高于全省平均水平。镇江市域快速干线系统尚未建成，市区与辖市主要通过普通国（省）道衔接，市区与辖市之间、辖市与辖市之间交通联系时长大多在 50 分钟以上（见表1）；现有通道比较单一，通道等级不高，存在各种交通混行的现象，安全性难以保证；部分道路存在瓶颈路、断头路。这些问题导致镇江市区与辖市之间、辖市与辖市之间的交通联系耗时长，便捷性差，联系紧密度不强等。

另一方面，全市机动车保有量快速增长，截至 2021 年年底，全市机动车保有量共 80.88 万辆，比上年增长 6.0%，近十年年均增长率为 10.9%。随着国家新能源车产业政策的进一步实施，全市机动车保有量的增长速度将进一步提高。人民群众出行意愿高和社会经济发展迅速对道路交通运输提出了新要求。

表 1   镇江市区与辖市、辖市与辖市间现状通道一览表

起终点	公路等级	主要路径	距离/km	行程时间/min
镇江市区—句容	高速公路	沪宁高速	58.4	60
	一级公路	S243	41.6	62
镇江市区—丹阳	高速公路	沪宁高速	36.7	48
	一级公路	G312	32.4	51
	一级公路	G233	20.7	31
镇江市区—扬中	一级公路	S238	44.0	60
句容—丹阳	高速公路	沪宁高速	57.4	58
	部分段二级公路	S122	42.0	78
丹阳—扬中	高速公路	阜溧高速	47.7	53

1.2   现有公路干线建设滞后于产业园区对现代交通运输能力的需求

镇江市现有的 2 个国家级经济技术开发区、7 个省级经济技术开发区和产业园区，均分布于国省干道两侧，但是由于现有国省道快速化改造滞后，无法形成高效快捷的对外交通网络，因此产业经济发展缺乏现代快速交通的引领和有力支撑。G312 镇江段快速化改造以后，镇江高新区才算真正快速化对接南京。

1.3   市区快速路建设严重落后于周边城市

镇江市区快速路建设没有整体规划，不成体系，虽已建成丁卯桥路、金港大道和官塘桥路，全长约 27 km（外围 G312 改成 23 km 快速路，对市区交通疏解作用小，不能算市区快速路），但市区快速路不能覆盖城市高速路出入口，高和快衔接不畅，导致市民出城入城花费的时间较长。

再看周边城市，常州市区在"十二五"期间就建成了"三纵三横"共 87 km"日"字形市内立体互通快速交通网；扬州也已完成市区二期快速路改造 63.4 km，市内快速路连接成环，市区任何一点都可在 15 分钟内上高速。

2   构建市域快速干线的重要性

镇江周边城市（如扬州、常州）均着力构建全域管控下的高速快速一体化路网体

系，积极发挥交通基础设施的先导作用，通过提升交通运行效率增强城市的生命力。镇江市丁卯桥路—金港大道（238省道）、官塘桥路（338省道）快速化改造完成后，主线机动车全程平均运行速度提升至80 km/h以上，交通安全也得到有效控制，明显解决了部分道路沿线交通拥堵的问题。

2.1 构建市域快速干线网，引导人口、产业空间有效集聚

中共镇江市委七届十一次全会报告要求坚定不移推进高质量发展、创造高品质生活、实施高效能治理，首次明确了"创新创业福地，山水花园名城"的城市定位和"一体、两翼、三带、多片区"的发展布局。构建市域快速干线网络有利于优化城市结构，以市域快速干线拉开城市框架，引导人口、产业空间有效集聚，支撑全域融合发展。

城市之间的竞争最终体现为城市区域之间的竞争，通过市域快速干线强化"动脉"联系，可使原有市域空间格局从"小而散"向"聚而强"转变，进一步提升镇江中心城市首位度，支撑城镇空间布局及服务产业转型升级，促进镇江更好地融入城市群和都市圈。

2.2 落实"三区三线"新要求，及时做好规划的预留预控

镇江市国土空间总体规划正在编制过程中，其中"三区三线①"的划定及管控是发挥国土空间规划战略性、引领性、约束性、载体性作用的重要基础，是国土空间规划的核心内容。构建市域快速干线网络有利于在划定"三区三线"的关键时刻处理好道路线位与"三区三线"的关系，做好规划的预留预控。镇江如果再次错失规划良机，那么在今后的规划审批中将处处被动、步步掣肘。

市域快速干线规划与建设要加强与在编的市县国土空间总体规划的互动，预留快速干线廊道和用地指标，确定重要廊道线形、规模，因地制宜选择建设标准，合理制定建设时序，保障快速干线路网与国土空间规划协调一致。

3 构建市域交通快速干线的建议

3.1 规划引领，尽快制定和完善高质量、具有前瞻性的市域快速干线网规划

说起各种建设规划，一定会有人说：我们都有，一本一本的都在。过去的事实证明，有规划是一回事，最终建设有没有按规划做是另一回事，因为没有人对规划进行后评估。南徐大道、官塘桥路、丁卯高架等都不是先有高质量、高水平规划而后按规划标准建设的，而是想到一段研究一段，然后建设这一段。官塘桥路高标准一级路拓宽改造没几年，就又提升标准全部挖掉重建城市快速路。丁卯桥路刚刚按城市一级路改造结束，又全线重建丁卯高架。过去付出的代价依然没有让我们吸取教训，同样的问题还在不断地发生。建设规划的水平和质量直接关系着城市基础设施的建设成本，

---

① 三区三线：根据城镇空间、农业空间、生态空间三种类型，分别对应划定城镇开发边界、永久基本农田保护红线、生态保护红线三条控制线。

我们应该谋定而后动。没有高质量规划引领，建设上的随意性将导致同一等级的路网不能闭合成环。规划不能做成口号式的一根根线条，而忽视了节点和细节。因此，切勿再发生宜城大道（镇荣路）多年来无法顺畅对接官塘桥路这样的事情。

如果相关部门不能正视规划对城市建设引领不够的问题，那么城市和市域快速路建设还会走弯路，镇江与周边城市的差距就会越拉越大。

3.2　围绕全市"一体、两翼、三带、多片区"的发展布局构建市域快速干线网络

向西沿正在快速化改造的 G312 国道串联镇江高新区、韦岗、高资、下蜀、宝华片区，让镇江主城直接对接南京主城。向南要把镇江老城区、南徐新城、丹徒新城、大学城连为一体（没有大学的城市想方设法创造条件引进大学、筹办大学，镇江大学城建成多年，至今没有快速路连接主城区，来自全国各地的学生和学生家长对这座城市的交通体验直接影响城市的声誉）。向东应把京口东部、镇江新区、丹北—界牌、扬中连为一体。要想方设法通过多条快速通道推进镇江和丹阳一体化，并将句容中南部和丹徒南部区域连接到快速干线路网，使全市形成一个整体。

要充分考虑快速干线路网对规划中的全市 9 个重点片区的引领、支撑作用，通过快速干线的连接，加快城市内部片区间的要素循环，促进内部资源的合理配置。最终，通过快速干线建设实现从任何一个片区出发均可在 15 分钟内上高速的目标。

3.3　充分利用既有道路资源，覆盖主要交通节点，构建市域快速干线网

对既有的城市骨架道路和国省干线公路进行深入研究，制订相应计划，根据轻重缓急，或拓宽改造解决瓶颈问题，或打通"断头路"解决有效连接问题，或建设立体互通解决关键节点拥堵问题。总之，要坚持节约利用土地的原则，发挥好现有道路资源的价值。其中，高速公路出入口、高铁站、城际站、客运站和大型物流园区是构建城市交通快速干线网实现快进快出的重要考虑因素。

首先，要重点研究制定对接镇江—扬州第二过江通道的城市快速路规划，研究如何与现有的快速路衔接，这关系到未来城市东北片区的快速出行。其次，要围绕润扬大桥镇江西出入口，研究如何快速对接镇江高新区和长江路沿线片区。金山湖景区（三山景区）、征润州的旅游开发以及西津渡、大西路的人气和活力提升都需要城市西片区有快速路网与高速路出入口连接。镇江高新区开发已经好几年了，园区的快速路网建设并不明朗，现有的路网不能引领高新特精项目落地和产业发展。

4　构建市域快速干线的粗浅设想

镇江应秉承"市区优先、统筹辖市（片区）"、远近期结合的建设原则，循序渐进，推进市域快速路网建设。市域外环采取"先通后畅"分期建设的办法，预控市域快速路干线通道用地，近期实现全线贯通，远期实现全线快速化。

内环：G346—戴家门路—南徐大道—五凤口高架—丁卯高架—金港大道—G233—S306—新 G312。这一环中已建成的有五凤口高架、丁卯高架、金港大道、新 G312，在建的有 G346，需要改建的有金润大道、沪宁支线、戴家门路、南徐大道、G233，需要

新建的为 S306（新 G312 东部起点向东延伸，利用丹北镇通港路接金港大道）。改建的主要目的是解决平面"十"字交通问题，通过建设辅道和立体互通完善提升道路通行能力。

外环：金港大道—扬中三桥—G523（滨江大道）—S238—扬中四桥—S358（通港公路）—S358（丹东路）—S122（机场路）—S122（南二环路）—S122（丹阳西段）—S122（丹徒段）—S122（句容改线段）—S266（句蜀路）—X103—X202—G312。外环路网应串连 4 座城（镇江、扬中、丹阳、句容），带动 10 个镇（大路、油坊、八桥、丹北、界牌、访仙、陵口、司徒、白兔、下蜀），服务 7 大经济板块（镇江经开区、扬中高新区、扬中经开区、丹阳经开区、丹阳高新区、句容经开区、丹徒经开区）。除需新建扬中四桥（连接八桥镇和界牌镇）及接线，S122 句容部分改线外，其他都是改建。

金润大道和官塘桥路—沪宁支线是城市"十"字主骨架。另有 5 条国省干线衔接"双环"，它们是 G312 宁镇段至南京方向，S243 至句容及南京禄口机场，S240 至城市南部及溧阳方向，G312 镇丹段至丹阳和常州方向，G346 至丹北及江阴方向。

建设目标：从市区到辖市城区出行时间在 30 分钟以内，全市域 15 分钟内都能上高速，30 分钟可到达各辖市铁路主枢纽，市域快速干线与高速公路出入口衔接良好，现代化交通快速干线网为全域社会经济发展和人民生活质量提升提供保障。

宁句跨界交通衔接规划研究

句容市综合交通运输学会

摘 要 在南京都市圈区域一体化以及宁句一体化发展趋势下，句容与南京城市跨界交通衔接将进一步融合。本文从句容历史文化、地域空间、产业发展等方面分析了一体化发展的优势，从联系方式多元性、路网韧性、畅达性等方面分析了一体化面临的挑战，据此研判了宁句未来跨界交通发展的趋势，提出了枢纽引领跨界衔接、路网支撑同城一体和绿色交通促进融合的交通发展策略。以此为指导，从公路、铁路、轨道、水运、航空、城市交通等各方面提出了宁句跨界交通设施和服务融合的规划举措与保障措施。

关键词 宁句跨界；交通衔接；一体化发展

1 研究背景

《南京都市圈发展规划》作为首个获国家发改委正式批复的都市圈规划，明确提出：交通系统的连通性、流动性、协同性是都市圈劳动力、资本、技术自由流动，实现中心城市与周边城市融合发展的基础基石，必须充分发挥综合交通的支撑保障和先行引领作用。南京将充分发挥核心城市作用，超越行政边界，先行先试，推动都市圈城市之间交通服务的同城化、交通运行的一体化、交通设施的无缝化。

目前，宁句协同发展进入了新阶段，312 国道产业创新走廊建设加速推进，宁镇线趋于稳定，南京也在重点东向发展，给句容融入南京都市圈创造了新机遇。句容应主动对接南京，积极布局交通设施，锚固宝华、汤山和句容的大东部共同体。同时，句容应结合国土空间规划的管控要求，保障各类交通设施有效落地。

2 宁句一体化发展的优势与挑战

2.1 一体化发展优势分析

2.1.1 历史文化

句容与南京历史文化渊源深厚。自西汉置县开始，句容隶属南京时间长达 1390 年，20 世纪 50 年代才划归镇江。在古代，句容与南京之间以驿路为纽带进行联系，驿路相连，同城相通；民国时，句容北门空军机场作为南京大校场空军基地的预备机场，负责保卫南京领空，彼时，南京、句容之间已经形成了城市命运共同体。

2.1.2 地域空间

句容与南京自然地域连为一体，接壤地段长达 155 km，中心城区直线距离仅约 38 km。随着南京都市圈不断发展，龙潭—下蜀、仙林—宝华、汤山—句容、郭庄—湖熟呈现指状连绵发展趋势。

2.1.3 产业发展

近年来，句容与南京产业发展协同联动。句容正在朝着南京科教优势资源转化的前沿阵地转变，技术在南京、转化在句容的趋势初显。同时，句容主动承接南京产业转移、外溢，临近南京布局相关产业，积极参与南京的产业链构建，逐渐成为南京制造业链的延伸段。

相比南京，句容具有明显的房价优势，这不仅提升了句容的城市吸引力，还进一步加强了宁句之间的职住通勤联系。

2.1.4 公共服务

句容在教育、医疗、文化等优质服务资源与南京共建共享上大动作频频。南京也通过实施优质公共服务一体化、连锁化供给，将公共资源加速转移下沉至句容，这推动了宁句两地进一步紧密融合发展。

2.1.5 社会生活

通勤大数据分析显示，宁句社会生活衔接紧密。在区县层面上，句容为南京主要的通勤来源地之一，占区县流入南京通勤总量的 51%。以通勤率作为都市圈实际范围，目前南京都市圈覆盖至句容的通勤率均在 3.5% 以上，接近东京都市圈测度标准（外围城市到中心城市通勤率大于 5% 则纳入都市圈范围）。

进一步分析可知，宁句之间的高强度通勤主要分布在栖霞—句容、江宁—句容之间，句容与栖霞江宁的通勤量分别占南京都市圈通勤总量的 12% 和 10%，这表明宁句间以句容与栖霞区、江宁区的跨界交流为主。

随着沪宁沿江高铁、扬马城际铁路、宁句城际等轨道重大基础设施的建设与开通，句容的交通枢纽地位逐渐彰显：通过宁句城际可以在 45 分钟内到达南京主城区、1 小时内到达南京核心区；通过沪宁沿江高铁、扬马城际铁路可以在 30 分钟内到达南京重要交通枢纽。句容与南京的出行联系将更加紧密。

2.2 一体化发展面临的挑战

2.2.1 联系方式多元性

目前句容与南京中心区的联系以小汽车为主，联系方式单一，缺乏双快交通支撑，尚未形成通勤条件。快速路网方面，句容与临空经济区联系的省道 S243 尚未快速化改造，宝华—仙林、郭庄—湖熟等跨界地区也没有连续快速通道联系；快速轨道方面，句容与南京主城区联系的 S6 号线已经通车，但是与宝华、下蜀联系的宁镇线方案依然没有确定。

通过交通可达性分析可以看出，宁句 S6 号线通车前，句容至南京的公交可达性不高，S6 号线通车后，句容中心城区进入南京主城的 1 小时公交可达范围具备了通勤基础,但是宝华地区的公交可达性依然有待提升。

2.2.2 路网韧性

目前,宁句跨界贯通性联系通道少,道路网络服务可靠性有待提升,路网韧性不足,除了宝华—仙林拥有 2 条跨界联系通道外,句容—汤山、郭庄—湖熟均只有 1 条非付费联系通道。

2.2.3 畅达性

宁句跨界快速联系通道缺乏,高峰期出现常发性拥堵。目前三轴跨界地区仅宁句轴(句容—汤山)依托省道 S122 快速路衔接,宁镇轴(宝华—仙林)、宁杭轴(郭庄—湖熟)均只能依托公路、主干路进行联系,缺乏连续快速通道。尤其是宝华—仙林跨界通勤联系紧密,跨界出行交通工具中小汽车占比高达 43%,导致高峰期交通量大,仙林大道出现常发性拥堵,严重影响两地居民日常生活。

2.2.4 时效性

宁句之间常规公交联系时间长,大公交(铁路、轨道)发展不足,难以支撑跨界通勤。目前三轴跨界地区均开通了跨界公交,但途经站点多、联系时间长。此外,对比大阪近畿圈的奈良,奈良与京都的关系在空间结构、地域空间上与句容、南京的关系十分相似,奈良的跨界通勤主要依靠铁路和轨道支撑,铁路+轨道的出行占比在 30%以上。而作为句容、南京中心城区联系轴的宁句轴,虽然 S6 号线的通车给句容人民的出行带来了便利,但是铁路+轨道复合交通系依然缺乏,难以满足跨界通勤的需求。

2.2.5 国土空间

在新一轮国土空间规划背景下,国土空间行政要素对跨界融合的制约更加突出。南京在宁句跨界地区保有大量基本农田,永农空间的阻隔不利于宁句跨界交通设施融合和高标准一体化,难以保障句容全面融入南京核心圈。

受国土空间规划的影响,南京对 G104、S122、仪禄高速等跨界区域通道进行多方案比选,与句容的意向方案存在偏差。此外,受国土空间指标的限制,南京在跨界地区削减了部分城镇建设用地指标,导致部分跨界路网建设方案被否决,这与句容的诉求存在脱节。

3 宁句一体化发展趋势

趋势一:共筑国家级都市圈的重要功能区,跨界融合进一步加深

作为南京都市圈核心圈层的重要节点城市,句容占据优越的地理及交通区位优势,需主动对接南京都市圈双快交通系统,构建特色鲜明、优势互补的发展格局,与南京共同打造高水平交通一体化的 1 小时通勤圈。另外,随着南京东部地区的崛起,句容、汤山和青龙地区将形成都市圈东部新增长带,打破原宁句交界指状发展与都市区割裂的格局,助力东部地区全面提档升级,句容需谋划句容—汤山—青龙地区新走廊,积极融入南京东部崛起,成为句容—汤山与都市圈区对接的中心。

趋势二："三轴"指向的跨界地区无缝协同发展

未来，"三轴"地区将呈现无缝协同发展，产业上协同联动。仙林—宝华以建设创新为主的宜居宜业城为目标，重点推进科创产业联动、生态环境和人居环境建设；龙潭—下蜀以建设临港产业为主的工业型新城为目标，重点推进港口和后方产业协作、港口集疏运体系建设；汤山—句容以建设全国知名的温泉和宗教旅游目的地、都市圈生态宜居城市为目标，重点推进旅游发展联动和交通体系的全面对接；湖熟—郭庄以建设高端制造、科创研发、空港物流新城为目标，和禄口、溧水两大空港经济区形成空间互动，承接航空延伸产业，优化片区的服务功能。

趋势三：强化宁句跨界要素联系，构建网络化创新通勤通道

强化区域创新走廊的联动作用，依托沪宁合创新服务中枢发展走廊、沿江临港经济与智造发展走廊、宁杭滁生态经济创新走廊，强化宁句创新联系。在此基础上，建设句容的西部创新干线，搭建以"产业创新中心（科技园区）—智造园区"+"区域创新走廊—内部网络化联系"为核心要素的"协同创新共同体"，形成"一中心、两节点、多平台"的空间布局结构。

"一中心"：以句容城区为创新源，打造句容区域创新核心。

"两节点"：高新区—赤山湖创新中心和宝华城市协同创新中心。

"多平台"：围绕句容未来重点发展的新兴产业、高新技术产业建设多个产业智造中心，以跨界"公交+道路"支撑日常通勤。

趋势四：都市圈通勤联系逐渐加强，交通联系向多元化方式转变

句容位于南京都市圈1小时通勤、生活联系圈，能够以"同城化"标准引领城市建设，高速和城际铁路、城际轨道、高快速路系统不断完善，高铁、城际轨道交通对城市空间的引导作用进一步加强，逐步实现"双快"交通体系+"常规公交、城市干道"的多样化设施对接。

4 宁句跨界交通衔接发展策略

策略一：枢纽引领跨界衔接，共筑共享区域交通设施

（1）多元快联禄口空港；

（2）协同整合区域海港；

（3）共建南京东南部枢纽；

（4）推进城际轨道衔接。

策略二：路网支撑同城一体，构建跨界无缝道路网络

（1）强化都市圈通道对接；

（2）完善同城化路网衔接。

策略三：绿色交通促进融合，打造便利公交慢行系统

（1）提升跨界公交服务水平；

（2）打造互联互通跨界绿道。

5 宁句跨界交通衔接方案建议

5.1 枢纽引领跨界衔接

5.1.1 多元快联禄口空港

积极借势南京禄口空港,利用高速铁路、城际铁路、高速公路、国省道等设施打造便捷的机场集疏运通道,实现与区域空港的充分衔接和快速联系。具体措施如下:

(1) 推进 S243 快速化,加强与禄口机场非付费通道的快速联系;

(2) 加强与仪禄高速的衔接,提升通道快连水平;

(3) 积极推进扬马城际铁路建设,实现通道直连 15 分钟通达。

5.1.2 协同整合区域海港

1) 优化海港功能

按照效益优先、集约、协调发展的原则,协同南京龙潭、马渡海港,调整下蜀港区功能。建议将下蜀港功能由原来的工业港区调整为高端临港产业,并协同龙潭、马渡海港整合岸线及后方腹地资源,借力发展。

2) 强化内河衔接

句容河作为南京秦淮河的支流,是句容城区与南京沟通的重要水上通道,在充分利用句容河的基础上,开挖秦太运河五级航道,与句容河衔接,可完善内河航道运输体系,发展宁句水上旅游。

5.1.3 共建南京东南部枢纽

1) 铁路网规划

规划形成衔接南京、上海、杭州、马鞍山等方向的"三高铁+两城际+两普铁"网络格局,规划形成"一个主客站(句容站)、两个辅客站(宝华山站、句容西站)"的客运枢纽格局。

京沪高铁(已建):未设站。

宁杭高铁(已建):在郭庄设有句容西站。

沪宁沿江高铁(已建):在句容中心城区设有句容站,是句容融入南京都市圈和长三角发展的重要引擎。

沪宁城际(已建):在宝华设有宝华山车站,在下蜀预留车站。

扬马城际(规划):扬马城际在句容站采用外包沪宁沿江高铁的方式,以方便两线的互联互通。扬马城际作为禄口机场枢纽扩大辐射能力的纽带,承担着句容中心城区与禄口机场枢纽快速联系的重任,提升了句容对外远程出行能力。

沪宁铁路(已建):京沪铁路(沪宁段)是客货混行普速铁路线,句容市规划启用下蜀货运站。

宁杭铁路(规划):与宁杭高铁线位相同,为客货混行普速铁路线,在句容境内设有郭庄货运站,加强与南京临空经济区的货运联系。

2）市郊铁路规划

规划苏锡常快线茅金本线由茅山风景区西延至禄口机场站，提升句容南部片区与南京的快联发展动力。

5.1.4 推进城际轨道衔接

1）共建都市圈城际轨道

共建都市圈城际轨道，实现多组团串联换乘，保障宁句核心区域 1 小时通勤联系。

宁句城际 S6 号线西延，与南京城区轨道交通共 5 线 6 站进行换乘，衔接 S3 号线、8 号线、12 号线、2 号线及 13 号线；宁镇线经宝华向西接入南京轨道交通栖霞站后与宁扬线共线，可与南京 6 号线换乘并直达东流换乘枢纽。

2）新增中运量公交系统

规划新增中运量公共交通系统，加强轨道衔接，覆盖次要客流走廊，支撑跨界快速通勤联系。宝华中运量线始于南京仙林湖站，途经宝华镇，止于宝华山景区，全长约 13 km，兼顾宁句通勤和旅游功能，采用中运量轨道制式，可接驳南京轨道 2 号线、4 号线及宁镇扬线（见图 1）。

图 1　宝华中运量线

5.2　路网支撑同城一体

都市圈层面：坚持南京极核带动，以通道衔接提升跨界联系畅达性，强化南京辐射带动功能，助力南京首位度提升。

同城化层面：坚持宁句同城先行，以路网衔接促进连绵区交通融合，强化宁句交通一体发展，推动同城示范区打造。

5.2.1 强化都市圈通道对接

1）都市圈层面通道衔接思路

（1）沿江港区集疏运：完善龙潭—马渡—下蜀港群疏港通道。

（2）南京都市圈核心区：沿宁镇、宁句、宁杭"三轴"交通走廊构建向东、向南辐射的快速通道。

（3）南京临空经济区和溧水：强化向北跨江辐射，拓展向东往镇江、常州辐射。

（4）都市圈东南切向联系：以双方中部干线衔接串联各生态功能区，同时与跨江通道匹配，共建公路大外环。

5.2.2 总体衔接方案

都市圈层面宁句之间共有17条区域衔接通道，主要分为高速公路、一级公路和快速路3类，其中高速公路通道5条，一级公路通道7条，快速路通道5条。总体衔接方案见表1。

表1 总体衔接方案一览表

区域	辐射轴/走廊	道路名称	道路等级
沿江港区集疏运	宁镇轴	龙北大道	快速路
		G312	快速路
		S338	一级公路
南京都市圈核心区	宁句轴	沪宁高速	高速公路
		G104	一级公路/快速路
		新规划省道S122	一级公路/快速路
		原规划省道S122	一级公路
		文昌西路	一级公路/主干路
	宁杭轴	宁杭高速	高速公路
南京临空经济区和溧水	向北跨江	仪禄高速	高速公路
		龙仪过江通道	一级公路
	向镇江、常州辐射	宁常高速	高速公路
		常马高速	高速公路
		S243	快速路
		省道S358—沂湖路	一级公路
		省道S340	一级公路
都市圈东南切向联系	无想山—茅山廊道	溧水中部干线—省道S266（句容中部干线）	一级公路

5.2.3 完善同城化路网衔接

1）同城化层面路网衔接思路

加强跨界地区连绵发展形态的城镇组团的路网联系，包括龙潭—下蜀、仙林—宝华、汤山—句容、湖熟—郭庄等四大组团，以同城化路网服务跨界地区的日常生产生活、通勤及旅游客流。

2）重点衔接道路

本次重点研究15条同城化层面跨界衔接道路，这些道路串联着宁镇合作区、宝华—仙林、句容—汤山、郭庄—湖熟等地区。其中，宁镇合作区的道路主要支撑内部南北向联系；宝华—仙林的道路主要加强了跨界融合，构建了旅游通道；句容—汤山的道路主要提升了路网韧性；郭庄—湖熟的道路一方面能加强旅游联系，另一方面能预留二通道。

同城化层面重点衔接道路见表2。

表2　同城化层面重点衔接道路一览表

序号	道路名称	道路等级	联系片区	道路功能
1	大鹏河路	主干路	宁镇合作区	串联南京龙潭与句容宝华、下蜀等重要功能区，支撑宁镇合作区南北向联系
2	河东路			
3	文靖东路			
4	靖西大道			
5	宣闸河西路			
6	花园路			
7	三江河路			
8	经天路—三黄路	主干路	宝华—仙林	句容宝华—南京仙林跨界融合主要道路
9	广志路—牡丹路			
10	七乡河大道	主干路	宝华—仙林	宝华东部与仙林、栖霞联系的纵向干路
11	圣湖西路东延	主干路	宝华—园博园	省园博园与句容宝华山景区旅游通道
12	黄梅河路—双阜路	主干路	句容—汤山/南京主城	句容与汤山、南京主城方向联系的辅通道，提升路网韧性
13	二圣路—老G104	二级公路		句容高铁站重要集疏运道路，往南京土桥、东山方向辐射的重要组成部分
14	青赤路—丹泉大道	二级公路	郭庄—湖熟	南京青龙山与句容赤山湖景区的直连旅游通道
15	花茂路—规划路	次干路		郭庄与湖熟联系的预留二通道

同城化层面路网衔接方案如图2所示。

图2　同城化层面路网衔接方案

5.3　绿色交通促进融合

5.3.1　提升跨界公交服务水平

1）强化接驳换乘，完善"最后一公里"，保障跨界公共交通时效性

规划句容城南枢纽和童世界站枢纽两大换乘枢纽，强化与宁句S6号线的换乘衔接，提高通过宁句S6号线与南京联系的时效性，避免末端交通影响跨界联系时间。

同时，围绕轨道站点形成"非机动车+小汽车+公交+慢行交通"的接驳换乘体系，完善轨道站点周边的换乘设施。

此外，强化公共交通接驳。规划中心城区BRT线路1条，在童世界站与宁句S6号线换乘。若争取城区BRT线困难，则结合轨道交通形成"一横一纵"干线公交走廊，优化中心城区常规公交线网，强化与轨道站点的接驳。

2）增加跨界常规公交的线路数量，加强线路与邻接地区的轨道交通站点的衔接

规划18条毗邻公交线路，满足居民跨界出行需求。其中，新增郭庄至禄口机场

站、郭庄至药科大学站、中心城区至药科大学站、宝华至栖霞站等 4 条跨界公交线路（见图 3）。

此外，科学规范跨界公交运营，填补跨界运管空白。完善跨界公交在开行频率、车辆配置、沿途设站、票制票价、补贴方式和安全监管等方面的内容，形成一套相对系统、完善的运营服务标准进行规范服务，进一步提升运营服务水平，为跨界居民提供更加便捷、高效、舒适、安全的公交出行服务。

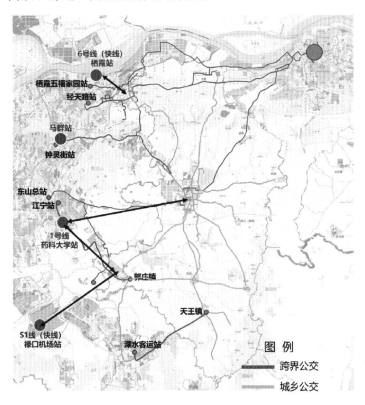

图 3　新增跨界公交线路

5.3.2　打造互联互通跨界绿道

1）协同谋划贯穿宁句的跨界绿廊，构建互联互通的绿色开敞空间格局

以"三带"串联宁句绿道环，构建"环环相扣"的宁句风景绿道骨架。依托国省道建设，部分路段利用县、乡道改造等方式建设区域风景绿廊。注重与南京滨江风光带、南京环主城东南文化休闲旅游产业带一体衔接。

2）打造特色休闲绿道网络，促进宁句旅游资源跨界融合

针对栖霞山—宝华山绿廊，以生态自然景观为核心，以国道 G312 绿廊为轴线，沿山体和河流打造跨界滨水活力绿道、沿山景观绿道。

针对方山—赤山湖—茅山绿廊，以省道 S358 绿廊为轴线，串联南京方山、青龙山和句容"一山三湖"景区，打造特色休闲绿道网络，助推宁句全域旅游发展（见图 4）。

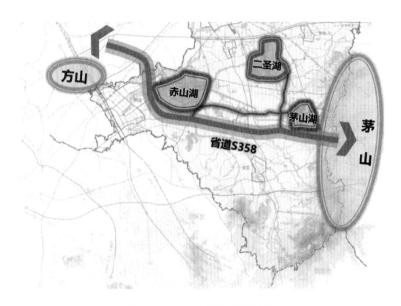

图 4 打造特色休闲绿道网络

6 保障措施

6.1 实施保障措施

（1）加强组织领导。完善领导小组、联席会议及其办公室等多层面组织协调机制。领导小组负责跨界交通特别重大事项的决策与协调。联席会议负责编制并组织实施跨界交通年度重点工作计划，定期通报工作进展。

（2）加强统筹协调。加强规划对接，在轨道、道路等专项规划编制过程中充分对话、消除矛盾。加强宁句各乡镇、各部门协调衔接，共同按照联席会议确定的规划和工作计划，对重大项目安排进行细化分解，逐项落实。

（3）加强评估检查。定期对各责任部门落实跨界规划和年度工作计划的进展进行检查和评估，并向领导小组和联席会议报告，保障跨界交通项目得到落实。积极总结相关经验，探索推进宁句交通跨界衔接的有效办法。

6.2 道路建设时序

按照"谋近期、控远期，抓重点、分主次"的总体思路确定需近期建设和远期预控的道路，并针对近期建设道路明确建设的紧迫性（见表3）。

近期建设道路：已提前实施的道路、现状断头路、支撑"十四五"重大板块建设的道路。

远期预控道路：方案未稳定道路、规划远期开发区域的道路、两地意见不一致道路。

道路建设时序需考虑的因素有交通需求、路网韧性、"十四五"项目库、征地拆迁、项目工程量、对宁句同城化的意义等。

表3 道路建设时序

时间	考虑因素	道路名称	功能定位	道路状况	建设紧迫性
近期建设	已提前实施	文昌西路	宁句同城先行的快速通道,联系句容中心城区与南京公路三环	目前句容段已建至距市界约2 km	☆☆☆☆
		省道 S340	补强句容南部旅游通道,强化与都市圈腹地的联系	目前南京溧水段已建设至市界	☆☆☆
		双阜路—黄梅河路	句容中心城区与汤山、南京主城方向联系的第二通道	目前句容黄梅河路已建设至市界	☆☆☆☆
	打通断头路	经天路—三黄路	句容宝华与南京仙林跨界融合的主要道路	句容段三黄路距市界约1.3 km未建,南京段经天路距市界约0.3 km未建	☆☆☆
		广志路—牡丹路		句容段牡丹路已建设至市界,南京段广志路距市界0.8 km未建	☆☆☆
		青赤路—丹泉大道	南京青龙山与句容赤山湖景区的直连旅游通道	句容段丹泉大道已建设至市界,南京段青赤路距市界约1.2 km未建	☆
	支撑"十四五"重大板块建设	圣湖西路东延	串联省园博园与句容宝华山景区的旅游通道	南京圣湖西路已建设至省道S002,连接省道S002与句容西部干线的道路未建	☆
		二圣路—老 G104	句容高铁站往南京土桥、东山方向辐射的重要集疏运道路	句容段二圣路尚未西延,南京段老G104需建设1.6 km道路	☆☆
远期预控		龙北大道、龙仪过江通道、宁镇合作区7条主干路、原规划省道S122、花茂路—规划路、省道S358—沂湖路、省道S266—溧水中部干线			

扫一扫

宁句跨界交通衔接规划布局

句容市交通与旅游融合发展的探索与实践

王玉蓉[1]　徐金鑫[2]

（1. 句容市公路事业发展中心；2. 镇江市交通规划设计院）

摘　要　旅游业是句容市乡村振兴重要的战略性支柱产业，交通运输则是旅游业发展的基础支撑和先决条件。本文对交通与旅游融合发展进行了探索和实践，以"快进慢游"为路网布局理念，借助现有公路路网及规划建设的路网，串联句容全域各类旅游资源点，形成"外环内环内联外通"、层次清晰的公路结构，同时对路网服务设施进行布局和完善，以期进一步提升路网的旅游服务功能，通过交旅融合发展的方式，为全面实施乡村振兴和构建新发展格局打下坚实的基础。

关键词　交旅融合；路网布局；服务功能；乡村振兴

1　句容市交旅融合发展背景

句容市地处苏南，东连镇江，西接南京，是南京的东南门户，素有"南京新东郊、金陵御花园"之美誉，是长江三角洲一座集港口、工业、商贸、旅游为一体的新兴城市。整个市域面积 1385 km²，旅游公路覆盖全市范围。

2019 年，《交通强国建设纲要》提出全面推进"四好农村路"建设，促进交通建设与农村地区资源开发、产业发展有机融合，加强特色农产品优势区与旅游资源富集区交通建设。2021 年，《国家综合立体交通网规划纲要》提出充分发挥交通促进全域旅游发展的基础性作用，加快国家旅游风景道、旅游交通体系等规划建设，打造具有广泛影响力的自然风景线，强化交通网的"快进慢游"功能。

近年来，句容市依托良好的山水生态资源，坚持用"全域"的理念谋划推进，努力把旅游作为"生态领先、特色发展"的最佳聚焦点，以及调结构、促转型的重要抓手。在乡村振兴方面，形成了"戴庄经验""丁庄样本""西冯模式""唐陵道路"等"三农"领域改革发展成果。2020 年，句容市荣获"中国乡村振兴百佳示范县市"称号。

2　交旅融合现状及优势

2.1　交通区位优势突出

句容是南京"半小时核心圈"中离南京最近的城市，沪宁、宁杭、常合、扬溧高速及 G312 等 10 余条高等级公路可达，随着宁句城际 S6 号线的开通运营以及沪宁沿江城际的规划建设，句容正大步迈进"双铁"时代，加速融入长三角一体化大格局。此外，句容市以"农村公路+旅游"精心规划建设"句容福道"，其中有机农业圈线入选江苏十条"最美农路"自驾游线路。

2.2 旅游资源丰富

目前，句容拥有国家 5A 级景区 1 家，4A 级 2 家，国家级湿地公园 1 家，全国休闲农业与乡村旅游五星级园区 2 家，省级旅游度假区 1 个，江苏省星级乡村旅游点 41 家，创成全省唯一的"全国森林旅游示范县"，荣膺全国"最佳旅游目的地城市"称号，入选国家首批"全域旅游示范区创建单位"；完成了茅山湖国家级旅游度假区总规及核心区控规编制，以及句容市"一山三湖"片区旅游发展总体规划（2020—2035）。康缘中华养生谷航空飞行营地成功试飞，茅山天下无有谷项目开工建设。众多的旅游资源为句容市交旅融合发展提供了先天优势。

2.3 旅游客源潜力大

目前，句容的旅游客源具有以下特征：

（1）客源市场以宁镇扬、苏锡常、上海等周边地区为主，国外游客较少；

（2）游客形式以散客居多，自驾游占有相当大的比重；

（3）休闲度假游的比重逐年上升，过夜游客的数量占比也逐年上升。

句容的旅游客源市场具有相当大的发展潜力，具体表现在以下几方面：

（1）城际铁路、高铁的陆续建成将给句容带来更多的来自长三角以及全国其他地区的游客。

（2）长三角地区居民家庭收入较高、消费意识超前、经济文化交流活跃，因此长三角地区是句容重要的客源市场。

（3）我国将逐步迈入老龄化社会，老年旅游市场具有很大的发展空间，句容的旅游资源特点与老年人养生度假的理念契合度很高。

（4）国内旅游市场正在由观光游向休闲度假游转变，各种类型的休闲度假方式将极大地拓宽句容的客源市场。

3 交旅融合多层路网布局

3.1 市域旅游总体布局

结合句容旅游发展格局和交旅融合发展要求，市域层面采用"一核心、五片区"的布局模式。

1）一核心：交通枢纽旅游服务综合体

随着宁句城际的开通运营、沪宁沿江高铁句容站的建成，以及规划建设的扬马城际铁路、市域（郊）铁路句容至茅山段，正在建设的句容站综合交通枢纽（见图1）可以打造成为交通和旅游的集散中心。

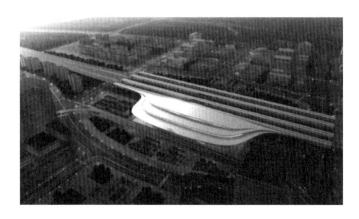

图 1 句容站综合交通枢纽

2）五片区

根据旅游资源分布，将句容市域分成 5 个片区，分片区按照不同主题进行景观的打造。

崇明街道、华阳街道、黄梅街道和经济开发区归为市区综合旅游服务集散区；

茅管南部和天王镇归为南部生态红色旅游区；

赤山湖、郭庄镇归为西部空港湿地旅游区；

白兔镇、后白镇、茅山镇、茅管北部归为东部田园乡村及茅山道文化区；

下蜀镇、宝华镇和边城镇归为北部佛灵山清休闲旅游区。

"一核心、五片区"交旅融合公路网结构体系的建设目标为构建快进慢游、梯级辐射、干支结合、区间循环的旅游交通网络。

3.2 快进通道布局方案

快进通道主要以高速公路、国省干线、铁路、机场为基础，打造 15 分钟交通圈，使得外地自驾游客在抵达句容后，能在 15 分钟车程内进入旅游公路。乘坐火车、飞机来句旅游者，可通过乘坐直达旅游公交等方式，方便地抵达各旅游点。

1）高速公路与国省干线

高速公路方面，可主要通过沪蓉高速、常合高速、长深高速、仪禄高速（规划）互通进入句容。

国省干线方面，可主要通过 G312、S002、S122、S243、G104、S340 进入句容内部的旅游路网。

2）铁路

宁句城际、沪宁沿江城际、扬马城际（规划）、宁句城际二期（规划句茅段）4 条铁路作为快进通道，均接入句容综合交通枢纽，依托交通枢纽旅游服务综合体向外地游客提供各类服务，将游客输送至全市各个旅游点。

3）机场

句容郭庄镇距离南京禄口国际机场直线距离仅 10 km 左右，可将禄口机场作为一个快进节点。游客通过 S243 快进通道进入句容后，可快速抵达奥特莱斯、赤山湖湿地公园等旅游地。

3.3　慢游路线布局方案

因地制宜建设旅游风景道、自驾特色公路、旅游主题公路，结合沿线景观风貌和旅游资源，打造具有通达、游憩、体验、运动、健身、文化教育等复合功能的主题线路，形成"一主环、多内环"、185 km 通景通畅路和 6 条特色观光路组成的句容市慢游旅游公路布局方案。

1）一主环、多内环

一主环、多内环布局方案见图 2。

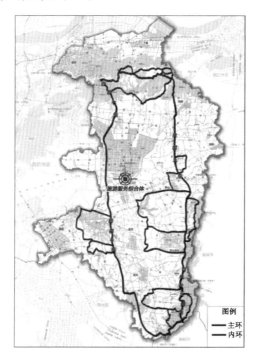

图 2　一主环、多内环布局

2）通景通畅路

通景通畅路合计里程约 185 km，主要是连接性质道路的规划。"通景"即连接内部旅游景点，"通畅"即连接主干路网。通景通畅路基本做到了旅游资源点到线的全覆盖，实现了交旅融合，方便游客深度畅游句容。

3）特色观光路

建设以特色观光公路自身为旅游载体的景区，打造成自驾游和骑行的品牌路线，完善沿线的住宿、餐饮、停车、亲子游玩等服务功能，不断提高知名度，从而促进交通与旅游深度融合，带动周边农业农村振兴发展。

结合句容市旅游公路建设现状，规划了 6 条特色观光公路，分别为金山线、有机农业圈线、花海路、环赤山湖线、矿坑天地线和茶主题观光路。

4 路网服务功能提升方案

4.1 公路提档升级

公路等级不宜过高，一般设计为双车道，沿线可因地制宜适当考虑设置自行车道（或加宽硬路肩兼用自行车道）。旅游资源和景观资源较好的路段可参考三级公路标准设计，资源一般的路段可参考四级公路标准设计。设计速度一般控制在 20~40 km/h，服务水平建议采用三级。

4.2 配套公路驿站

根据功能、性质和规模可将公路驿站分为 3 个等级：

一级驿站提供交通换乘、餐饮、充电、停车、如厕、休憩、观景等服务；

二级驿站提供停车、充电、如厕、休憩、观景等服务，可充分结合村委会、农庄等现有设施进行改造；

三级驿站即观景区（台），主要提供停车、休憩、观景等服务，应着力打造一批具有当地特色的网红打卡点，提升知名度。

4.3 标志标识方案

公路标识系统应充分挖掘句容市及沿线地区的文化内涵，进行提炼重组，通过造型、色彩、符号等不同元素的组合，展现该区域的特色形象，再将特色形象贯穿全线服务节点，形成统一的道路整体形象标识（见图3）。

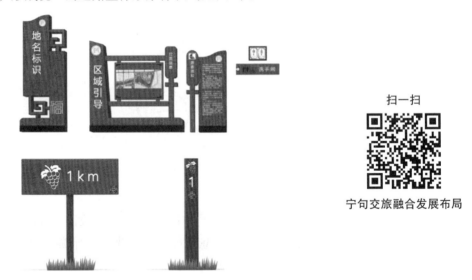

扫一扫

宁句交旅融合发展布局

图 3 标志标识方案示意

4.4 智慧交旅建设

《交通强国建设纲要》指出，要大力发展智慧交通，推动大数据、互联网、人工智能、区块链、超级计算等新技术与交通行业深度融合。

前期句容可结合 6 条特色观光路进行智慧交旅打造，将智慧交旅建设融入路网服务功能，实施智能化管理，提供智能化服务，实现智慧出行，并逐步形成一套可复制、可推广的智慧交旅建设经验。

智慧交旅方案中主要包含三大系统：

（1）安全管控系统：包括会车监测预警、智慧路牙和交通管控 3 个子系统。

（2）精准服务系统：主要应用场景包括公交信息服务、景区票务信息服务、网红打卡点定制化信息服务、停车服务、一键租还车服务、新能源车一站式信息服务等。建议采用智慧交旅柱的形式，高效集成各类智慧化设施，游客通过手机扫码等方式即可享受相应服务。

（3）智能导游系统：基于增强现实技术，借助移动终端智能导游系统实现 AR 智慧导览、AR 人物互动等功能；通过 App 实现沿线风景、周边景区情况语音讲解、步行导航、景点鸟瞰等功能。

5 结语

交通旅游融合发展，可以打通绿水青山与金山银山的联系，助推句容城乡融合发展和乡村振兴。

本文对句容市交通与旅游融合发展进行了初步的探索和实践，从多层路网布局和路网服务功能提升两个方面进行了研究和规划，提出了一些建设构想，为今后开展此类规划研究或交旅项目建设提供了参考，旨在推动句容乡村振兴与绿色发展。

参考文献

［1］韦增平,黄德欢.促进交通建设与旅游融合发展的探索与实践［J］.西部交通科技,2019(11):181-183.

［2］田雨佳.基于旅游资源学视角的旅游公路网布局理论与方法研究［D］.西安:长安大学,2012.

［3］汤铭.交旅融合背景下旅游公路概念规划探析:以铜锣坝旅游公路为例［J］.安徽建筑,2020,27(10):160,170.

［4］姜南军,尹锋,钱烨.溧阳 1 号公路"网红"与"生态"的可持续发展探究:以瓦屋山片区为例［J］.现代园艺,2020(6):170-171.

［5］黄振家.全域旅游背景下的区域旅游公路网规划方法研究［D］.重庆:重庆交通大学,2019.

［6］高嘉蔚,刘杰,吴睿,等.我国交通与旅游融合发展政策研究与机制建议［J］.公路交通科技(应用技术版),2019,15(5):313-316.

［7］李云涛.智慧旅游背景下云南旅游交通体系优化战略研究［D］.昆明:云南师范大学,2014.

［8］叶瑞云,周玉松,衷平.基于乡村振兴发展的旅游公路规划选线研究［J］.公路,2021,66(12):257-260.

关于长江镇江段航道高质量发展的思考

徐 峰

（长江镇江航道处）

摘 要 本文着眼于长江镇江段航道高质量发展面临的机遇和挑战，对长江镇江航道处航道维护工作以及为沿江地区社会所做的工作进行梳理总结，指出长江镇江段航道建设存在部分航段淤积较为严重、水运基础设施有待提高、扬中夹江桥梁通航等级低、缺少过江通道等问题，并给出针对性的建议。另外，本文还总结了长江镇江航道处在高质量发展方面采取的具体举措以及取得的成效，提出后续长江镇江段航道维护工作的重点和努力的方向。

关键词 长江镇江段；干支联动；过江通道；尹公洲；太平洲捷水道

党的十八大以来，以习近平同志为核心的党中央直面我国经济发展的深层次矛盾和问题，提出创新、协调、绿色、开放、共享的新发展理念，各行业只有贯彻新发展理念才能增强发展动力，推动高质量发展。党的十九届五中全会提出，"十四五"时期经济社会发展要以推动高质量发展为主题，这是根据我国发展阶段、发展环境、发展条件变化做出的科学判断。

长江镇江航道处为更好地服务镇江、扬州、常州等沿江地区的经济发展，加强航道部门与地方城市建设发展的深度融合，在完成长江干线航道建设、管理、维护工作的同时，秉持为沿江地区航运和港航事业发展服务的理念，不遗余力地助推地方和长江航运高质量发展。

1 长江镇江段航道的基本情况

1.1 航道维护工作量情况

长江镇江航道处常年设置各类航道标志449座，其中AIS（沿海船舶自动识别系统）航标111座，全年完成航标维护140034座天，完成航道测量工作量约2411.82 km²，辖区平均年航道疏浚量约为670万 m³。同时为镇江地方政府开展疏浚土上岸综合利用工作提供重要技术支持，每年完成约300万 m³。

1.2 为沿江企业服务情况

长江镇江航道处积极为沿江企业涉及航道项目建设提供专业技术服务，为镇江港吃水深度为 11.8 m 的大型海轮靠港制订了完善的航道技术保障方案，全年为 140 余艘 10 万吨级以上"开普型"海轮进出镇江港提供航道基础服务工作。同时，积极开展和畅洲北汊大型海轮的常态化实验性通航工作；基于 AIS 虚拟航标技术，实施太平洲捷水道航道航标"虚实一体化"示范段建设等工作。

2 长江镇江段航道建设存在的问题

2.1 水运基础设施有待提高

长江南京以下 12.5 m 深水航道建成以来，船长近 300 m、总吨位近 20 万 t 的"开普型"船舶进出长江成为常态。然而受尹公洲航段和畅洲水道通过能力限制，主航道在采取额外保障措施的情况下，南京港通过的单船最大长度仅达到 241 m。从某种角度而言，12.5 m 深水航道并未实质性延伸至南京，而南京港也未能充分享受深水航道的红利。另外，受长江豚类保护区影响，和畅洲北汊未开通深水航道，一定程度上制约了大型船舶直达镇江龙门港区和南京港。

2.2 部分航段淤积较为严重

长江南京以下 12.5 m 深水航道二期工程已竣工运行 3 年，根据近 3 年的航道维护疏浚工作实践可以发现，在长江镇江段重要的疏浚区，包括仪征、口岸直水道三益桥段、落成洲、鳗鱼沙段、高港边滩等均出现过严重淤积，航道维护性疏浚压力大，这也制约了大型船舶进一步提高吃水进出镇江港。

2.3 扬中夹江桥梁通航等级低

扬中夹江之上目前共有 4 座桥梁，部分桥梁通航等级低直接制约了扬中太平洲捷水道的利用和发展。其中，扬中一桥通航净高只有 10 m、扬中二桥通航净高也仅有 18 m，桥梁的通航净高及设计通航孔尺度等级低，制约了 3000 吨级以上船舶通航和"下进下出"。扬中夹江桥梁通航尺度见表 1。

表 1　扬中夹江桥梁通航尺度

桥梁名称	通航净高/m	设计通航孔桥跨布置/m	通航净宽/m
扬中一桥	10	上水 100；下水 80	上水 88；下水 68
扬中二桥	18	上水 100；下水 120	上水 90；下水 110
泰州大桥扬中夹江桥	18	左汊桥上水 125；右汊桥下水 125	上水 100；下水 100
扬中三桥	18	上水 125；下水 125	上水 100；下水 10

2.4 过江通道需加快建设

当前，国家层面正大力推进城市能级提升，南京、镇江等城市也深度融入"一带一路"、长江经济带、长三角一体化等国家战略。2021 年，《南京都市圈发展规划》成为获国家批复的首个都市圈规划，这是推进南京都市圈建设，推动"宁镇扬"一体化建设取得的标志性成果。"十四五"期间，江苏计划开工建设 7 座过江通道，包括张靖皋长江大桥、海太过江通道、江阴第三过江通道、通沪过江通道、南京上元门过江通道、宁仪扬城际铁路过江通道等，但是未见镇江、扬州之间的过江通道建设计划，这在一定程度上限制了沿江城市融合、两岸联动发展。下一步，需继续以促进"宁镇扬""镇扬常泰"经济板块紧密融合发展为目标，全面优化过江通道布局，提升跨江交通支撑能力。

3 推动长江镇江段航道高质量发展的设想

3.1 加大航道通过能力建设

一方面，长江镇江航道处要积极响应国家方针政策，继续推进长江南京以下 12.5 m 深水航道后续完善工程建设，开展疏浚区航道演变数学模型、物理模型研究，采取积极有效的措施，进一步提高航道通过能力。另一方面，要进一步推动尹公洲航段和畅洲北汊大型海轮航道的开通。根据自然资函〔2020〕71 号《自然资源部 国家林业和草原局关于做好自然保护区范围及功能分区优化调整前期有关工作的函》，和畅洲北汊大型海轮航道若在保护豚类的前提下，通过设置虚拟 AIS 航标的方式开通航道，供 8 万吨级以上大型船舶通航，将进一步释放深水航道潜能，推动生态环境在发展中得到保护。

3.2 推进长江镇江段干支联动

一方面，推进开展焦南航道建设的专题研究。焦南航道即焦北滩南汊，经近 20 年卫星图分析发现，该航道河槽稳定，辅以适当的疏浚拓宽，可考虑建设成为内河Ⅲ级航道。开通焦北滩南汊航道有利于降低尹公洲航段船舶密度，改善目前复杂的交通流，提高通船舶航效率和通过能力，进一步发挥 12.5 m 深水航道效能、降低安全管理风险。另一方面，开展镇江苏南古运河联通长江新通道规划研究，进一步降低现和畅洲南汊主航道的船舶密度和流量，为主航道船长 230 m 以上的海轮提供更多通航空间。

3.3 充分提升太平洲捷水道下段航道条件

后续建设中，建议对扬中二桥进行改造，推进太平洲捷水道中下段专用航道建设，力争航道水深较大幅度提高向上延伸，使大型船舶能够通航，为夹江两岸发展提供航道基础保障。

3.4 加强过江通道建设

镇江、扬州主城之间过江通道偏少，目前以润扬大桥为主，呼吁后期规划以隧道方式为主，加强过江通道建设，形成两主城之间地铁、轻轨等交通方式的连接。对扬中一桥进行改造，大力建设过江隧道，避免影响通航。建议开展东西方向的地铁轻轨规划建设，跨越扬中夹江和长江连接扬中、扬州、泰州、常州，加快形成"镇扬常泰"一体化发展格局。

3.5 加大利用沿江深水岸线

一方面，发展利用扬中十四圩以下、炮子洲深水岸线资源。深水航道越靠近长江口，通航效率越高，建设运营大吨位码头的经营成本越低、利润越大。长江镇江段的浅区均在中上段，而扬中十四圩以下、炮子洲大江侧有不可多得的深水岸线资源，应做好规划利用。炮子洲四面环江，是水运发展的宝地，炮子洲大江侧可作为深水岸线码头，炮子洲右汊可以规划为内河转运码头，盘活现有码头岸线资源，时机成熟时可以发展 15 万吨级以上的码头。另一方面，建议地方政府进一步发挥深水岸线资源丰富的水运优势，在机构机制层面进一步加强大型码头统筹及整合力度，深挖 12.5 m 深水航道潜力，进一步提高大型码头、大型船舶的经济效益，提升大船、大港、大物流的经济带动作用。

4 推动长江镇江段航道高质量发展的近期措施

4.1 做好 12.5 m 深水航道维护

要推动长江镇江段航道高质量发展，长江镇江航道处必须全力、持续做好长江南京以下 12.5 m 深水航道维护管理工作。具体包括：加强重点水道航道演变分析，制订科学合理的维护预案，重视航道航标维护和测绘工作；加大辖区航道浅险航段疏浚养护工作力度；加强对世业洲、和畅洲、落成洲等航道整治建筑物工程的监测，保障河势稳定、航道安全通畅。

4.2 做好数字航道运行信息服务

要持续利用好数字航道系统的技术优势，做好数字航道运行工作，提高数字航道运行质量，及时面向社会发布航道公共服务信息，为航运企业及社会船舶提供更加精准、优质、高效的航道信息服务。同时，持续探索虚拟 AIS 航标在航道维护中的深度应用，进一步提升长江镇江段航标助航效能。

4.3 做好地方交通设施服务

长期以来，长江镇江航道处为辖区内的润扬大桥、五峰山大桥、泰州大桥及扬中一桥、二桥、三桥等桥梁单位提供专业的航道服务，依托船舶碰撞桥梁隐患治理三年专项行动，在桥区航道航标维护、航道观测、桥梁助航标志规范化改造等方面开展有益工作；为镇江市大新圩海轮（联检）锚地、镇江危险品锚地、定易洲锚地、六圩水上综合服务区等镇江港口配套设施提供航道测绘及航标助航服务；长期为港口码头设施提供航道保障，保障码头功能和效益发挥；积极呼吁推进 20 万吨级"开普型"海轮靠泊镇江港，力争使在中水期靠泊镇江港的船舶吃水突破目前的 11.8 m；积极为长江涉水码头、锚地等工程建设提供航道技术服务和审批服务。

4.4 为地方经济发展贡献智慧和力量

近年来，长江镇江航道处加强与地方政府合作，强化党建引领作用，积极联合地方单位开展联学联建，共同提高政治保障能力，为地方经济社会发展及长江航道事业发展贡献智慧和力量。例如，为镇江市疏浚土综合利用提供现场管理等服务，进一步加强与地方政府的合作，深化联动机制，助力地方经济建设。同时，积极开展干支联动工作和相关研究，推进长江干流与京杭运河数字航道联通工作。

5 结语

长江镇江航道处位于长江南京以下 12.5 m 深水航道的中间段以及长江与京杭运河交汇段,维护管理着最长的深水航道,连接着贯通南北的京杭运河。长江镇江段航道的发展直接影响地方经济社会的发展,长江镇江航道处在做好深水航道维护、航道公共服务和技术服务的基础上,要继续发挥专业优势,深入贯彻国家战略发展要求,在创新、协调、绿色、开放、共享的前提下,借助各方力量,努力突破制约辖区航道高质量发展的瓶颈,为地方社会经济和长江航运高质量发展贡献智慧和力量。

参考文献

[1] 曹江洪.新时代长江航道科技创新服务内河航道高质量发展的战略思考[J].中国水运,2022(6):5-8.

[2] 徐峰,殷江勇,王岩,等.开辟基于虚拟 AIS 航标的和畅洲北汊大型海轮航道探讨[J].中国水运·航道科技,2021(1):13-19.

[3] 王岩,孙寿保,徐峰,等.提升尹公洲段航道通过能力的探讨[J].水运工程,2020(12):161-165,190.

[4] 徐峰,王岩,殷江勇,等.苏南古运河进江新通道规划研究[J].中国水运·航道科技,2021(6):1-6.

[5] 刘玮辰,曹有挥,梁双波,等.过江通道对长江两岸城市空间联系的影响:以长三角地区为例[J].经济地理,2020,40(7):49-56,80.

[6] 梅剑飞.从"隔江相望"到加速"拥江融合"过江通道建设快马加鞭推进,今年起陆续建成一批[N].新华日报,2022-06-13(8).

[7] 任强.京杭运河江苏段绿色现代航运综合整治建设必要性分析[J].中国水运(下半月),2021,21(10):14-16.

[8] 何国华,陈亮,茆长胜.长江太平洲捷水道分段提升航道维护尺度[J].中国水运,2016,37(6):41-43.

提升尹公洲段航道通过能力的探讨

王　岩　孙寿保　徐　峰　徐鹏鹏

（长江镇江航道处）

摘　要　本文针对长江尹公洲航段通航环境复杂，通过能力趋于饱和，船舶事故多发的现状，运用数据分析的方法，分析船舶交通流特征和水文气象条件影响，指出尹公洲航段面临的关键问题。通过焦北滩南汊河槽历史演变分析和实地调研，提出将焦北滩南汊建设成内河Ⅲ级航道的设想和规划，以及需要采取的工程技术措施。通过分析新航道开通对尹公洲航段通航环境的影响，得出开通焦北滩南汊航道可改善尹公洲航段通航条件、提升通过能力、降低安全风险的结论，建议针对开通焦北滩南汊航道开展更深入的研究。

关键词　尹公洲航段；通航条件；通过能力；焦北滩南汊

长江尹公洲航段是全国最大的内河十字交汇水域，京杭运河与长江在此交汇，小型船舶流量居全国之最，航道具有"弯、窄、险、汊口多"的特点，一直是航海界关注的重点。虽然不同学者、专家已分别从开辟和畅洲北汊、完善定线制、强化现场管理等方面研究并提出提高该航段通过能力的方法，但受限于自然航道条件，尹公洲航段目前仍是长江下游典型受限河段和事故多发地段。长江南京以下 12.5 m 深水航道开通运行以后，大型船舶流量进一步增加，和畅洲北汊属江豚保护区无法开通航道。江苏海事局联合江苏省交通运输厅发布的《京杭运河与长江干线交汇水域水上交通安全管理规定（试行）》于 2020 年 4 月 1 日实施，规定第五条"长江干线从谏壁河口至六圩河口水域，在深水航道下行通航分道红浮联线外侧设置宽度为 100 m 的小型船舶（队）上行专用航路"，旨在将小型船舶从深水航道分流。但该航道仍存在三股船流，上下行大小船混合航行现象，通航形势依然严峻。

长江尹公洲段流经焦北滩，一分为二，北汊为主航道，南汊目前没有通航，但历史上焦南闸以下曾开通航道，称"焦南航道"。在现有条件下，重新探讨开辟焦北滩南汊航道，分流小型船舶，提升尹公洲航段通过能力无疑是值得研究的课题。

1　尹公洲航段通航环境分析

1.1　主航道基本情况

尹公洲航段一直是长江下游最复杂的航段，全长约 10 km，如图 1 所示。其素有

"老虎口"之称，具有以下特点：①"弯"，航道呈"Z"字形，连续两个急弯，弯曲角度均接近90度；②"窄"，最小航宽不足300 m；③"多"，该航段汊口多，上接六圩河口，下有谏壁河口，中部有焦北滩南汊航道与主航道交汇口，以及和畅洲南北汊分汊口；④"险"，受航段走势影响，水流流向多变，流速较快，船舶容易"落湾"，从而引发碰撞事故。

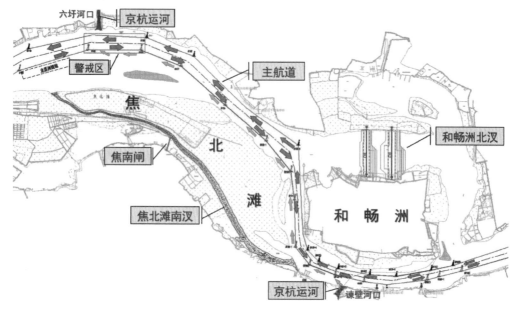

图1　尹公洲航段航道图

1.2　船舶交通流分析

由于京杭运河与长江在此交汇，尹公洲航段类似于公路的"十"字路口，南来北往的船舶与顺航道行驶的船舶汇合在一起，通航密度大，上下行大小船混合航行，通航形势严峻。

统计显示，2007年以前尹公洲航段内船舶日均流量达3000余艘次，2007—2015年，日均流量最大值为2468艘次（2008年），最小值为1628艘次（2015年），单日最高流量达2923艘次。该航段通行情况整体具有以下特点：① 船舶日均流量和最高流量逐年下降；② 长度在90 m以上的船舶日均流量呈增长趋势，通航船舶大型化趋势明显；③ 航段内交通流的构成以长90 m以下小型船为主，占89.79%，其中长30~50 m的船舶占66.49%，长50~90 m的船舶占23.3%。

尹公洲航段船舶交通流主要由以下几部分组成：在丹徒警戒区以上有三股交通流，即上行、下行深水航道和上行小船交通流；丹徒警戒区内及附近水域有小船穿越交通流；丹徒警戒区以下有两股交通流，即上行深水航道和上行小船航路组成的船舶交通流。

1.3　水文气象对船舶驾驶的影响分析

尹公洲航段在中、洪水期，水流流向多变、流速较快，特别是#105 黑浮附近水域的强扫弯水和#100 黑浮附近以下的强花水，对船舶航行安全影响很大。受强流压影响，船舶若叫舵不当，或"一条龙"船队控制不当，#105黑浮附近水域的强扫弯水常使下水船舶偏离航路而落弯，占据上水航路行驶，容易与上水船舶碰撞或发生其他交通事故；在尹公洲段裕隆洲口航行船舶受水流的影响，在#99~100黑浮之间上行时，被和畅洲北汊下口处的强花水压至下水航路，易与下水船舶形成紧迫局面。

每年5—10月份受季风和台风影响，冬季受寒潮影响，该航段风浪较大，小型船舶受影响较大。东到东北风或南到西南风4~5级及以上时，会使在长江#105浮至#103浮水域航行的船舶产生漂移，船舶容易偏离航路，走向对方航路；北风或南风同样会对航经#100浮水域的船舶产生影响，特别是容易使空载船舶或满载空箱的集装箱船舶偏离航路，亦会造成吊拖船队的断缆事故。长江镇江段是典型的多雾地区，船舶经常因早晚能见度不良被迫停航。

2　焦北滩南汊新航道规划设想

2.1　河床历史演变分析

20世纪50—60年代，长江世业洲两汊汇合后水流顶冲点下移，于1954年冲毁都天庙炮台，强烈的崩岸使六圩弯道北移，征润洲随之迅速发展，与焦山滩连成一片。为维持镇江老港通航，国家于1963年开辟焦南航道（今焦南闸以下部分）。焦南航道使用情况良好，达到了预期效果。1986年，焦南航道因淤积量大、航道狭窄、绕道里程长等问题被弃用，"中口袋"方案开始启用。

2.2　焦北滩南汊近况

长江镇扬河段经历了近百年来的大幅变化之后，目前的焦北滩南汊形成。近年来，随着镇扬河段整治工程及深水航道整治工程的实施，河势大幅度变形的趋势基本得到控制，并进一步趋于稳定。20年卫星图分析显示，焦北滩南汊河槽稳定，辅以适当的浚深拓宽，可具备通航条件。尹公洲航段演变卫星图如图2所示。

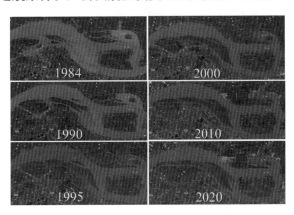

图2　尹公洲航段演变卫星图

实地调研发现，焦北滩南汊有部分小型船舶在下游区段通行、锚泊，且河面有2座钢制便桥联通。#1便桥长251 m，单个桥孔宽35 m，净空高度5.9 m，#2便桥长

251 m，单个桥孔宽 38 m，净空高度 6.3 m，具体如图 3 所示。

图 3　焦北滩南汊现状调研实拍

2.3　新开航道可行性分析

目前，焦北滩南汊全长约 12.7 km，平均自然水深 2～3 m，总体自西向东逐渐变宽，最小宽度约 70 m，最大宽度约 300 m，最小弯曲半径约 800 m，天然条件基本符合《内河通航标准》（GB 50139—2014）中Ⅲ级航道的尺度要求（具体见表 1）。依托其天然河道条件，通过系统研究论证，采取一系列工程技术措施（具体见表 2），可将其建设成为Ⅲ级单（双）线航道，作为小型船舶（队）专用航道，供进出京杭运河的吊拖船队和船长 85 m 以下船舶航行。

表 1　内河通航标准Ⅲ级航道尺度要求

航道等级	船舶吨级/t	代表船型尺度（总长×型宽×设计吃水）/（m×m×m）	船舶、船队尺度（长×宽×设计吃水）/（m×m×m）	航道尺度/m		
				水深	直线段宽度	弯曲半径
					单线	双线	

航道等级	船舶吨级/t	代表船型尺度（总长×型宽×设计吃水）/（m×m×m）	船舶、船队尺度（长×宽×设计吃水）/（m×m×m）	水深	单线	双线	弯曲半径
Ⅲ	1000	驳船 67.5×10.8×2.0 货船 85.0×10.8×2.0	238.0×21.6×2.0	2.0～2.4	55	110	720
			167.0×21.6×2.0		45	90	500
			160.0×10.8×2.0		30	60	480

表 2　新开航道需要采取的技术措施和实施效果

技术措施	实施效果
对全河道进行水深测量，得到全航道水深地形测图	为后续研究提供基础数据支撑
建立数学、物理模型进行航道冲淤、演变分析	得出基建、维护疏浚工程量
开展航道整治相关专题研究	保证新航道开通后河势、航槽稳定
开展疏浚工程，对局部河段进行疏浚施工	全面满足内河Ⅲ级航道尺度要求
对现有的 2 座钢制便桥实施拆除或重建	消除新开航道的净空高度限制
定易洲锚地预留进出通道	为新航道口门提供通航水域
在新航道上、下口门处设置警戒区并制定相应航行规则	提高通航效率，降低安全风险

3 新航道开通后尹公洲航段通航情况分析

3.1 船舶密度降低

焦北滩南汊航道开通后，可分流尹公洲航段小型船舶（队）。通过交通流现状分析可知，目前尹公洲段船舶密度几近饱和，以长 90 m 以下小型船为主，占 89.79%，若开通焦北滩南汊航道，则可大幅降低尹公洲航段通航密度，减轻通航压力。

3.2 复杂交通流改善

通过交通流现状分析可知，尹公洲航段船舶交通流构成非常复杂，主要表现为：① 三股交通流在相对狭窄的航路里上、下、上混合通行；② 存在小船穿越交通流。因各股交通流之间没有物理隔离，船舶对驶相遇或交叉相遇时，受水文气象条件影响，操纵难度很大，容易偏离自身航路，形成窘迫局面甚至发生交通事故。

若开通焦北滩南汊，分流小型船舶（队），以焦北滩作为天然分隔带，主航道仅用于大型船舶分道通航，在上、下口门处设置警戒区，则现有的复杂交通流势必得以极大改善，通航安全性得到大幅提升。

3.3 航道通过能力提升

在船舶密度降低和船舶交通流改善的前提下，主航道通航水域得以释放，通航安全风险降低，通过能力将得以提升，特别是大型船舶和新建海船拖航船队的单船通过能力及通航效率将进一步提升，进而提高尹公洲航段通航大型船舶尺度上限，改善夜航条件，使镇江地区及南京港的大型船舶到达率进一步提升。

4 新航道开通效益分析

4.1 进一步发挥深水航道效能，提升经济安全效益

一方面，尹公洲航段通过能力的提升及通航环境的改善有助于 12.5 m 深水航道进一步发挥其水上高速公路的效能，进而促进港口贸易发展，增强地方经济活力。另一方面，焦北滩南汊航道可作为尹公洲段预留应急通道，在该主航道发生重大事故时，不至于全线断航。总之，开通焦北滩南汊航道对保障船舶通航安全，降低事故发生率，降低安全管理成本，增强海事部门的监管效力及促进尹公洲航段的可持续发展具有重要作用。

4.2 提升生态环保效益

开通焦北滩南汊航道势必需要进行适当的疏浚施工，疏浚土可依据疏浚土综合利用规则加以利用，也可就近上岸补充湿地流失土壤，这样既能促进焦北滩生态湿地保护，又可减少疏浚抛泥的相关影响。

4.3 缓解京杭运河船闸待闸区压力

近年来，内河水运行业蓬勃发展，船舶和货物通过量持续增加，这对船闸等内河通航基础设施是新的考验，许多船舶到达船闸后不能及时过闸，需要在待闸区等待，高峰时期容易造成堵船、断航，京杭运河谏壁船闸便存在此类问题。焦北滩南汊航道

开通后，可在下游适当水域建设锚地或待闸区，以缓解京杭运河船闸待闸区的压力。

5 结语

（1）尹公洲航段通航条件复杂，通过能力有限，安全风险较高。焦北滩南汊河道天然条件良好，近20年来河槽演变稳定，通过采取适当的工程技术措施可建设成为内河Ⅲ级航道。

（2）开通焦北滩南汊航道有利于降低尹公洲航段船舶密度，改善复杂交通流状况，提高船舶通航效率和通过能力，进一步发挥12.5 m深水航道效能，降低安全管理风险，缓解京杭运河船闸待闸区压力。

（3）焦北滩南汊位于生态缓冲区，在长江大保护的前提下，开通航道可与环境保护相辅相成，让资源得到综合利用。

（4）本文内容尚处于探讨阶段，建议后期开展航道冲淤数模、物模及航道整治研究，进一步验证焦北滩南汊航道开通的可行性，使航道资源得到更有效的利用。

参考文献

［1］王则胜，朱中华，叶志云.尹公洲航段通航环境分析及对策研究［J］.交通运输工程与信息学报，2014，12(3)：32-37.

［2］姜光忠，丁中超.对开通长江和畅洲北汊航道必要性与可行性分析［J］.航海技术，2008(1)：75-76.

［3］丁中超.长江尹公洲航段船舶分流方案研究［J］.中国水运，2010(1)：17-18.

［4］徐元春.12.5米深水航道开通后尹公洲航段航路优化研究［D］.武汉：武汉理工大学，2017.

［5］PATON J. Ship routing—present status and future trends［J］. The Journal of Navigation，1982，35(1)：113-123.

［6］WANG W Y, PENG Y, SONG X Q, et al. Impact of navigational safety level on seaport fairway capacity［J］. The Journal of Navigation, 2015, 68(6)：1120-1132.

［7］王红兵.长江镇江段尹公洲航段单船通过能力研究［D］.武汉：武汉理工大学，2008.

［8］徐峰.12.5 m深水航道试通航期间维护管理措施及社会效益［J］.水运管理，2012,34(5):4-6,30.

［9］吴彪.镇江焦北滩湿地公园生态规划研究［D］.南京：南京林业大学，2011.

［10］黄海鸥，张玮，李骁春.基于排队理论的京杭运河船闸通过能力研究［J］.武汉理工大学学报(交通科学与工程版)，2009，33(3)：604-607.

基于产城融合理念下的开发区
路网优化策略研究

——以丹阳市高新技术产业开发区为例

吴励智　庄　煜　王　峰

（丹阳市方园规划建设有限公司）

摘　要　产城融合是城市功能区的适度积聚和有机融合，也是产业发展和城市建设的动态协调过程，对于城市城镇化建设而言意义重大。道路是人与产业之间联系的直接载体，路网方案的优劣直接决定了用地开发的效率及地区联系的便利程度。为了推动丹阳市高新技术产业开发区建设，促进产业发展，实现产业、土地及交通的良性互动，本文在分析研究丹阳市高新区控制性详细规划的基础上，结合 GIS 空间分析方法，对园区路网规划方案进行了优化研究，提出了交通供需平衡和多种运输方式整合思路，为产业园区的路网规划提供了新的思路和方法。

关键词　产城融合；路网规划；开发区；GIS 空间分析

十八届三中全会明确提出"推进以人为核心的新型城镇化"，实现"产业和城镇融合发展"的目标。在由计划经济向市场经济转型的过程中，城市内部出现了大量的园区，包含高新技术开发区、经济技术开发区、文创园区等。为推动经济体制改革，持续推进城镇化和城镇产业转型，实现高质量城镇化发展的要求，我国提出了新型城镇化的创新理念——产城融合。产城融合是指产业与城市融合发展，以城市为基础，承载产业空间和发展产业经济，以产业为保障，驱动城市更新和完善服务配套，进一步提升土地价值，以形成产业、城市、人之间有活力、持续向上发展的模式。产城融合是实现"两化"融合发展的重要举措。

路网系统作为城市的骨架系统，是支撑产业园区开发建设的重要基础，是人与产业，产业与产业之间联系的直接载体，对产业与城市的融合有直接影响。本文通过运用 GIS（geographic information system）大数据分析方法，基于路径分析和生活圈分析两种成熟的交通分析模型，研究了丹阳市高新技术开发区的职住平衡及交通通勤的可达性，并结合新形势、新理念、新规范的要求，探索产城融合理念下新型产业园区的路网规划方法。

1 产城融合背景下高新区交通规划

1.1 产城融合的内涵

产城融合的概念有广义和狭义之分:广义上可以理解为"工业化与城镇化的融合",狭义上可以理解为"产业区与城区的融合"。事实上,产城融合涵盖了经济融合、社会融合、文化融合、产业融合、生态融合、空间融合等内容,在空间形态上包括主城区包含型、边缘区生长型、子城区依托型、独立区发展型等产城关系空间类型。因此,产城融合的实质是居住与就业的融合,是城镇社区与产业园区的融合,是以"以人为本"为导向,通过多元要素的均衡协调发展,实现"生产空间集约高效、生活空间宜居适度、生态空间山清水秀"的发展目标的一种科学发展状态。

1.2 产城融合与路网优化

产城融合是在我国经济转型升级的背景下相对于产城分离提出的一种发展思路。其核心内涵为人本导向、功能融合和结构匹配,即城市发展回归人本导向,城市功能需要融合发展,就业与居住要结构性匹配(见图1)。产业是城市经济社会发展的重要基石,城市是产业平稳高效运营的关键载体,产城高效融合的开发区是我国经济增长的"发动机"、是新型城镇化建设的重要支撑。产城融合要求产业与城市功能融合、空间整合,达到"以产兴城,以城促产,产城高度融合"。产业与城镇融合最主要的基础设施是交通路网,因此研究路网对于产城融合有着重要意义。

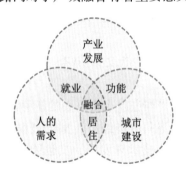

图 1 "产城融合"核心要素示意

交通路网研究的重点是关注人的需求和路网建设、产业布局之间的相互作用与协调发展。具体而言,就是以产业布局为底图,协调好产业布局与其他城市功能单元的交通联系、产业区与城区之间的关系,构建与城市发展相适应的产业体系和交通体系,丰富就业机会,完善服务配套,以达到产业、城市、人、交通之间活力融合、持续向上发展的状态;以城市建设为载体,承载产业空间和发展产业经济,并坚持以人为本的原则,根据人的需求打造适宜城市居民通勤的交通体系、吸引人才的职住平衡空间环境,持续提升城市活力,达到"产、城、人融合"的目标。突出以人为导向,统筹考虑产业、空间、交通等多方面的因素,彰显城市活力,打造"生活着的城市",这是新型城镇化背景下对"产城融合"内涵的进一步升华。高新区"产城融合"关系如图2所示。

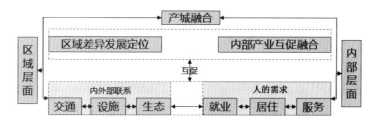

图2 高新区"产城融合"关系示意

对高新区而言，其交通路网发展需要遵循产城融合的理念，实现产城互动、融合发展，而不能节奏失调、相互脱离；路网发展应有助于产业经济建设目标实现，找准发展定位，注重突出自己的特点和优势。

1.3 大数据分析方法

本文采用 GIS 空间分析法对丹阳市高新区路网规划进行研究。GIS 空间分析法是一种基于地理对象空间布局的数据分析技术，主要采用路径分析和生活圈分析模型来评价高新区的交通运行情况，以实时交通数据测度高新区路网，通过建立图像模型直观反映"居住区—工业区"道路最短路径和公交 30 分钟内覆盖率情况。

2 研究区域与数据

2.1 研究区域概况

丹阳自 2013 年起整合原云阳高新区和延陵凤凰工业园区（区位见图 3），全面开启丹阳高新技术产业开发区（以下简称"高新区"）建设。该高新区定位为市级创意研发中心，计划通过吸引高新技术产业集聚，完善居住、生活配套设施，建设综合性高新产业新城。起初，道路网以大框架为主（见图 4），随着外部环境和自身空间变化，道路网设计方式需要从"粗放框架式"服务产业转向"窄马路、密路网"服务产业。

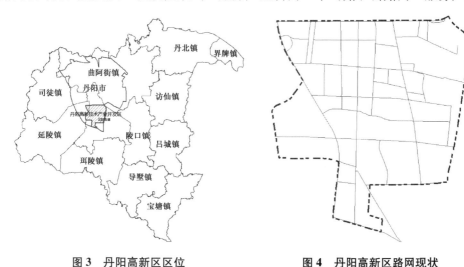

图3 丹阳高新区区位　　　　　　图4 丹阳高新区路网现状

2.2 选取数据样本

本次研究选取 25 个小区地块和《丹阳高新区南部片区控制性详细规划（2021版）》中的 45 处工业地块，作为居住—工业交通可达性代表点，如图 5、图 6 所示。

图 5 选取居住小区分布图　　　　图 6 选取工业地块分布图

3 丹阳高新区道路现状

3.1 空间匹配

丹阳高新区用地开发度呈现北高南低的现状（见图 7），西二环路以东、南三环路以北区域用地开发比较成熟，以工业用地、居住用地、道路与交通设施用地为主；其他区域以村庄用地和农用地为主，道路用地占总用地的 10.93%（见图 8）。

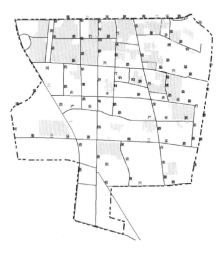

图 7 片区用地现状　　　　　　图 8 片区用地和路网用地

3.2 路网现状

丹阳高新区现状路网呈"四横两纵"，道路总长 53.46 km，道路网密度 3.76 km/km²，

"四横"分别为南二环、振兴路、庆丰路、南三环路；"两纵"分别为西二环、丹金路。受用地开发制约和滚动式开发影响，片区整体路网建设完成度较低，主干路建设完成度相对较高（见图9）。

图 9　片区路网现状

3.3　交通运行现状

片区现状开发强度较低，整体路网流量较低，路网流量主要集中南二环路和丹金路（见图10）。主要干道交通流量较为适中，运行正常。受历史原因和道路宽度过窄的影响，满足居民出行需求的丹金路现状通行能力较低，运行秩序较差。

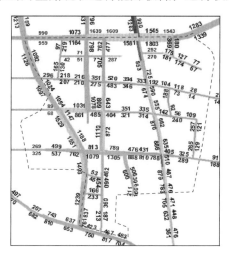

图 10　片区路网运行现状

3.4　早晚通勤现状

首先，分析工作日爬取高新区百度早晚热力图（见图11、图12）可以发现，老城区、开发区对高新区人群职业吸引力较强，早晚通勤人口集中分布在南二环路和丹金路沿线，而高新区的振兴路和南三环路沿线企业吸引力不足。其次，受住房与环境品质配套基本位于高新区北部影响，高新区北侧交通拥堵，产城融合有待提升；与老城区、开发区相比，新区南侧公共空间利用活跃度偏低，高新区创业园等优质空间资源尚未充分利用。

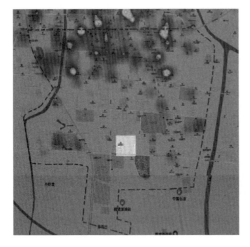 

图 11　7 点高新区热力图　　　　　　　图 12　17 点高新区热力图

4　产城融合视角下的片区问题

4.1　项目主导式发展框架，导致基础设施配套滞缓

丹阳高新区设立时间短、产业空间分散，产业发展与城市功能并未有机结合，产城关系出现分离，形成产业脱离城市发展的局面，严重影响了城市的可持续发展，阻碍了宜业宜居城市环境的建设。从路网现状看，规划的骨架路网和现状基本匹配。但规划侧重于整体格局，对道路线位的落地性研究不足，无法指导后期道路建设工作。

4.1.1　城镇建设落后于产业发展，片区支路路网密度不高

丹阳高新区采取工业项目主导式发展框架，导致路网总体密度不高，尤其是支路路网密度不高，地块划分过大，不利于后期地块开发。从整体路网规划指标看，规划后路网总长达到 95.22 km，较规划前增加 24.02 km；路网密度达到 5.54 km/km²，较规划前增加 1.35 km/km²；道路总体面积达到 2.56 km²，较规划前增加 0.30 km²，面积覆盖率达到 15.0%（规范推荐值 8%～15%），基本达到规划目标及规范要求。规划前后路网指标见表 1。

表 1　规划前后路网指标

道路等级	长度/km		密度/（km/km²）			面积/km²	
	原规划	优化后	原规划	优化后	规范值	原规划	优化后
快速路	0	1.80	0	0.10	1.00~1.20	0	0.09
主干路	20.00	18.89	1.18	1.10		0.85	0.65

道路等级	长度/km		密度/（km/km²）			面积/km²	
	原规划	优化后	原规划	优化后	规范值	原规划	优化后
次干路	32.29	27.76	1.9	1.61	1.20~1.40	1.03	0.97
支路	18.91	46.77	1.11	2.72	3.00~4.00	0.38	0.94
合计	71.20	95.22	4.19	5.54	5.20~6.60	2.26	2.56

规划前后片区用地情况如图13、图14所示。

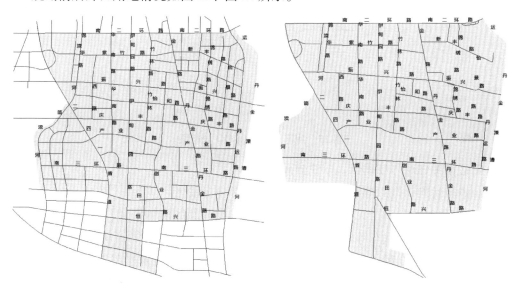

图 13　片区用地情况（规划前）　　　　图 14　片区用地情况（规划后）

4.1.2　规划路网与现状用地开发存在矛盾，部分道路定位发生变化

产业园区功能片区规划单一，无法满足工作与居住人群的生活服务需求；板块分割明显，京杭大运河沿岸用地的联系通道匮乏，交通极为不便。"产"与"城"互动不足，制约了区域整体竞争力的提升与区域的可持续发展。

4.1.3　南北向缺乏快速通勤次干道

从片区OD（交通出行量）分析图（见图15）可以看出，高新区南北向交通量较大，北部以居住区为主，南部以工业区为主。但南北向缺乏快速通勤干道，南北向主要交通道路与横向道路交叉太多，道路拥挤比较严重，难以满足上下班通勤需求。

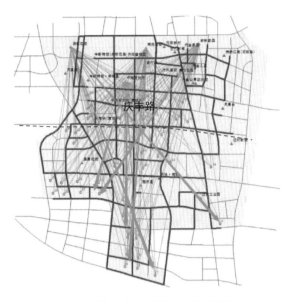

图 15　片区规划路网 OD 分析图

4.2　新区南侧住房入住率低，职住分离严重

4.2.1　产城功能以产业路力划分界限，交通联系不紧密

从公交等时圈分析（见图 16）可以看出，规划高新区南侧公交 15 分钟内基本能够到达各个工厂；从小汽车等时圈分析（见图 17）可以看出，规划高新区内居住—工业最长通勤时间为 800 秒（13.3 分钟），其中南三环以北的地区普遍在 7 分钟小汽车通勤圈内，而南部地区小汽车通勤时间在 10 分钟以上。综合分析可以发现，产业路是划分地区的重要界限，产业路以北主要为居住区，产业路以南主要是工业区，产城功能相对单一，交通联系不那么紧密。

图 16　片区居住区公交等时圈分析

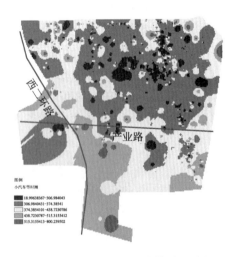

图 17　片区居住区小汽车等时圈分析

4.2.2 高新区公共服务设施项目较少，活力不足

当前，丹阳高新区的公共服务设施主要分布在南二环路和华南路以及丹界路沿线，产业路附近基本没有公共服务设施配套，整个高新区活动不足（见图18）。在南部建设的小区（如华南映、樾府里及天怡南郡）周边缺乏公共服务配套设施，未来需要植入居住、商务、科研和教育培训等多样化功能单元，增强片区的活力。

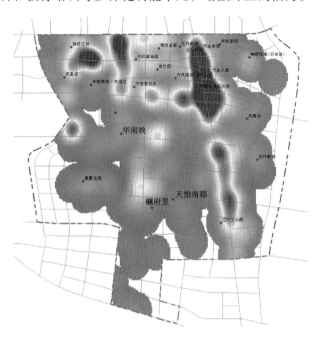

图18 片区公共服务设施分析

5 交通系统规划策略——交通供需平衡和多种运输方式整合

5.1 协调职住平衡，提高公共交通网络利用率

5.1.1 公交优先，增加南北向交通密度

衔接老城区和开发区，布局地区之间主要交通轴线，增加南北向交通密度，减少南北向次干路与支路的交叉口。对主干路网进行疏通，连接原有断头路，形成道路格网布局；采用公共交通引导的土地开发模式，通过公共交通先行，为后续的土地开发提供支撑；优化公交路线和站点的建设，提高公共交通的覆盖率，保证大部分人可以享受便捷的公交服务。

5.1.2 增加支路网密度，优化升级日常城市系统

结合各地区功能定位及现状道路建设情况，对内部支路分类采取优化措施，提升交通可达性，增强与周边地区的交通联系，升级"日常城市系统"。对于现状开发建设程度较高的地区，进一步优化路网结构；对于待开发地区，进一步增加支路网密度。确保各片区路网密度总体不低于 5 km/km²，具体措施如图19所示。

结合地块出让及后期利用，采用刚性+弹性形式，适当增加支路数量。整体片区采

用分片规划模式，集中居住区采取"高密度+方格网"式路网形态，保障小区的可达性；工业研发区则结合产业出让需求设置弹性支路，便于企业进驻。外片区规划道路总长 95.22 km，路网密度 5.54 km/km^2。

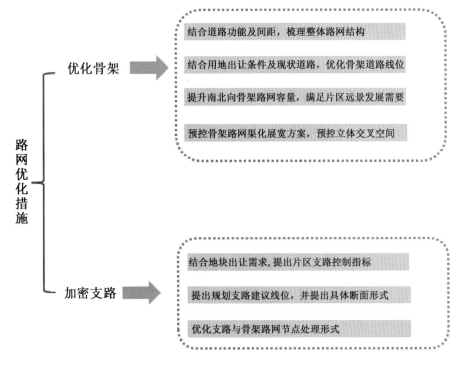

图 19　片区路网优化措施

综上分析，骨架路网优化方面包括梳理路网结构，优化骨架道路线位，提升南北向骨架路网容量，预控节点展宽及立体交叉空间；支路加密方面，主要结合地块出让需求，设计支路控制指标、建议线位及断面形式，并优化支路与骨架道路衔接形式。

5.2　面向居民需求，优化城市空间布局

5.2.1　聚焦居民需求，构建人性化公共服务设施

教育、医疗、商业、娱乐、文化、科研等是留住居民的必要因素。目前，高新区高科技企业居民最基本的城市服务功能与环境需求未得到满足。高新区建设应聚焦居民需求，保障硬环境，建设完善的基础设施，打造混合功能综合高新区，为居民提供适宜创新、创业、生活、交流的高品质环境，提升高新区的活力，实现产城融合。

5.2.2　调整功能布局，提升城市空间品质

通过调整部分城市功能布局，逐步将城市功能与产业空间融合，并培育特色优质的城市功能。全面强化高新区北部居住片区与工业片区的交通衔接，改变目前南北产城分离的状态，实现居住区—工业区空间共融（见图 20）。同时，保证道路两侧有足够的绿化面积；针对有污染的工业企业，以防护绿地和地区公共绿地建设为重点，严格控制工业区濒临干道和水体地带的生态保护边界，并适当通过厂区绿地形成区内交往空间。

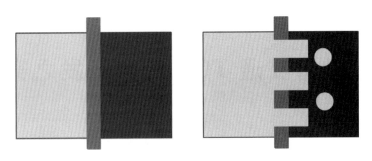

图20 居住区—工业区空间共融

6 结语

在从"物的城镇化"向"人的城镇化"转型的过程中,产城融合是大势所趋,其复杂性决定了各地必须因地、因时制宜,科学地对产业园区路网规划方案进行研究,以实现土地与交通系统的良性互动,促进人口、产业及载体的协调,实现园区生产、生活、生态功能的有机融合。本文结合《丹阳高新区南部片区控制性详细规划(2021版)》规划项目,根据产城融合理念,采用 GIS 空间分析方法,提出了骨架路网、地区次干道、支路优化措施,以此为基础提出了整个片区的路网规划建议,并结合职住平衡、居民需求对路网规划方案和空间布局的合理性、科学性进行了分析。

参考文献

[1] 孙红军,李红,赵金虎.产城融合评价体系初探[J].科技创新导报,2014,11(2):248-249.

[2] 杨惠,方斌,瞿颖,等.产城融合概念定位与效应评价:以扬中市为例[J].南京师大学报(自然科学版),2016,39(2):120-124,133.

[3] 孔翔,杨帆."产城融合"发展与开发区的转型升级:基于对江苏昆山的实地调研[J].经济问题探索,2013(5):124-128.

[4] 李文彬,陈浩.产城融合内涵解析与规划建议[J].城市规划学刊,2012(S7):99-103.

浅谈轨道交通 TOD 综合开发之实践

吕　肖

（江苏宁句轨道交通有限公司）

摘　要　本文以宁句城际某站 TOD 综合开发为案例，从还本付息、规划调整、土地收储、项目开发等方面对轨道交通 TOD 项目的实施进行剖析，为其他类似项目的开发提供一些参考。

关键词　轨道交通；TOD 综合开发；剖析

轨道交通建设是一项投资金额大、建设周期长、运营维护难的基础设施工程。轨道交通建设在引领城市规模扩张，带动区域发展方面起着重要作用。而在公共交通引导城市发展（transit oriented development，TOD）理念问世之前，公共交通很难产生除客运之外的综合效益。TOD 模式关注土地的节约高效利用，将地铁建设与沿线土地综合开发相结合，统一规划，统一实施，带动城市创新发展的同时，也为轨道公司推动城轨共建共生提供了契机。

宁句城际于 2021 年 12 月正式开通运营，是江苏省内第一条跨市域城际轨道铁路，西起南京东部马群枢纽，东至句容高铁站，总建设投资 209.7 亿元，由轨道项目公司负责项目的投资、建设和运营。根据宁句城际全寿命周期（至 2044 年）测算，项目自筹资金本息总额约 211 亿元，运营成本约 148 亿元，资金成本压力较大。因此，如何筹融资实现收益成为轨道公司需要迫切解决的问题。

1　顶层设计的支撑

目前，国内的土地所有制度、出让制度、规划制度及政府财力等决定了绝大部分城市适宜采用"政府导向型轨道+物业 TOD 模式"。为促进轨道交通与城市建设协调发展，完善轨道交通投资建设机制，提升土地高效集约利用水平，南京市政府出台了《进一步推进南京市轨道交通场站及周边土地综合开发利用的实施意见》（宁政发〔2022〕12 号），成立了以分管市领导为组长，以地铁集团为主体、市各相关部门和区紧密配合的综合开发协调小组，明确土地供应和收益分配等政策，推进轨道交通 TOD 综合开发的各项工作。

根据 2022 年南京 12 号文件精神，轨道公司开启了宁句城际全线开发策划及概念城市设计项目，分"全线定位谋划篇""站点策划及设计篇""资金平衡总账篇"3个部分，系统研究和梳理了宁句沿线潜在的可开发用地，重点突出"以地筹资"和TOD综合开发，最大限度地发挥轨道交通在城市品质提升中的综合作用。得益于该项工作的开展，轨道公司从基础条件和实际效益考虑，决定实施百水桥站综合开发。百水桥站位于南京主城东部，地处南京市栖霞区与江宁区交界处，与规划地铁12号线换乘，是重要的交通换乘中心。

2 精细设计、协同规划的探索

2.1 统筹区域发展

实施TOD开发需要树立整体统筹的观念，任何特定问题的解决均需要从城市整体发展的角度切入，避免局部和孤立的考量。根据《南京市城市总体规划（2018—2035）》《南京市栖霞区总体规划（2010—2030）》《南京市麒麟科技创新园总体规划（2010—2030）》等相关产业布局规划及发展趋势分析，百水桥站综合开发的意义体现在以下两个方面：在城市层面，将使其从南京东部门户和麒麟科技园北部核心转变为助力东部发展的重要引擎；在特色发展层面，可承接周边产业外溢，依托地铁站点集聚发展，以多元的配套服务满足产业人群和居住人群的需求。

而按照已有的城市设计，百水桥站地块为市级保障房片区，开发体量小、能级弱，难以成为地区发展中心，也无法成为TOD产城融合综合体示范。因此，需要轨道公司从"五位一体"（土地利用一体化、交通一体化、功能一体化、空间与景观一体化、土地收益一体化）着手，提升地块开发能级，促进土地的集约利用及土地价值的提升释放，并对功能组织、物业类型、开发比例和开发量等进行深入的分析和判断。

2.2 整合规划设计

结合原《宁句城际百水桥站综合开发特定规划区城市设计》既有研究成果，在市政府的重视和支持下，轨道公司先后两次进行站点综合开发特定规划区城市设计调整，修改用地性质，使其满足站点综合开发的要求，提升土地综合效益（见图1至图3）。

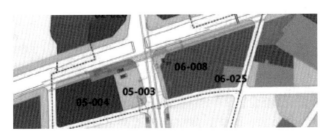

图1 原城市设计用地性质

图 2　第一版修改城市设计用地性质

图 3　第二版修改城市设计用地性质

调整后的设计将传统集中于地面或近地面以公共性为主的功能元素、环境元素、空间特征及设计手法竖向延伸推展，从而实现城市地面的再造和增值；将居住、办公、商业、地铁站、公交换乘集于一体，不但实现了不同交通方式的联通，而且形成了多种功能的开发组合，集聚了大量人流，成为整个地区发展的基础。

2.2.1　加大开发力度，打造节点城市形象

（1）原方案中核心区域开发强度过低，城市形态不符合 TOD 集聚发展的要求。作为连接南京到句容的门户，百水桥站需要发挥城市功能核心区的作用，打造城市建设的轮廓高点。

（2）重新定位百水桥站的分级，为未来发展预留容量。在现有方案中，将社区中心和东侧商办地块高度限制提高到 100 m，适当提高容积率，形成围绕站点核心区聚集的形态。

2.2.2　优化场地布局，提高功能复合度

（1）调整公园绿地功能定位，同时结合社区中心场地进行设计，使马高路两侧建筑与地铁地下空间进一步整合。

（2）南侧公交首末站孤立成块，利用地形高差，与住宅区域的停车场整合立体化设计，减少对住宅地块场地环境的影响。

2.2.3　提高地下空间利用率，优化慢行系统设计

以上盖物业形式与地铁地面四小件、轨道联络区间进行整体化设计，提高土地利用率。地下利用商业等公共功能与地铁衔接，考虑地下空间一体化开发的可能性。

2.2.4 明确物业组合发展方向，弥补区域产业配套不足

（1）通过市场分析研究，以目标客群导向明确物业组合发展方向。

（2）原方案中住宅体量较小，且业态功能单一，考虑提升住宅开发体量、丰富多层次商办业态，弥补区域产业配套的不足。

2.3 赋能商业价值

百水地块业态多，体量大，规划住宅 11 万 m^2、社区中心 2.5 万 m^2、商业 1 万 m^2、办公 0.8 万 m^2、公寓 4.5 万 m^2，如何联动多业态赋能商业是提升经济效益的关键。

香港地铁作为国内 TOD 的先驱者，以"轨道+物业"思想为指导缩短人行距离，地铁完美地与周边城市空间有效结合，充分释放了地铁上盖物业无法估量的商业价值。研究表明，轨道站之间的步行距离是十分重要的城市空间要素。

宁句城际百水桥站为地下两层岛式站，规划 12 号线为地下三层岛式站。宁句线已经建设完成，出入口虽预留了地块接口，但地下空间价值尚未释放，可充分利用 12 号线未建设的契机，通过两线同层站厅，将地下开放空间、地下商业空间连接打通，缩短乘客的购物距离，打造更便捷的商业区块。这反向要求百水地块马高路东西两侧具有联动性，在地块出让时就需要联合道路地下空间同步出让，提升地块商业价值（见图 4）。

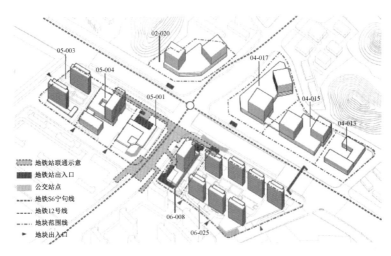

图 4 公共空间联通分析

受市场环境及传统住房观念的影响，目前市场上的公寓销售周期长、资金压力大。为区别于传统公寓客群单一、产品同质化的特点，大型租赁社区（长租公寓）更多地关注多层次、多年龄段人群不同的租住需求，力图在创造品质、舒适、智能的产品的同时构建人与人之间的亲密关系，让大家产生归属感、幸福感。公共空间作为公共租赁社区环境组成的关键部分，应在满足居民日常活动、交往需求的同时，提供更多高品质、多样化的选择。结合地块内社区中心、公园绿地、商业办公等业态，通过顶层设计、过程精细管理、精准营销、全流程把控等带动产业联动，可真正实现"投、融、建、管、退"价值闭环。

3 项目可行性

轨道公司应在研究地块时提前与土地储备中心沟通，避免土储部门在收储地块时因红线及地块上市前各要件办理困难等影响轨道公司前期规划指标的实现，给后期开发带来负面影响。百水地块产权性质复杂、考古审批繁琐、林地征用困难、立体交通影响环评……这些轨道公司都需要充分考虑，与土储部门配合解决。综合开发用地原则上以招、拍、挂方式公开出让，因涉及轨道交通工程，应将轨道交通建设资质、线路建设运营能力及业绩等纳入土地竞买人资格要求审查范围。

市场环境瞬息万变，轨道公司在通过公开方式取得土地前，需进行可行性研究，精准分析项目运作的可行性。可行性研究主要是从宏观层面分析论证建设的可能性和必要性，通过剖析市场环境，明确产品定位，从投资收益、风险控制等方面提出该项目是否值得投资和如何建设的相关意见。此外，对轨道公司而言，寻求项目合作显得尤为关键。目前，国内较为成熟的案例，如广州+越秀、深圳+万科等经验值得借鉴。轨道公司与房企进行合作，可以让双方专注于各自优势领域，共同创造更大价值，轨道与房企的创新性合作模式将有利于"轨道+物业"模式的推广应用。

4 结语

轨道交通 TOD 综合开发的价值在国内外的实践探索中已经充分展现，它已成为轨道交通可持续发展的有效路径。但在具体实践中，也要因地制宜，充分考虑综合开发的可行性，在政府政策的支持下，从利于产城融合的角度合理规划设计轨道交通沿线与城市界面的衔接，最大限度地发挥 TOD 对轨道交通和城市建设的共建共生作用。

参考文献

［1］宋子若. 轨道交通 TOD 模式实践研究及实施建议［J］. 现代城市轨道交通，2022（3）：14-17.

［2］金鑫，张艳，陈燕萍，等. 探索适合中国特征的 TOD 开发模式：以深圳市地铁深大站站点地区 TOD 开发为例［J］. 规划师，2011，27（10）：66-70.

［3］EWING R，CERVERO R. Travel and the built environment［J］. Journal of the American Planning Association，2010，76（3）：265-294.

［4］王艺，虞刚，徐小东. 香港高密度公屋公共空间规划对内地公共租赁社区的启示［J］. 建筑与文化，2018（4）：101-103.

丹阳市全域快速通道布局适宜性研究

孙晓方

（丹阳市交通运输局）

摘　要　快速通道是城市内部联系的主动脉，是支撑城市国土空间发展的主轴线。文章基于丹阳市城市和交通发展现状，梳理总结交通现状特征和问题，研判未来城市发展趋势和需求，提出丹阳市快速通道规划布局方案。文章基于交通可达性与城镇化的耦合分析，对规划方案适宜性进行评估，验证了方案的科学性。

关键词　快速通道；交通特征；适宜性；可达性

1　引言

丹阳作为江苏省苏南县域中心城市，具有经济产业发达、城镇化和城乡一体化水平高的特点。随着城市国土空间发展模式从"摊大饼"式的增量扩张规划模式逐渐向存量优化的规划模式转变，交通系统亟待转型升级。城市快速通道的构建是在适应城乡一体化发展、强化中心的辐射带动作用、改善全域交通可达性的背景下开展的，本文将分析丹阳市快速通道布局规划的思路，并对规划方案的适宜性进行评估。

2　丹阳市交通发展特征及趋势

2.1　城市交通特征

2.1.1　城镇化与机动化发展

"七普"数据显示，丹阳市全市常住人口 98.9 万人，城镇化率达 80.2%，城镇化水平进入后工业化时期，其中，中心城区集聚了约 40% 的城镇人口。截至 2021 年，丹阳市私人汽车总量 22.81 万辆，拥有率达到 230 辆/千人，年均增长 14.2%，处于快速增长期。

2.1.2　交通设施

截至 2022 年年底，丹阳市公路网发展位于镇江市前列，公路网总里程达 2263.7 km，公路网密度达 216 km/100 km²，二级及以上公路占比达 33.6%，均高于镇江市平均水平。市域已形成"一横两纵"高速公路网和"三横三纵"国省干线公路网，中心城区与各镇区间均有以县道为主的联系通道。

2.1.3 出行特征

丹阳市居民出行呈现中心城区对外放射的特征,中心城区集聚效应显著。经开区与司徒镇,高新区与司徒镇、延陵村间出行联系密切;经开区与丹北镇、界牌镇、访仙镇,高新区与陵口镇、珥陵镇间出行联系次之;南部吕城镇、导墅镇、皇塘镇与城区联系较弱。外围乡镇之间联系较弱,各镇出行需求以镇域内部出行为主,跨镇出行需求较低。

2.2 城市交通发展趋势

2.2.1 城市发展趋势

丹阳以打造"长三角高附加值制造业基地、沪宁产业创新带专业化创新中心、水韵吴风的宜居宜业精致城市"为愿景,至2035年,规划市域人口105万~110万人,形成"一主一副多点"的城镇空间格局。城市空间的发展带来交通需求的升级,客运出行更倾向于方便、快捷、舒适的交通方式。

2.2.2 交通需求分析

预计到2035年,丹阳市居民日均出行总量约为278万人次,小汽车保有量将达到320辆/千人。随着城市空间的拓宽,跨区交通联系强度和出行距离将有所增加,平均出行距离将由现在的3.1 km增加至4.3 km。

到2035年,丹阳市居民出行中心城区对外放射的特征将依旧显著,并形成司徒镇—中心城区—丹北镇、界牌镇的市域东西向客流走廊;中心城区与司徒镇联系强度约为3.6万人次/日,与丹北镇、界牌镇联系强度约为3.1万人次/日。

3 快速通道布局方法研究

3.1 相关研究

目前关于快速通道布局的研究可通过参考、借鉴同类型城市快速通道建设情况,对城市快速通道的结构、建设形式、间距等信息进行综合研判、总结,提出本地区快速道路布局形式;还可通过大数据采集,对社会经济数据、土地利用数据、出行特性数据、手机信令数据、交通路网数据等,采用ArcGIS、Cuber、VISUM和TransCAD等基于GIS的交通规划软件,综合分析道路连通度、可达性、通勤特征等指标,揭示路网存在的问题或不足,进而反馈和支持快速通道的布局建设。

张小辉对昆山、常熟、张家港等城市快速道路的建设经验进行总结,类比提出宜兴市快速道路布局形式。潘裕娟等以广东省连州市为研究对象,通过分析路网连通度、可达性等指标,探讨了公路网络的通达性水平,为快速道路布局提供决策建议。王栋栋等以成安县的公路网络数据为基础,运用最小阻抗模型分析了该县的路网可达性,提出应当推动多核心、多圈层的路网模式,优化公路级别的配置,增强支路与主干道的衔接。张琪胜基于手机信令数据和导航地图数据,分析城市交通的可达性特征、通勤特征等信息,并以淄博市快速路系统规划为例,验证了数据分析方法的有效性。龙娟以广东省新编普通国省道交通网络和广东省乡镇行政中心为研究对象,运用基于最小阻抗的可达性分析方法计算各乡镇可达性,揭示了广东省国省道建设和县乡道建设存在的不足。

3.2 适宜性分析

本文对快速通道布局适宜性的分析采用的是可达性分析和节点重要度综合判别的方式。

3.2.1 可达性

基于最小阻抗的可达性分析方法将起始点至所有目标点的平均最小阻抗作为中心点的可达性评价指标。将公路交通网络中 2 个节点之间的最短时间或最短空间距离作为阻抗,可达性的好坏可以通过计算结果的数值大小来判断,所得数值越小则表明可达性水平越高。路网节点及整个路网的可达性可表示为

$$K_i = \frac{1}{n-1} \sum d_{ij}$$

$$K = \frac{1}{n} \sum K_i$$

式中,K_i 为网络上节点的可达性;d_{ij} 为节点 i 和 j 之间的最短时间距离或最短空间距离;K 为整个路网的可达性;n 为整个公路网络的节点总个数。

3.2.2 节点重要度

综合考虑各节点的社会经济发展、城镇发展和人口分布等状况,构建节点重要度模型。选取节点人口数、节点地区生产总值、节点每日公路客运量作为特征指标,所得节点重要度模型如下:

$$I_i = \alpha_1 \frac{P_i}{P_{mean}} + \alpha_2 \frac{GDP_i}{GDP_{mean}} + \alpha_3 \frac{PC_i}{PC_{mean}}$$

式中,I_i 为节点 i 的重要度;P_i 为节点 i 的人口数,人;P_{mean} 为所有节点的平均人口数,人;GDP_i 为节点 i 的地区生产总值,万元;GDP_{mean} 为所有节点的平均地区生产总值,万元;PC_i 为节点 i 的每日公路客运量,万人次;PC_{mean} 为所有节点的平均每日公路客运量,万人次;α_1,α_2,α_3 分别为各特征指标权重系数,通常认为三者相同,即均为 1/3。

3.2.3 耦合协调度

综合考虑节点重要度和交通设施可达性系数,测算每个镇区的耦合协调度,计算公式如下:

$$C_i = \frac{I_i K_i}{(0.5I_i + 0.5K_i)^2}$$

式中,C_i 为镇区耦合度;I_i 为镇区节点重要度;K_i 为镇区 i 的交通设施可达性系数。

4 县域快速通道布局规划与适宜性评价

4.1 现状问题识别

本文以丹阳市基础地理信息道路数据和 OSM 数据为基础,对丹阳市域内城镇空间可达性进行评估。研究结果显示,中心城区可达性总体较高,整体出行时间在 30 分钟以内,皇塘镇、导墅镇、界牌镇可达性较低,平均出行时间在 45 分钟以上。市域公路网络体

系有待完善,部分乡镇可达性有待提升。

依据丹阳市手机信令数据,本文对丹阳市域人口岗位密度进行分析,发现人口岗位主要集中于中心城区和丹北镇、界牌镇,与"一主一副"的城市发展格局相符合;但丹北镇、界牌镇、皇塘镇等重点镇可达性不高,交通设施与城镇发展存在错位现象,公路与城镇发展失衡,亟须高等级快速通道补充。

4.2 快速通道布局原则

4.2.1 与区域交通相协调

随着区域一体化交通格局逐渐显现,交通通道的有机整合迫切需要加强。应重点加强快速通道与区域重要通道、高速公路互通出入口及区域干线公路等的融合与衔接,构建互联互通、开放融合、安全稳固的区域交通网络。

4.2.2 与城乡交通相协调

结合丹阳市城乡经济联系紧密的特点,城市快速通道的建设和规划应坚持全域城乡一体化导向,强化与市域城乡公路的衔接,支撑中心城区至乡镇之间的快速直达交通联系,满足跨区域资源要素的有效整合。

4.2.3 与城市空间相协调

快速道路作为城市道路的最高层级道路,在空间上具备承载和纽带功能,其规划布局应综合考虑城市空间发展,为城市各片区、各组团的发展提供先行支撑。

4.2.4 与用地布局相协调

城市快速通道具有"双刃剑"作用:一方面会对城市空间产生割裂效应,另一方面能够通过提升片区交通可达性,引导沿线用地的有序开发。因此,快速通道布局不宜过于贴近高强度开发区,以免产生空间隔阂;亦不应过度远离,以保证其服务和引导作用的发挥。

4.2.5 与生态景观相协调

快速通道应尽可能绕避城市山水资源、生态自然景观和历史文脉古迹等,以保护生态与人文景观的完整性。

4.2.6 与出行需求相协调

市内平均出行距离 3.5 km 以上可以考虑建设快速路。县级城市快速通道多采用中心城区快速路与市域快速干道相结合的方式,在核心区边缘布置内环线或至少有 2 条纵横线,如"井"字线、"申"字线,以形成核心区保护环;在外围借助干线公路打造快速通道,与主干路和高速公路出入口连接。

4.3 快速通道布局方案

快速通道布局需与国土空间开发保护格局、城镇空间体系相适应,支撑城市中心与各镇间的联动发展,实现丹阳市与各镇区及重要枢纽间的快速联系,同时承担中心城区长距离交通,是丹阳城区主要车流走廊。

本文根据城市人口、机动化趋势、出行结构等,建立综合交通模型测算各交通走廊的交通需求总量,快速通道布局规划的组织模式为"中心城区快速路+市域快速干道"的布局,中心城区快速路网密度为 30~40 km/100 km²,中心城区与各镇区之间至少有 1 条快速通道联通。

结合通道功能、交通需求、两侧用地、道路条件,规划市域形成"一环+九射"的市域快速通道网络。"一环"为中心城区快速路网,为北二环路—丹桂路、南二环路、G312 和齐梁路,红线宽度 44~60 m。内环南北向快速路平均间距 3.8 km,东西向平均间距 8.6 km。重点加强城区路网与市域快速干道衔接,避免长距离交通直接涌入城市中心。"九射"为市域快速干道,依次为丹界公路、S122、S357、后皇线、丹金路、丹延线、北二环路西延、G312(S122 以南段)和中吴大道。整体以高等级公路为主,主要节点采用分离式立交形式,利用辅道衔接相交道路。

4.4 规划方案适宜性评估

根据规划方案,基于交通可达性和镇域发展水平的耦合度开展规划方案适宜性评估,规划快速通道布局,基本实现全域 30 分钟可达。在规划各镇可达性系数与城镇综合发展水平耦合度相比现状的提升情况方面,市域总体可达性与城镇发展水平协调度明显提升,其中,陵口镇和皇塘镇可达性与城镇发展水平协调度提升最为明显,均超过 10%;丹北镇、界牌镇、吕城镇、导墅镇和珥陵镇可达性与城镇发展水平协调度提升在 0 至 10% 之间。

5 结语

城市发展由大规模增量扩张转向存量提质的新时期,快速通道规划是响应有限规模空间下的功能导控、效率提升的有力手段。本文结合丹阳市城市发展特点和城乡统筹发展背景下的交通出行需求,布局规划县域城市快速通道,并基于公路可达性及公路与城市发展水平耦合度分析,对现状及规划方案进行适宜性评估,可为城市公路高质量发展提供基础,以期对其他城市快速通道布局规划提供参考和借鉴。

参考文献

[1]潘裕娟,曹小曙.乡村地区公路网通达性水平研究:以广东省连州市 12 乡镇为例[J].人文地理,2010,25(1):94-99.

[2]王栋栋,王同文.乡村振兴背景下县域交通网络可达性研究:以成安县为例[J].绿色科技,2022,24(11):195-197.

[3]张琪胜.数据分析在快速路规划中的应用:以山东淄博市为例[J].城市道桥与防洪,2022(8):21-22.

[4]龙娟.基于普通国省道的乡镇可达性分析[J].交通科技与经济,2018,20(3):36-40.

[5]张小辉.县域中心城市快速路网布局规划研究:以江苏省宜兴市为例[J].交通企业管理,2020,35(3):77-79.

丹阳水运现状和未来发展研究

李 平

（丹阳市交通运输局）

摘 要 丹阳境内河流纵横交错，水系发达，水陆交通便利，拥有京杭大运河、丹金溧漕河、九曲河、香草河等多条干线航道，便捷的水运交通为城市的发展提供了良好的物质条件。本文对丹阳水运的现状和发展进行浅析。

关键词 水运；现状；未来；内河

1 引言

交通运输部印发的《内河航运发展纲要》中明确提出，到2035年，基本建成人民满意、保障有力、世界前列的现代化内河航运体系。内河航运基础设施、运输服务、绿色发展、安全监管等取得重大突破，在综合交通运输中的比较优势得到充分发挥，服务国家战略的保障能力显著增强。内河千吨级航道总里程达到2.5万公里；主要港口重点港区基本实现铁路进港；内河货物周转量占全社会比重达到9%；新能源和清洁能源船占比显著提高，船舶污水垃圾等污染物实现应收尽收、达标排放；物联网、人工智能等新一代信息技术在内河航运广泛应用。

《省政府关于加快打造更具特色的"水运江苏"的意见》（以下简称《意见》）中指出，到2035年，建成以长江干线、京杭运河为主轴的二级航道网，二级及以上航道高效覆盖省内国际性综合交通枢纽城市、全国性综合交通枢纽城市、国际枢纽海港。全面建成"设施一流、技术一流、管理一流、服务一流"的现代化水运体系，水运总体发展水平进入世界先进行列。

丹阳境内河流纵横交错，水系发达，水陆交通便利，拥有京杭大运河、丹金溧漕河、九曲河、香草河等多条干线航道，便捷的水运交通将丹阳与上海、南京、苏锡常等发达地区紧密连接。

2 丹阳市水运现状

2.1 航道现状

至2022年年末，丹阳市境内共有航道42条（航道具体构成见表1），航道总里程达355.46公里，其中，三级及以上航道47.77公里，占比13.44%。丹阳基本形成了由京杭运河（丹阳段）、丹金溧漕河（丹阳段）、九曲河、香草河等主要航道构成的纵横交错的干线航道网。

表 1 丹阳市境内航道具体构成

航道等级	总计	三级及以上	六级	七级	等外级
航道里程/公里	355.46	47.77	50.2	21.65	235.84
航道数量/条	42	2	2	1	37
比例/%	100	13.44	14.12	6.09	66.35

整治后的京杭运河（丹阳段）、丹金溧漕河（丹阳段）全线均达三级航道标准，可通过千吨级船舶，年通过船舶货运量分别达到 1.6 亿 t、9500 万 t，通航保证率为100%。同时为落实绿色发展理念、推进生态文明建设、治理挥发性有机物污染，苏南运河大泊锚地建立航道服务中心，提供岸电服务，以减少船舶的污染物排放。丹阳市骨干、主要航道信息见表 2。

表 2 丹阳市骨干、主要航道信息

序号	航道名称	航道起讫点		现状等级	里程/公里
		起点	终点		
一、骨干航道					
1	京杭运河	新丰铁路桥	荷园里	三级	29.33
2	丹金溧漕河	丹金闸	七里桥口	三级	18.44
3	九曲河	导士庄	扬中夹江口	六级	27.85
二、主要航道					
4	香草河	通济河	大运河	六级	22.35
5	常金北线	导士庄	港口村	七级	21.65
6	新鹤溪河、溢洪河、跃进河、分洪河、越渎河、东战备河、西战备河			等外级	235.84
合计					355.46

2.2 港口现状

截至 2022 年，丹阳共有 5 个作业区、29 个内河码头和 1 个长江码头，其中主要作业区 3 个（陵口、丹阳、珥陵），一般作业区 2 个（吕城、九曲河），长江码头为飞达码头。其中，陵口作业区定位为公铁水联运枢纽、集装箱专业作业区，主要服务于区域中转需求；丹阳作业区主要服务于丹阳经济开发区对外运输需求；飞达码头主要服务于滨江地区产业和开发区发展需求。共有码头泊位 86 个，泊位长度 4495 m，港口吞吐量达到 503.9 万 t。丹阳市码头分布和泊位、岸线情况见表 3。

表 3　丹阳市码头分布和泊位、岸线情况

项目	2020 年	2022 年
一、码头分布		
合计	33	29
1. 京杭运河/个	10	14
2. 丹金溧漕河/个	5	5
3. 九曲河/个	7	7
4. 其他航道/个	11	3
二、泊位、岸线情况		
泊位数/个	97	101
泊位长度/m	4495	4520
港口吞吐量/万 t	503.9	1105

　　丹阳内河航道等级水平较高，但港口发展相对滞后，配套服务水平较低，与沿江港口没有形成联动发展格局。虽然陵口建有铁路货运场站，但是多式联运发展尚未起步。水运在综合交通运输中比例不高，总体水运网络利用率不高，水运优势没有得到充分发挥。

3　丹阳内河水运未来发展趋势

　　《意见》中指出，到 2025 年，江苏省基本形成"联网畅通、达海通江、优质高效、保障有力"的"两纵五横"高等级航道网，二级（准二级）及以上航道里程接近 1100 公里，形成长江干线横贯东西、京杭运河纵穿南北的"十字形"主轴；三级及以上航道里程达到 2700 公里，通达全省 87% 的县（市、区）。打造功能更加完善的长三角世界级港口群北翼，港口综合通过能力达到 28 亿 t，集装箱通过能力达到 2100 万标箱。形成公铁水联运特色鲜明的水运服务体系。结合丹阳水运发展实际，笔者就水运发展谈几点粗浅看法。

3.1　提升干线航道建设

　　《意见》中指出，到 2025 年，苏南运河达到准二级，实现 2000 吨级船舶全天候畅行。丹阳市应结合京杭运河绿色现代航运综合整治工程，统筹推进京杭运河（丹阳段）二级航道网规划建设，开展与船舶大型化相适应的航道标准技术研究，对通航水位保障较差航段的航槽进行拓宽、挖深、疏浚，加快提升丹阳市境内大运河主干航道通航能力。

3.2　加强港口岸线管理

　　岸线资源是不可再生的自然资源，是港口开发的重要保障，为了充分、合理、有效地利用岸线资源，应在对航道岸线进行综合评价的基础上，进一步巩固前期港口岸线资源整治的效果，有效保护和合理利用港口岸线，提高港口岸线利用的综合效益。推动岸线资源优先用于专业化公用码头建设，统筹规划、合理利用，实现港口规模有效控制、岸线利用集约高效。

科学规划，合理利用岸线。岸线规划应与城市总体规划、土地利用规划、航道网规划、产业布局规划、开发（工业）区规划、防洪排涝规划、环境保护规划等有关规划相协调，统筹安排、合理布局。统筹兼顾和正确处理规划港口岸线与已有码头之间的关系。

整合效益低下的港口岸线。坚持集约高效利用的导向，以单位岸线吞吐量、税收，以及碳排放、开发强度、社会效益为重点，完善港口公共码头岸线、产业项目岸线利用监管指标。鼓励自身货源不足的产业项目配套码头向社会开放服务。

整合粗放的港口岸线。加强对规模小、分布散、多占少用、优线劣用的港口岸线的整合，推动通货类公用港口岸线集中布局。在整合现有岸线的基础上，科学合理地开发岸线资源，合理优化货种结构，做到专业化、集约化开发，充分利用和节约岸线资源，提高岸线的利用率和综合利用能力。

3.3 打造和完善多式联运体系

港口集疏运体系趋于完善。提升运河港口与江港、海港及其他运输方式的联动效率，加快构建江海河、铁公水多式联运体系。大力发展公铁水联运，丹阳港拥有沪宁高速公路、京沪既有线、京杭运河、长江夹江等多条集疏运通道，港口集疏运体系不断完善。其中，陵口作业区紧邻京杭运河、京沪铁路丹阳东货场、G312 和 S357，有较好的公铁水联运条件。完善的集疏运体系能够加强港口对经济的带动和支撑作用。丹阳重要作业区和集疏运通道的对应关系见表4。

表 4　重要作业区和集疏运通道的对应关系

重要作业区	集疏运通道
陵口作业区	丹金高速公路（规划）、G312、S357、G233（规划）、内河千吨级航道，专用疏港铁路支线与京沪既有线相连
丹阳作业区	沪宁高速公路、G233、内河千吨级航道
飞达码头	江宜高速公路、G346、S306（规划）、S358（规划）、长江夹江

3.4 发展内河集装箱运输

《意见》指出，大力发展内河集装箱运输。丹阳作为镇江内河航道主要覆盖地，区域交通枢纽地位日益显现，地理区位优势明显，为丹阳市内河港水运的发展提供了十分有利的条件。

本文通过对丹阳市企业（汽车配件、金属工具、专用设备、眼镜制造）抽样调查，调研了主要企业的集装箱生成量基本情况，包括主要货物种类、年箱量、经过港口、运输方式及货物流向目的地。目前丹阳市集装箱运输以公水联运为主，外贸集装箱的运输大多由汽车将集装箱运送至港口，再经港口出海。丹阳市外贸集装箱运输途经的港口主要有上海外高桥港、上海洋山港、太仓港与镇江港,其中运送至上海洋山港的集装箱数量占比 80% 以上,主要运往欧美、东盟等地区,运送至太仓港和镇江港的外贸集装箱则主要流向日本、韩国、东南亚等地区。

太仓港独有的"沪太通"模式实现了太仓港与洋山港物流运输体系的对接,开辟太仓港至洋山港每 8 小时 1 班"定点、定时、定线、定航次、定价"的"五定"班轮,通过"穿梭巴士",提供比陆路集卡直运物流模式更省、更快、更畅、更安全、更环保的远洋中转服务。丹阳市远洋外贸集装箱可以通过太仓港的"沪太通"模式直接运送至上海洋山港装船出海,从而缩短通关时间,降低运输成本。因此,综合考虑丹阳市经济发展特点和各港口的优势条件,以成本导向为原则,最终确立太仓港为丹阳地区外贸集装箱出海的首选港。

3.5 打造生态绿色文化航运

加强航道设施生态化建设。结合京杭运河绿色现代航运整治工程,开展航道生态系统修复提升。京杭运河(丹阳段)全长 41 公里,城区段重点绿化、美化、亮化,集镇段一般绿化、美化,开展绿化提升工程,实现运河航道沿线可绿化区域绿化率超 95%。

加强生态友好型港口建设。加强港口堆场、码头扬尘污染控制,煤炭、矿石、砂石码头粉尘实现在线监测。持续推进港容港貌提升,加强港区综合环境整治,提高港区绿化率,深入开展"见缝插绿"行动。

加强船舶污染综合治理。加强船舶生活污水防污设施和生活垃圾、油废水收集贮存使用情况的监督检查,提高港口岸电使用率,推进港口码头、船闸、水上服务区垃圾回收,无死角收集、转运和处置污水,推动船舶污水从达标排放向零排放过渡。

3.6 提升水运智慧化发展水平

推进智慧航道建设。加快建设内河干线航道外场感知设施,建成并完善干线航道运行调度与监测系统,实现内河干线航道可视、可测、可控、可调度。建立"远程集控、统一调度、智能监测"的运行管理新模式。

推进智慧港口建设。港口通信导航是调度指挥生产、提高工作效率和作业运行效益的基础设施,港口专用通信网应与港口建设同步或适当超前。建设视频监控系统,对重要作业区的水域进行远程实时监控;完善内河水上应急指挥中心功能,在重点水域建设水上应急指挥分中心;建立危险品运输管理系统、船舶防污染管理系统;建立 GPS 船舶监控系统,实现对重点船舶的 GPS 监控。

综合交通运输

浅析丹阳物流业发展的难点与对策

丹阳市综合交通运输协会课题组

（丹阳市交通运输局）

摘　要　随着现代企业生产方式由大批量生产转向精细的准时化生产，采购与供应都需要转变运作方式，实行准时供应和准时采购等。加快发展现代物流业对城市经济和企业发展的促进作用日益明显。企业的物流系统要具有与制造系统协调运作的能力，以提高供应链的敏捷性和适应性。因此，现代物流管理的作用不仅是保证生产过程的连续性，还包括管理供应链。

本文对目前丹阳地区物流业的发展现状、所遇到的瓶颈、未来的发展方向、现代化转型等问题进行了探索与思考。

关键词　现代物流业；物流系统；制造系统；瓶颈；现代化转型

1　引言

当前我国物流业发展正处于高速增长期，经济社会发展对物流的依赖程度也明显加深。改革开放的不断深化、经济的持续高速增长及全球化进程的加快为丹阳市现代物流业的发展提供了巨大的发展空间。

2　发展现代物流业的重要性

加快发展现代物流业对城市经济发展的作用非常明显，尤其是会给企业发展带来积极作用。从传统观点看，物流业对制造业的生产起到支持作用，被视为辅助性的功能产业。但是随着现代企业生产方式的转变，即从大批量生产转向精细的准时化生产，此时的物流业，包括采购与供应，都需要跟着转变运作方式，实行准时供应和准时采购等。另外，顾客需求的瞬时化要求企业能以最快的速度把产品送到用户的手中，以提高企业快速响应市场的能力。所有的这一切，都要求企业的物流系统具有和制造系统协调运作的能力，以提高供应链的敏捷性和适应性，因此，现代物流管理的作用不仅是保证生产过程的连续性，还要在供应链管理中发挥重要作用，包括：创造用户价值，降低用户成本；协调制造活动，提高企业敏捷性；提供用户服务，塑造企业形象；提供信息反馈，协调供需矛盾。

因此，本文对丹阳物流业发展所遇到的瓶颈进行剖析，探索如何促进丹阳市物流业现代化转型，畅通物流渠道，推动本地产业高质量发展。

丹阳市地处长江下游南岸，江苏省南部，北纬 31°44′—32°09′，东经 119°24′—119°54′，南北长 44 公里，东西宽 32.5 公里，东邻常州武进区，南与常州金坛区接壤，西北与镇江丹徒区交界，东北与扬中市隔江相望，东距上海 200 公里，西距省会南京 68 公里，北临长江，东靠常州奔牛机场。沪蓉高速、常泰高速在丹阳都有出入口，京杭大运河、沪宁铁路横穿丹阳全境。丹阳市拥有汽配、灯具、五金工具、家纺、眼镜、复合地板等多项特色产业。明显的区位优势、丰厚的经济资源都为丹阳现代物流产业发展提供了广阔前景。

3 丹阳物流业发展的现状

丹阳现代物流业体系较为完善。

一是公路运输。截至 2021 年，丹阳有道路普通货运业户 3972 户，其中个体户 3134 户（其中专业运输公司有 228 家，危险品运输 7 家），货运车辆 5343 辆；道路危化品运输企业 7 家，危化品车辆 175 辆（车辆数占全镇江市的 24.8%），拥有 5 辆以上车的运输企业占比为 7.5%。2020 年，全市货运量达 2041 万 t，货运周转量达 254501 万吨公里。

二是水路运输。截至 2021 年，丹阳市内河港口码头在营企业共计 29 家，主要分布于苏南运河、丹金溧漕河干线航道，其中苏南运河 14 家、丹金溧漕河 5 家、九曲河 7 家、香草河 3 家，均已在 2020 年 12 月底通过环保验收并纳入日常环境监管。29 家企业中从事干散货装卸的共 28 家，其中，城北运输码头泊位数 15 个，2021 年吞吐量 55 万 t；龙江物流码头泊位数 10 个，2021 年吞吐量 333.86 万 t；大亚人造板码头泊位数 10 个，2021 年吞吐量 2.26 万 t；其余 25 家码头规模均为 1~2 个泊位、1~2 台吊机，2021 年吞吐量总计 173.80 万 t。2022 年在建港口码头有 1 个，即陵口码头。

三是寄递物流。截至 2021 年，丹阳市内取得快递业务经营许可证的企业共计 8 家，分支机构共计 45 家，末端网点 207 个，分属 14 个品牌。2020 年 1—9 月，全市邮政行业业务量累计完成 4597.52 万件，比上年同期增长 20.10%，业务收入累计完成 2.42 亿元，快递业务收入和快递业务量增幅均位于镇江市前列。

4 丹阳物流业发展方向

要发展丹阳现代物流业，首先要找准丹阳物流业发展的定位，全面对接南京都市圈，强化与上海都市圈的联系，结合全市发展需要，发挥交通区位优势，发展现代物流业，推进港口、物流、产业、城市融合发展，将丹阳打造成长江经济带上的区域物流枢纽。

① 围绕丹阳市重点打造"三区三园"发展格局，大力发展内河集装箱港口建设（未来形成以丹阳开发区、陵口和飞达为核心的三个港口作业区），合理规划和布局现

代物流网络，服务于丹阳市特色产业，更好地助力丹阳市经济高质量发展。

② 大力促进平台经济、共享经济健康成长，大力支持网络货运平台的发展，加快传统物流企业向"互联网+物流"升级；鼓励物流企业对接制造业企业，提供个性化、专业化物流服务，提升物流效率，降低物流成本。

③ 整合现有物流资源，加快传统物流向现代物流转变，落实绿色低碳发展理念，大力发展多式联运，提供无缝运输以提高运输效率，进一步优化物流组织模式，引导推动邮政快递企业与物流企业、电商企业等开展深度合作，积极发展共同配送、统一配送模式。

④ 大力发展城市配送，积极推进乡、村消费品和农资配送网络体系建设；鼓励节能环保车辆在城市配送中的推广应用。支持邮政配送、快递行业等城市配送企业的发展，推广应用仓储管理系统、配送管理系统等先进信息管理系统，以及电子标签、标准化立体仓库、自动拣选设备等先进物流技术，支持快递末端配送网点在农村的建设发展。

⑤ 进一步深化简政放权，放管结合，优化服务，为企业减负，激发物流运营主体活力；积极争取政府和上级部门支持，用好优惠政策，拓展服务功能，提升企业核心竞争力；开展物流业标准化和新技术示范工程试点工作，制定本领域行业标准，增强行业竞争力；引导企业通过兼并、联合、重组等方式做大做强，形成一批具备区域竞争力的物流规模企业。

5 丹阳物流业发展遇到的瓶颈分析

截至 2021 年，丹阳市共有物流企业 400 余家，其中规上企业 18 家，2020 年规上企业累计销售 16.02 亿元，纳税合计 8308 万元。虽然丹阳市物流企业多，但是现代化程度不高，大部分物流企业还是传统物流企业，增长水平与经济发展不相适应，且和周边发达县市存在差距，主要呈现出规模小、分布散、竞争力不强、信息化程度低、恶性竞争严重等特点。

① 公司化、规模化程度偏低，专业化水平有待提高。由于准入门槛太低，大量物流企业为个体经营，5 辆车以上的运输企业占比为 7.5%。功能齐全、竞争力强的规模骨干企业（园区）少，能提供全国性物流网络服务的企业很少，大部分以中小物流企业和运输个体户为主，"一车一照"的流动运输户占很大比重，企业自用车辆也有相当一部分。物流市场高度分散，运输线路仍然较为单一，缺乏科学高效的组织手段和庞大的货运网络，货物回流不畅，空驶率高，运营成本居高不下，造成运力的浪费。丹阳已有的物流场站内虽然聚集了一批个体运输户，但是只实现了地理位置的聚集，运输户之间信息沟通不畅，各自为政，导致互相压低价格的恶性竞争。

② 增值服务偏少，技术水平偏低，物流企业还停留在仅具备传统的运输、仓储单一功能的阶段。"自办"物流多，服务外包少。丹阳市绝大部分物流经营户以企业和个人投资为主，直接从事物流运输的多，而投资物流园（基地）的少；以运输、仓储、

包装、信息共享、原材料系统供应等综合经营模式的现代物流企业很少；生产企业仓库利用率不高，车辆空驶率高，物流管理成本高，企业自产、自储、自运的内部物流还较为普遍。这主要是因为生产企业担心其核心业务和部分收益丢失而不愿与物流公司合作，而现代物流需要物流企业参与生产、流通、消费的全过程。

③ 公共服务信息化水平需进一步提升。全市综合型现代物流管理服务平台尚未建立。信息化程度不高导致物流信息反馈不及时，不能实时进行物流过程管理、物流信息管理、货物跟踪。丹阳物流企业所用的信息平台基本上是私人企业自己开发的，大多为自用或用于打广告，功能简单，信息量少。

④ 物流产业同质化竞争加剧。由于物流市场准入门槛较低，丹阳市大部分物流企业仍然在运输、配送功能上进行着过度同质化的无序恶性竞争，如大部分物流企业仅具备运输、装卸搬运、简单仓储这些基本物流功能，服务网络体系不够完善，不能提供高附加值的系统服务，效益不佳、生存困难，发展后劲不足。

⑤ 货源比较分散，外流严重。货源分散，难以形成物流集聚效应。同时丹阳南部皇塘镇、导墅镇、珥陵镇、吕城镇等地区货源流失到常州物流企业的较多。

⑥ 不同运输方式之间衔接不畅。特别是大运河黄金水运、铁路运输因港口及码头、货站建设落后和长期未维修，立体交通的物流基础未能较好地发挥其优势，大宗建材、煤炭、粮食等商品价廉运输的优势及辐射能力逐年降低。

⑦ 港口优势未能充分发挥。长江夹江 2 个深水码头未列入全市总体布局，内河港区码头规模普遍较小，大多数码头为个体经营户和企业自备码头，无大型公用码头，港口吞吐量普遍较低。港口作业区的建设不够，港口码头分布零散、设施落后，1000 吨级泊位还未实现突破。货物进出港流向为周边市县，无综合作业设施和能力。

⑧ 寄递物流方面。城市配送车辆多为三轮电瓶车，配送装备标准化不够，配送效率不高，存在安全隐患；新建居民楼智能信报箱推广和部分乡镇邮政服务配套设施不足，影响服务质量。

6 破解丹阳物流业发展瓶颈的对策

① 提高对现代物流业的认识。现代物流业是一个新兴的复合性产业，涉及运输、仓储、货代、包装、联运、制造、贸易、信息、金融、商务等多领域，是现代产业体系的重要组成部分，也是衡量一个地区综合实力的重要标志。现代物流业把生产企业的仓储、运输环节承接过来，能大大节省企业用地，对于丹阳土地资源开发利用有着重要意义。把企业物流外包，用节省的资金发展自己的核心竞争力。比如目前，丹阳市已有一批物流企业率先在数字化服务转型方面做出了尝试，诺得物流、宏福物流等便是其中比较成功的代表。

② 科学编制现代物流业发展规划。加大对丹阳物流行业的政策、资金、服务、金融、财税支持力度。要以政府为主导、以企业为主体，涉及物流行业的各部门共同参与，在丹阳市总体规划指导下，结合城区、开发区和各乡镇的区域功能布局，本着不

搞重复建设、方便交通、经济便民的原则，编制切实可行的现代物流行业发展规划，完善物流产业的布局安排，为物流业的发展留足空间。整体布局上，在产业聚集区，由外到内形成物流中心、转运节点、配送中心三个定位不同的环形物流功能带。适当提高物流行业准入门槛，对物流企业进行分类定级、分类指导，大力扶持优等物流企业，淘汰小、乱、差物流企业，进一步引导小型物流企业入园。

③ 明确物流主导部门，强化政府服务职能。

首先，确立物流业主管部门，同时涉及物流业的各个部门应全力配合，按照规划做好支持物流业发展的各项工作，精简效能，落实好行政审批的管理职能，给物流企业发展建立绿色通道，为物流行业的发展营造良好的外部环境。

其次，在每年财政预算中预留用于现代物流业发展的专项资金，落实国家对于物流产业的扶持政策，制定符合丹阳物流业发展的优惠政策，加大对重点物流企业财政、税费、金融、政策、服务支持力度。贯彻落实物流数据统计制度，根据数据统计做好政策调整。

④ 引导企业做大做强，培养领军企业。根据丹阳物流需求，构建"综合物流园区+专业物流中心+物流配送网络"的三级物流网络体系。构建一批投资多元、功能集成、特色鲜明的物流园区、物流中心和配送中心。希望政府能通过财政、金融等激励政策积极引导物流企业向规划的物流区域聚集，不断壮大成一定规模的物流企业，形成块状发展的物流产业布局。

截至2021年，丹阳已经创成国家级高新技术企业1家（诺得物流），省重点物流企业2家（诺得物流、宏马物流），2家企业（诺得物流、宏马物流）在新三板上市。

⑤ 发展铁水联运等先进运输方式。铁水联运作为一种集约高效的运输组织形态，既能提高运输效率、降低物流成本，又能发挥"大批量、低污染"的绿色优势，是现代交通运输发展的必由之路。对航运、港口、物流企业来说，铁水联运为丰富服务内容、提高服务水平、促进转型升级提供了抓手。目前，丹阳市铁水联运在铁路运输中处在低水平阶段，所占比重很低。这其中的主要问题是尚无完善的铁路集装箱运输网，丹阳市港口缺乏铁路专用线及铁路集装箱中心站。铁路有着四通八达的运输线路、较完善的货运组织方式、专用的通信系统、安全的运输方式、低廉的运输价格，这都为发展铁水联运提供了良好条件。水铁多式联运的开启，实现了铁路箱可以走海运、海运箱可以走铁路的海铁无缝对接。铁路运价比水铁多式联运开启前大幅下降，为企业节约了物流成本。市场经济条件下，唯有合作共赢、共同发展才是正道。

当然也有一些先进的运输方式让人欣喜：丹阳市诺得物流国家级公路甩挂运输试点项目成功通过了验收；宏福物流多式联运项目进入江苏省多式联运示范项目库；宏马物流开通"丹阳—北京"特需班列，诺得物流开通"丹阳东—上海港"特需班列，为丹阳市发展"公铁联运"和"海铁联运"积累了有益经验；宏马物流与上海医药合作共建的华东地区最大的医药冷链仓库落成，其医药冷链物流项目也正式开启。

⑥ 建立城乡物流一体化发展长效机制，不断提高农村物流整体服务水平。2021年以来，丹阳市交通局依托"镜彩农路·丹凤朝阳"这一"四好农村路"品牌，创建"镜彩农路"之"交邮合作、快递共配"城乡物流服务品牌。利用村邮站、电商服务点、供销社、超市等场地资源，实现了145个建制村村级农村物流服务点覆盖率100%，创新"城乡公交+共同配送"运营组织模式，开通了3条交邮融合城乡公交示范线路及12条共同配送线路。以"交邮合作、邮快合作、末端共配、融合发展"为重点，形成"场站共享、服务同网、货运集中、信息互通"的城乡物流一体化服务模式。高质量创成农村物流达标县，并形成了丹阳特色经验。

同时，交通局还配置了不同类型的专业化配送车辆，统一标识化管理，喷涂统一的设计logo。丹阳市公共交通公司购买2辆新型客货融合公交车，推广应用到交邮融合城乡公交示范线路中。推进实施城乡公交代运邮件快件业务，各个乡镇都设立配送节点，电子商务飞速发展，快递行业正加速壮大，农村物流作业效率和服务质量也在快速提升。此外，以促进农村地区快递配送的高效和集约发展为目标，丹阳市交通运输局积极协调，加强指导，推动丹阳市天翼速递有限公司与中国邮政丹阳分公司、中通、韵达、圆通、百世等邮政快递企业签订共配合作协议，提供农村地区末端邮政快递共同配送服务，有效填补农村地区物流服务的空白。

接下来，希望能在相关部门的支持下，进一步放活多种物流采购供应形式，与农庄、大型养殖基地进行对接，直接采购新鲜农产品，实现农超对接、农企对接。在丹阳地区平台上形成直接送货这种直销形式，方便快捷。要进一步运用好冷链物流技术，做好农产品保鲜、仓储用冷藏冷库的建设，保证农产品新鲜、健康地到达百姓餐桌。要以整合丹阳农产品资源、形成田间地头到餐桌的完整供应链为目标，打造绿色、高效、便民的农副产品物流集散地。

⑦ 整合物流市场，发展快递配送物流。进一步规划并整合物流企业，形成一个或多个大型物流中心，依托滨江四镇汽配产业基地建设和五金制造业，发挥龙头物流企业带动整合作用，打通采购、生产、营销、售后各产业环节，不断优化公路、铁路运输衔接方式，为汽车与零部件的研发制造、贸易销售、展览展示等全流程提供物流服务。在城区形成规模性物流中心，在丹阳南部地区结合包装印刷、纺织、家纺的产业优势，进一步建设多个与苏锡常地区物流相衔接的物流中心。目前，丹阳市正积极推进物流场站建设：安能物流镇江、常州地区分拨中心落户丹阳市并投入运营；宏马物流建成公铁多式联运集散中心；诺得物流完成物流中心一期工程建设；宏福物流、诺得物流2家企业均通过了全国第一批"司机之家"建设试点项目国家级验收（江苏省共20家）。

⑧ 进一步发挥"引进来，走出去"的战略优势。吸引知名物流企业入驻丹阳，继续引进顺丰、德邦等大型配送物流企业，争取大型物流企业来丹阳设点，促使本地物流企业在管理方法、运作模式等方面提升、发展。同时，丹阳本地物流企业也要敢于突破丹阳范围，在长三角地区设点，在激烈的全国大市场范围内，提升自己的竞争力，

扩大自己的辐射范围。

⑨ 强化资金支持，搭建融资平台。鼓励多种所有制投资者加入现代物流业建设，特别是支持物流企业通过股票上市、发行债券、融资租赁等途径筹集资金，增强物流产业发展动力，提高丹阳市物流业现代化水平。

⑩ 推进"互联网+物流"信息化建设。进一步完善现代物流信息网络体系，建设物流综合服务系统，全力构筑大辐射的现代物流发展平台。一是要在物流中心建立交易信息平台，进一步实现信息的实时共享，具备替货找车、帮车配货、信息服务、在线支付等功能或服务，积极建立丹阳物流信息平台。二是积极探索电子商务与物流协调发展的新模式，推进"互联网+物流"信息化建设，例如，宏马物流完成多式联运集中管理系统建设并通过省级验收；诺得物流完成无车承运客运服务平台 CSP 升级改造，该平台成为全国第一批通过审批的网络货运平台，截至 2021 年已整合社会车辆 22.19 万辆，在全国设立服务网点 30 个，日均货运量 1.73 万 t。三是持续推进全市货运车辆卫星定位系统的推广与应用，为丹阳市物联网建设打下基础。

⑪ 加大物流人才梯队建设。完善物流人才培养体系，一是可以开展校企合作，定向培养适合物流企业的专业型人才，吸引应届毕业大学生到丹阳市物流企业就业；二是制定人才激励政策，政府给予这些特殊专业人才一定的优惠政策，吸引物流专业人才来丹阳市发展；三是定期开办物流师培训讲座，也可以请专家实地到丹阳市物流企业传授物流知识，提升丹阳市在岗物流从业人员的整体物流知识水平。

⑫ 大力发挥丹阳物流行业协会的作用。定期宣贯现代物流发展理念，组织学习周边市县现代物流发展经验，开拓视野，让丹阳市的物流企业家认识到提升现代物流服务水平的重要性。行业协会可以针对物流业所面临的困境，向政府提出自己的合理诉求及建议，为政府决策提供帮助。

⑬ 提升现代物流企业技术装备水平。加大对新的物流技术的推广应用，比如无线射频手持、电子标签（RFID）拣货系统、订单管理系统（OMS）、仓储管理系统（WMS）、配送管理系统（DMS）、区块链技术、自主搭建数据中台、智能物流软件等，进一步发展货运企业的甩挂运输，提高运输效能。可以通过典型示范和推动引导来推广应用新技术。

诺得物流是国内第一批从传统物流服务向数字化物流服务转型的物流企业，是一家具备全面物流服务能力与平台研发运营能力的科技型物流企业、细分领域龙头企业、网络货运标杆企业。2020 年企业销售收入 10.86 亿元，纳税 7836 万元，在无车承运人领域居全国第七、江苏省第三。企业主营整车公路运输、国际物流、多式联运、物流信息化服务，建有江苏省重点工业互联网平台，2019 年获得工信部工业互联网试点示范项目（标识解析集成应用），2020 年上线道路货物运输行业标识解析二级节点。诺得物流能为工业企业提供柔性化的供应链服务，充分利用区块链技术实现交易数据的保密与不可篡改性；利用服务网格实现业务服务的高稳定性与快速迭代；通过自主搭建数据中台实现数据价值的最大化。企业自主研发智能物流

SaaS 软件、工业互联网领域解决方案、标识解析服务等多样的产品和方案，为客户提供多种服务方式以满足客户全方位需求。未来诺德物流将进入规模化商业模式，通过数据积累、业务扩张及增值业务开发，以求与客户产业生态协同，逐步打造工业互联化、产业生态化的布局。

浅谈网约顺风车的法律规制

史仁强

（丹阳市交通运输局运输管理科）

摘　要　网约顺风车服务是民间合乘行为网约化，能够有效降低司乘出行成本，分摊费用，缓解交通拥堵，但同时存在安全隐患。其兼具效率放大与功能异化的经济效果，这要求我们对网约顺风车进行系统的法律规制。一方面由交通运输部制定网络预约私人小客车合乘服务管理的相关暂行办法，形成一个统一性规制框架；另一方面，各级地方人民政府和各网约顺风车平台企业可在该框架授权范围内制定本区域的具体实施办法或自律规定。限制网约车平台的逐利性、要求平台保护乘客信息安全、为地方立法规制留下合理区间等举措能有效降低网约顺风车的安全风险，为大众提供良好的服务体验。

关键词　网约顺风车；法律规制；信息安全；网约出租车

1　引言

自 2015 年 6 月 1 日滴滴顺风车业务上线以来，网约顺风车服务开始进入大众视野。顺风车业务实质上是私人小客车合乘、"搭便车"的新经济形态，由于其比专车、快车价格更低廉而受到大众广泛青睐。同时顺风车业务暗合当时"共享经济""互联网+"的时代浪潮，短短三四年时间就得到了迅猛的发展，成为滴滴旗下名副其实的"独角兽"业务。但其发展过程完全由市场主导，缺乏相关法律法规的有效规制，野蛮扩张业务的过程中过度追求经济效益而忽视了乘客安全保障。2018 年连续出现多起司机危害乘客的恶性刑事案件后，网约顺风车业务也由此陷入低谷。

我们必须看到的是顺风车服务对社会发展是有利的，它与快车有本质的区别：顺风车服务不具有营利性。它应当被认定为司机与乘客为降低出行成本，分摊路费，共享一段里程的民间互助行为。这种民间行为乘着移动互联网的东风迅速发展壮大，推动了更多陌生人之间相互帮助，在减轻司机与乘客出行经济压力的同时，也有效缓解了城市交通拥堵，客观上符合当下低碳环保的出行理念，应当大力推广。

但同时顺风车缺乏法律规制，容易对司乘的人身财产造成威胁。如何在保障安全的同时降低出行成本、加强道路运输效率成为目前的重大研究课题之一。笔者希望通过构建网约顺风车法律规制体系，为大众提供一种更具有安全感、更加方便快捷的绿色低碳出行方式。

2 网约顺风车法律性质分析

2.1 网约顺风车与网约出租车的区别

网约出租车全称为"网络预约出租汽车"，交通运输部发布的《网络预约出租汽车经营服务管理暂行办法》（以下简称《暂行办法》）主要以网约出租车为规制对象，该法第二条第二款规定："本办法所称网约车经营服务，是指以互联网技术为依托构建服务平台，整合供需信息，使用符合条件的车辆和驾驶员，提供非巡游的预约出租汽车服务的经营活动。"与这类网约出租车服务经常相提并论的是传统的巡游出租车服务。在巡游出租车服务模式下，出租车司机沿街巡游，消费者以沿街招手的方式发出要约，政府部门则通过特许经营、政府定价和质量管制等形式进行规制。而网约出租车实际上是以互联网平台的电召过程取代道路边招手过程进行缔约，通过网约平台提供服务的既有可能是传统的巡游出租车，也有可能是未获得传统出租车行业准入牌照的私家车。《暂行办法》主要以这类网约出租车服务为规制对象，并未设计系统的网约顺风车规制体系，仅于第三十八条做了如下补充性规定："私人小客车合乘，也称为拼车、顺风车，按城市人民政府有关规定执行。"亦即在交通运输部暂未针对网约顺风车设计统一规制框架的背景下，各级地方人民政府有权针对网约顺风车制定单独的具体规定。

网约顺风车与网约出租车在法律性质上存在显著差异：网约顺风车不具营利性，而网约出租车则与巡游出租车相同，是一种职业性的、以盈利为目的的市场经营行为，乘客与司机之间属于消费者与经营者之间的法律关系，按照现代经济法律制度的设计，应当基于消费者的弱势地位，对其权益予以特殊的保护，而法律并不会为顺风车车主增加特殊义务以保护乘客的权益。

2.2 网约顺风车与线下顺风车的区别

线下顺风车合乘行为是一个高度依赖"熟人"的社会现象，多数情况下，出行者只能通过社区邻里、亲朋好友等渠道获取合乘机会，交易成本较高，由于多数合乘意向在时间、地点、路线、出行意愿等方面存在不可调和的矛盾，会有极大比例的合乘机会由于无法达成合意而"流产"。但是，在互联网时代，交易成本大为降低，通过智能手机实时定位服务和依托大数据技术提供的服务平台，出行者十分便捷地获取了与"陌生人"达成合乘契约的机会与可能，合乘出行的概率大为提高。从这个角度来看，网约顺风车令合乘行为潜在的社会效益大为增加，如果能够得到有效的引导和发展，其将在缓解城市交通拥堵、减少汽车尾气排放、释放交通基础设施建设压力等方面发挥重要作用。

3 网约顺风车存在安全隐患的原因

3.1 司乘信息缺失

智能化的工具与手段在放大合乘效率的同时也放大了社会风险。在线下顺风车行为中，合乘是一种高度依赖于"熟人"的缔约方式。对一次出行，当事人除对便捷性有所偏好以外，还会对出行安全、舒适的体验等有所期盼，这些追求其实高度依赖于出行者对合乘对象具体情况的知晓程度。在合乘对象多为"熟人"的情况下，出行者虽不容易达成合乘契约，但尚且能确保合乘对象是较为安全的，这就确保了多数顺风车服务是保险可靠的。但是，在网约顺风车的情况下，出行者有极大概率暴露在由一个"陌生人"提供合乘服务的环境中，这除了会增加出行者在隐私保护层面的顾虑之外，还会由于缔约双方信息不对称，给出行埋下较大安全隐患。司机或乘客都无法确定接下顺风车订单的"陌生人"是否会进行诸如抢劫、性侵、故意杀人等极端暴力行为，由于信息不对称，司乘双方都没有保护合乘安全性的最基本屏障，可能会引发悲剧。

3.2 网约车平台过度追求经济效益

网约顺风车与网约出租车法律性质上的差异，亦决定了其合同对价性质的不同：网约出租车的对价是一种直接的经营报酬，该对价既要覆盖司机在油耗、人力、车辆折旧等方面的成本，又要确保司机能有所盈利；网约顺风车的对价则不具有营利性要素，它本质上只是一种城市出行过程中的成本分摊机制。对提供网约顺风车服务的车主来说，一趟顺风车服务的路线本身即在其正常出行规划之中，该趟出行支付的成本也属于其正常生活出行的预定成本范围，他只不过为搭乘者提供一个"搭便车"的机会而已，因此，只要搭乘者支付适当的价钱，分摊其预定成本，车主即有动力提供顺风车服务，而无须覆盖车主的全部出行成本，更不用令其有所盈利，车主与搭乘者之间不存在营利性的运输合同关系。在同样里程的出行服务中，网约顺风车的乘客支付的对价必然显著低于网约出租车。

合乘本身是非营利活动，司机与乘客之间不是经营者与消费者的关系，但在网约化之后，提供网约顺风车服务的平台却有显见的逐利冲动，它提供的是一种类似于居间合同的营利性中介服务，并按照每单顺风车服务对价的特定比例收取佣金。换言之，合乘对价的基数越高、频率越高，网约平台收益越高；此时，合乘对价的低廉性、线路的稳固性、频次的有限性反而成为影响平台收益的因素，平台企业更倾向于打破这些限制，但这样会产生混淆网约出租车服务与网约顺风车服务的道德风险。

目前，国内市场上的平台企业大多同时提供网约出租车与网约顺风车服务，如最具代表性的滴滴出行平台，在全国关停顺风车服务之前，对"快车"和"顺风车"两类业务仅在平台的服务界面上进行区分，乘客可自行选择任一类服务，但多数乘客并不能辨明两者在法律性质上的差别。同时，相较于"快车"，滴滴出行对"顺风车"服务设置较低报价，以令其符合成本分摊而非营利的性质。除此之外，滴滴出行对

"顺风车"未设置合乘线路、合乘频次等方面的额外要求，从事出租承运的"快车"司机有较高比例也可提供"顺风车"服务，这就有可能导致两类服务的风险传导，引发严重网约顺风车安全问题。

3.3 地方政府法律规制过于宽松

国内最早对网约顺风车进行规制的文件是北京市 2013 年出台的《北京市交通委员会关于北京市小客车合乘出行的意见》，其采取以鼓励和引导为主要导向的规制策略。在该文件出台后，直至交通运输部发布的《暂行办法》实施前，我国的网约顺风车平台在全国各地的运营都面临高度宽松的政策环境，多数城市并没有针对网约顺风车的专门文件，几乎不存在真正意义上的规制。2016 年年底，交通运输部出台《暂行办法》，它建立起了一个针对网约车平台较为严苛的体系化规制框架，但相关规定仅适用于网约出租车平台，对网约顺风车平台仍持"网开一面"的态度。

在《暂行办法》实施后的 2017 年至 2018 年，各地方的"网约车新政"纷纷出台，针对网约出租车的规制进一步严苛化，各大网约出租车平台由于企业合规成本的提高，逐渐显露发展颓势。但这一发展颓势并未传导至网约顺风车业务。根据《暂行办法》第三十八条的规定，对网约顺风车业务"按城市人民政府有关规定执行"。但事实上，除部分一二线城市以外的绝大多数城市并未制定针对网约顺风车的"人民政府有关规定"，这就使我国的网约顺风车业务仍得以在一个相对宽松的规制环境中继续运转。

4 网约顺风车的法律制度设计

当务之急是要填补网约顺风车全国统一性规定的空缺，由交通运输部制定的专门规制网约顺风车的网络预约私人小客车合乘服务管理的相关暂行办法，形成一个统一规制框架。在确保统一规制框架对其社会风险有效威慑的前提下，调动来自地方规制机构或平台企业自律的积极性。笔者认为，统一规制可以通过限制网约顺风车平台的逐利性、要求平台保护乘客信息安全、为地方政府立法规制留出合理区间等举措有效降低网约顺风车的安全风险，为大众提供良好的服务体验。

4.1 限制网约车平台的逐利性

为满足合乘对价低廉性的要求，网约顺风车服务应当规定严格的合乘成本分摊机制，从而确保参与合乘的法律主体不存在逐利动机。在目前的地方文件中，多对合乘进行"免费互助"与"分摊费用"两类区分，前者自然不存在对价，而后者则要满足一定的限制性要求。综合来看，笔者认为，对于合乘服务成本分摊机制的规定应当立足于如下三个方面：第一，对免费互助型合乘，自然不存在对价要求，但平台企业应对此类合乘在软件中做显著提示，防止操作失误。第二，对分摊费用的合乘，可考虑设置每人分摊费用的最高限价，各地方政府及平台企业均可做出低于该上限要求的规定。第三，平台企业可按照一定标准对分摊费用的合乘者收取服务费，但应将该标准明确披露给参与合乘的乘客与司机。另外，为防止产生道德风险，对免费互助型合乘，平台企业不得收取服务费。

4.2　平台应当保护乘客信息安全

笔者认为，应当禁止平台企业提供实时约车服务，亦即不允许通过乘客实时发布出行线路信息、驾驶员实时接单的方式促成合乘，而是要求驾驶员预先发布合乘信息，乘客再根据该信息挑选符合合乘要求的时间、地点与线路。以上海市相关文件为例，其要求提供合乘服务的软件平台提供合乘出行驾驶员客户端预先发布的合乘出行信息，包括驾驶员身份、车辆型号及号牌、起讫点具体地址、出发时间和合乘线路等相关信息，并提供合乘者客户端查询服务，不得在驾驶员客户端设置在未签订合乘协议、达成合乘出行意向前，预先查询合乘者出行需求信息的功能，如此便能有效保护乘客的隐私，防止因司乘信息高度不对称而埋下安全隐患。

4.3　为政府制定法规留出合理区间

2018 年，全国出现多起有关网约顺风车服务的负面新闻，政府对网约顺风车的规制做出迅速调整：全国共有 14 个省级行政单位约谈滴滴出行，滴滴出行平台对顺风车业务采取无限期下线的应急处理措施。但实际上，在 2018 年内，有关网约顺风车的法律法规并无本质变化，除个别大城市人民政府制定规范性文件外，大多数地方政府针对网约顺风车的规制依然处于缺位状态。而各地对网约顺风车的执法态度却发生巨大变化：从原来的豁免《暂行办法》相关规定，转变为主动对网约顺风车进行严格控制，其规制标准直接参照网约出租车的相关规定制定。

针对以上情况，笔者认为《暂行办法》第三十八条"按城市人民政府有关规定执行"的规定似存在不妥之处。该条款给予了地方政府极大的自主权，在网约出租车与网约顺风车存在本质区别的情况下，地方政府仍参照适用网约出租车的条款管理网约顺风车的行为，虽存在明显的规制过度现象，但这确实是符合《暂行办法》的。故而必须制定全国统一性规范以对地方规制权进行限制，防止对网约顺风车"一刀切"，但也不能过度限制地方政府行使自主权，而应当设定合理的规制"区间"，具体标准则仍交由地方自治和平台自律。

5　结语

地方政府对网约顺风车的规制由"宽松"直接转向"过度"，缺乏合理的管控手段，这也说明建立中央统一的规制体系尤为重要。笔者在研判网约顺风车法律性质和经济效果的基础上，针对实践中存在的问题，以激励与控制的有效平衡为目标导向，试图建立具有现实回应性的规制体系。希望这一规制体系的应用有助于消弭网约顺风车服务的乱象，令我国合乘行为的发展回归到增进民生福祉的正确道路上来。

参考文献

［1］张朝霞,秦青松,张勇."互联网+"时代客运出租车管理改革方向探讨[J].价格理论与实践,2015(7):17-20.

［2］刘大洪.网约顺风车服务的经济法规制[J].法商研究,2020,37(1):16-29.

［3］邱果.基于乘客出行方式选择的定制公交线路设计优化方法研究［D］.北京:北京交通大学,2020.

［4］李昌麒.经济法学［M］.3版.北京:法律出版社,2016.

浅析内河港口装卸成本控制与管理

邢朝娟

（镇江港务集团有限公司大港分公司）

摘　要　针对内河港口装卸企业生产的特点，尤其是件杂货作业比重大的特点，结合工作实际，做好内河港口企业成本的管控，提高成本管控精细化程度，准确把握企业成本消耗，适时地借鉴或运用新型成本控制管理方法，从而不断提升港口装卸企业的实力和服务水平。

关键词　成本；消耗；管控

1　引言

　　企业，以营利为目的的社会组织，追求利益最大化，还应满足不同利益相关者的需要并承担相应的社会责任。从企业自身生存和发展的角度出发，为追求更高的利润，开源扩张的同时，节流控本也具有同等重要的战略意义。我国企业执行统一的企业会计准则制度，企业财务核算里的收入、成本、费用等都有各自的范畴。作为企业管理的一部分，企业各项成本管控一直是企业管理领域长期探讨和分析的课题。

　　港口装卸企业不同于一般意义上的产品生产型企业，也不同于酒店、餐饮等服务型企业。作为国家交通运输行业的组成部分，港口装卸企业为货主提供大件货物的装卸载服务，生产设备是大型装卸机械，装卸码头岸线长，货物堆存场地面积大。另外，海港企业和内河港口企业，在规模、货种、运营方向等方面与其他企业存在不同之处，这些特点决定了港口装卸企业在成本管理上具有自己鲜明的特色。

　　作为长江中下游内河港口企业的从业人员，笔者结合内河港口装卸企业生产的特点，针对怎样能更好地管控企业装卸成本提出自己的见解。件杂货作业比重大的装卸作业码头，相对于专业干散货码头和集装箱码头，装卸成本控制更为复杂，对于成本管控要求更为精细。

2　生产过程组织对生产成本的影响

　　产品生产型企业生产过程因产品形态不同而有所差别。港口装卸企业生产过程的组织也因作业货种的不同而采取不同的工艺设计。

港口货物的装卸作业表现为货物在空间上的位移，就是按照一定的劳动组织形式，运用装卸机械〔门座起重机（门机）、装船机、卸船机等〕及其配套工具等，遵照规定的技术标准和规范，完成货物在不同运输方式之间换装的过程。装卸作业流程可分成码头作业和库场作业：码头作业主要利用门机等大型装卸机械使货物在码头和船舶之间换装；库场作业主要利用装载机、轮胎吊、挖机、皮带机、牵引车等水平运输及小型装卸机械使货物在码头和堆场之间换装。

大宗散货作业工艺在码头岸线长度、场地面积适宜的条件下，优先采用皮带流水输送，由卸、装船机将矿石等散货通过封闭或半封闭皮带机卸载至货场或从货场运输至船舶装船。皮带流水输送工艺简单，整套作业流程涉及的装卸作业项目少，装卸过程清晰明了，类似于产品制造类的流水作业。成本管控可以从单机角度出发，也可以从单船角度出发。规模较小的内河港口矿石、煤炭等散货作业也有不采用皮带输送的，因操作过程增加，作业工艺相对复杂，但和件杂货作业相比，其复杂程度较低。

集装箱装卸作业虽不是流水作业，但除去拆装箱环节，工艺也比较简单，内河港口集装箱作业要考虑增加水平运输环节的操作过程，这是成本增加的节点。

对于件杂货作业而言，其作业工艺较为复杂。件杂货作业又可分为大件和小包作业，为提高作业效率，小包作业除有拼装货盘作业外，还有吨袋吊装作业、成组作业等。件杂货作业可以是船到船，也可以是船到场，场到火车、汽车等，针对不同的运输对象，工艺流程、装卸作业机械、人员配备等都有所不同，涉及的成本也不同。表1是非皮带输送散货作业和件杂货作业所涉及的项目对比。

表1　非皮带输送散货作业和件杂货作业所涉及的项目对比

项目	非皮带输送散货作业	小包件杂货作业
作业工艺流程	船到场或场到船	船到场或场到船
作业设备	门机、固定或流动料斗/自卸汽车、堆高设备、清舱设备	门机、牵引车、场地吊、叉车
作业人员	司机3~4名、单船指挥2~3人、理货员2人、安全员2~3人	司机3~4名、单船指挥2~3人、理货员2人、安全员2~3人、装卸员2人
能源消耗	电力、柴油	电力、柴油
作业流程图示	场地　→（装载机）→　自卸车　→（门机/固定吊）→　船舶	场地　→（装载机）→　自卸车　→（门机/固定吊）→　船舶

以上是港口装卸作业中最简单的两种作业流程，我们可以看出，不同的货种作业，装卸企业需要付出的成本是不一样的。而对于大型件杂货如木材、钢材作业来说，装

卸企业会使用更大型的作业设备，作业安全风险也更大，配备作业人员的人数反而不多；装卸作业成本构成又有所不同。

3 当前成本管理现状

目前，大多数内河港口企业成本管理都是围绕着财务成本管理进行的。这样做的好处显而易见。

按财务核算口径进行成本管理最大的好处是成本核算方便，各项成本数据可以直接使用财务核算数据，数据准确，概念易于理解。企业按法定的会计分期进行会计核算，并按法定的核算范畴对企业一定时期内的各项支出进行分类和汇总，什么支出是费用化的，什么支出是资本化的，非常清晰。而费用化支出又可分类为生产性支出和管理性支出，即将产品或服务成本和管理费用、销售费用等费用进行区分。在生产性成本支出里，有些费用可以直接归到某件产品或某项服务的费用，有些费用则需要按一定的原则和方法进行分配。不管采用何种方法对企业发生的相关间接费用进行分配，财务报表上最终形成的成本、费用等数据都相差不大。无论是内部管理者还是外部使用者进行数据分析，都能够准确理解。

现代生产制造企业自动化程度越来越高，服务行业自动化水平也不断提升，由于产品或服务的成本结构正发生改变，直接人工成本比重下降，企业各项管理工作面临挑战和革新，企业对成本管控越来越严格、细致。一般企业管理中，成本管控已不满足于报表层面的数据分析，关注点更多放在企业生产、服务、管理全过程之中。如果将发生的支出按财务报表中的分类进行分解分析，工作量较大，不如溯本求源，建立一套适合本企业的成本管控系统，从最基础的作业流程，最基本的物耗、人工开始，查找作业动因，清除不必要的或者重复的作业，为降低成本提供精准的动因分析。

4 关于作业成本法在装卸作业中运用的思考

有效的成本管控应该是使生产作业过程中的成本最小化。当然这里的生产作业过程是普遍意义上的生产作业而不是特指港口装卸作业，因为任何提供产品和服务的企业的生产作业或提供服务的过程都有成本发生，如何使企业成本最小化是企业成本管控的最终目标。

在财务管理类书籍中曾有专门章节论述成本管控，其中提及的作业成本法很有特色。作业成本法认为产品成本表现为价值在企业和顾客双方之间的逐步积累和转移，最后形成转移给外部顾客的总价值。其亮点是对间接成本和辅助费用进行更准确、更精细的分配。采用作业成本法对成本费用进行分配应先动因追溯，分配成本依据的是进行某项作业的动因，分配成本的对象是某项作业而不是具体的某件产品。因此，作业成本法最大的好处是细致、直观地为管理者展现产品生产、提供服务全过程中的成本消耗情况。这非常有利于企业管理者及时改进企业的生产、管理方式，提高效率、降本增效。尤其对服务型企业来说，因其没有有形产品产出，成本管控具有自身的特点和难度。以下举例说明对内河港口装卸作业流程中动因追溯的思考。

4.1 非皮带输送散货作业的成本消耗

在非皮带输送散货作业流程中，假设对其进行作业动因分析，我们可以对该作业流程进行以下作业分解：

作业1：散矿石从船舶经门机卸载至料斗。涉及成本：门机电耗、门机司机人工成本、单船人工成本、理货员人工成本、门机运行成本。

作业2：矿石从料斗卸载至水平运输机械。涉及成本：料斗电耗、料斗司机人工成本、水平运输机械司机人工成本、理货员人工成本、所涉设备运行成本。

作业3：矿石经水平运输至场地卸载。涉及成本：汽车油耗、水平运输机械司机人工成本、理货员人工成本、所涉设备运行成本。

作业4：堆高作业。涉及成本：堆高设备油耗、堆高设备司机人工成本、理货员人工成本。

作业5：清舱作业。涉及成本：清舱设备油耗、清舱设备司机人工成本、所涉设备运行成本、理货员人工成本。

上述一次船到场的作业中，作业1至4是连续发生的，作业5是船舶作业接近尾声时发生的。门机抓斗无法抓取舱底少量矿石等散货，所以需要更换小型设备下舱作业。为避免货损，门机卸载散货作业在最后阶段由小型推耙机等设备来进行清舱。

4.2 小包件杂货作业的成本消耗

对于小包件杂货作业流程，我们做以下作业分解：

作业1：小包件杂货舱内整装吨袋。涉及成本：吨袋材料消耗、装卸人员人工成本、单船人工成本、理货员人工成本。

作业2：吨袋卸载至水平运输机械。涉及成本：门机电耗、门机司机人工成本、水平运输机械司机人工成本、理货员人工成本、作业设备运行成本。

作业3：吨袋经水平运输至场地卸载。涉及成本：水平运输机械油耗、水平运输机械司机人工成本、理货员人工成本、作业设备运行成本。

作业4：小包件杂货堆存作业。涉及成本：装卸人员人工成本、卸载设备司机人工成本、理货员人工成本。

以上作业过程中分解出的单项作业是简化的较为理想状态下的作业，实际工作中，从船舶靠泊开始，每工班作业中，作业设备和工属具准备、作业人员到岗就位，实际作业至作业结束船舶离港，可能涉及工前等待、设备发生线上故障、天气变化等不稳定因素导致暂停作业及再开工造成重复作业、作业耗时延长等消耗作业成本的现象发生。那么，做好作业分解，确定装卸某货种必要的作业流程，可以更好地甄别哪些成本是必须发生的、哪些成本可以通过事先控制进行消除或避免发生。即使是作业过程中必须发生的成本，也可以通过工艺革新进一步降低，提高作业效率，降低单船作业台时，这同样有利于降低企业总成本。以下以小包件杂货装卸舱内整装吨袋作业为例进行说明。

本项作业中，实际发生门机动机、吊吨袋下舱、装卸工人下舱、整理吨袋、起吊五项必不可少且直接消耗成本的分项作业；还有单船指挥、安全监护、理货三项间接消耗成本的作业。该项作业过程中如果发生超出此八项范围的作业且由此产生成本就是一种浪费。然后分析作业动因：门机动机会产生电能消耗，动机次数和动机时长直接影响门机电能消耗；吊吨袋下舱，能否一次精准定位至指定货物影响设备能耗和作业时长；整理吨袋作业耗时长短影响整体作业时间。

由此，我们可以建立一个针对不同货种的作业成本库。在这个作业成本库里，将装卸作业按货种细分为若干单位作业并测定单位作业的成本定额，按同时服务于多个装卸作业过程的作业单船调度、理货等划分为单船作业并同时给定成本定额。表2是为每工班设定的小包件杂作业定额。（为便于计算，以下消耗金额均为简化后的数据。）

表2　为每工班设定的小包件杂作业定额

项目		作业1	作业2	作业3	作业4
单位作业材料消耗/（元/小时）	吨袋材料消耗	200			
	电能消耗	50	60		
	燃油消耗			100	100
单位作业人工成本/（元/小时）	装卸人工成本	200			100
单船作业材料成本/（元/工班）	设备运行成本（不含能源消耗）	100		120	
单船作业人工成本/（元/工班）	理货人工成本	100		100	
	单船调度人工成本	160			
	司机人工成本	200		200	200

为便于和财务数据衔接，借鉴传统成本计算方法中直接成本与间接成本的分类，上表中的单位作业类似于直接成本，单船作业类似间接成本，间接成本可以均分至每个作业，在单工班完整的船到场小包件杂货作业中，作业1成本为690元、作业2成本为300元、作业3成本为450元、作业4成本为550元，总计1990元。

有了单工班作业成本定额，我们可以在作业中对实际发生的成本进行分析，根据实际值与定额的偏差寻找不必要或重复成本产生的原因，尽可能消除不必要作业和重复作业，在此基础上改进作业工艺，使作业流程在符合安全性的基础上更加合理、流畅，缩短单船作业时间，提高作业效率。

5　作业成本法在实际运用中的局限和适用情景

作业成本法实际运用时的缺陷或者说实际运用时的障碍，是统计各单项作业的成本所产生的工作量较大，必须在现有生产运营系统之外建立一套作业成本核算体系，由此又会产生新的人工成本。即使当前计算机和数据库技术运用普遍，运用作业成本法的成本仍然很高。但是作业成本法为我们进行成本控制提供了新的管理思路,港口装卸作业中,直接人工的参与本身就很少,作业流程简单,企业生产业务数据也容易采集、获取。随着自动化、信息化、智能化技术的采用,港口装卸企业逐步摒弃从前粗放的管理模式,企业各项基础工作越来越完备、精细,如果能够适时开发出适合本企业的作业成本控制系统,在对装卸成本精细分析的同时,还可以利用作业成本库为新货种作业流程进行最优配置,因此,作业成本法的运用前景还是很可观的。

成本控制管理是企业各项管理工作的一部分,控制是手段而不是最终目的,我们不会为了控制而控制,成本控制的目标是为企业降本增效。港口装卸企业作为一种较为特殊的服务行业,企业管理自有其特点。在市场竞争激烈的今天,港口装卸企业同样面临巨大的外部竞争压力,为增强企业竞争力,促进企业长足发展,任何新的管理手段和方法都值得尝试。港口装卸企业应结合自身特点,根据当前面临的实际情况,为提高实际管理工作效率,准确把握企业成本消耗,适时借鉴或运用新型的成本控制管理方法,不断提升自身的实力和服务水平,最终赢得客户信赖,赢得市场。

参考文献

[1] 中国注册会计师协会.财务成本管理[M].北京:中国财政经济出版社,2018.

战时民用汽车动员对策与思考

赵 鹰

（句容市交通运输局）

摘 要 正确把握民用汽车国防动员的基本特征，合理化解民用汽车国防动员的制约因素，科学制定民用汽车国防动员的对策措施，是顺畅实施战时民用汽车动员征用的基本保证。

关键词 民用汽车；战时动员；基本特征；制约因素；对策措施

1 引言

快速高效的民用运力动员，是打赢未来战争的重要条件之一。而民用汽车因具有动员潜力巨大、机动性强、装卸容易等优越的性能，已成为民用运力动员中不可或缺的主体部分。本文结合本地的具体情况，就战时民用汽车动员的基本特征与对策措施谈几点粗浅看法，以供商榷。

2 战时民用汽车动员的基本特征

民用汽车是战时国防动员的重点对象，是实施交通保障措施的主要力量，具有十分重要的作用。

2.1 民用汽车需求单位众多，动员数量庞大

若进入战时状态，国家工作中心将转移，一切为前线，各行各业皆服务于打赢战争。地方人民政府国防交通主管部门，首先，要动员民用汽车实施支前保障措施，满足参战部队人员装备物资输送需要；其次，要动员民用汽车实施城市防空袭运输保障措施，满足市民疏散及生活物资转移运输需求；再其次，要动员民用汽车对辖区内重点目标进行防护抢修运输保障工作；最后，要动员民用汽车为国民经济有效运转提供运输保障。此外，诸多预料之外的需求也会因战而生，民用汽车的需求面之广、需求量之大可想而知。

2.2 任务情况复杂，车型要求多样

战时，情况千变万化，任务纷繁复杂，民用汽车作为保障力量的重要构成要素，从任务需求看，既要担负人员、武器装备输送任务，还要担负普通物资、特殊装备和

物资输送任务；从保障区域看，有区域内短程输送任务，也有跨区域输送任务；从车辆性能看，有的汽车可直接承担输送任务，有的则需要进行必要的改装，特别是高技术装备结构复杂，超长、超高、超重部件多，对输送车型的要求各不相同，这就使战时输送保障任务更加繁重、复杂。

2.3 作战任务紧急，动员时间短促

现代战争动员呈现出新的特点：一是战争爆发突然，战争动员组织必须做到以快应变。二是战争进程缩短，战争动员进程必然随之缩短。三是战争投入量大，战争动员保障任务更加繁重艰巨。四是战场态势瞬息万变，运力动员保障工作不确定因素增多。这就要求我们善于抓住时机，在动态中进行动员保障。面对现代战争出现的新情况，民用汽车从管理体制到动员机制，从装备性能到人员技能，都必须具有快速平战转换能力和快速投入输送能力，切实发挥应急保障功能。

3 战时民用汽车动员的制约因素

随着改革开放步伐加快，交通运输事业飞速发展，一批数量众多、吨位型号各异、输送能力强大的新型汽车应运而生，为开展战时民用汽车动员工作创造了良好的条件。但由于思想认识、经营生产、法规制度、经费保障等方面的制约，动员、征用民用汽车参战、支前工作，仍将受到诸多不利因素的影响。

3.1 国防意识淡化，难以顺畅地实施动员

当前，人们在和平环境中抓紧时机搞经济建设，大力发展生产力，尽快提高人民物质文化生活水平，这是完全正确和必要的。但是这种形势也使部分干群滋生和平麻痹思想，国防观念淡化。有的同志认为和平发展是主流，缺乏"真打实备"的思想；有的同志认为军事斗争准备是正规部队的事，民用力量用不上，存在"交通战备无用"的思想；有的交通运输企业一味强调经济效益，不愿承担交通战备任务，缺乏国防责任意识；有的汽车运输从业人员持个人利益至上的观念，缺乏国防义务意识。由于思想认识不够，国防动员难以实施到位。

3.2 大型企业偏少，难以成建制实施动员

在计划经济体制下，汽车运输企业主要以国有和集体企业为主，汽车运力高度集中、统一，只要政府发布一个通知即可成建制征集使用。随着社会主义市场经济的发展，汽车运输市场不断开放，个体汽车运输业主不断增加，国有和集体汽车运输企业不断改革重组，汽车运输呈市场化、小型化、多元化格局，运输企业呈现组织松散化、规模小型化的特点，加之政府职能发生转变，依靠行政手段实施成建制动员相当困难。以句容市货运企业为例，截至 2020 年，全市汽车货运企业有 281 个，拥有各类货车 971 辆，其中 5 t 以上、10 t 以下普通货运车辆 30 辆，10 t 以上货运车辆 675 辆。在这种情况下，多批次大规模成建制征集民用汽车投入战时运输保障工作难度大。

3.3 特种车辆短缺，难以按需实施动员

未来战争是诸军兵种共同实施的一体化联合作战，多支作战部队、多种武器装备

投入战争，对担负公路运输保障任务的车型需求必然会多样化，因此平时必须储备足够的性能多、型号多的运输车辆。但从实际情况看，句容适用于军事运输的车辆并不多，尤其是特种车辆短缺。截至 2020 年，句容全市适用货运车辆共计 971 辆，其中 5 t 以上普通货运车辆 705 辆，占 72.6%；大型平板运输车辆 119 辆，总载重 4666 t，占 12.3%；大型客车 299 辆，总座位数 12009 座。在这种情况下，我市难以完成上级可能赋予的动员支前保障任务，特别是特殊装备物资的输送任务。

3.4 车辆高度分散，难以快速实施动员

随着改革的深化和社会主义市场经济体制的完善，个体民营企业成了运输市场主力，国有集体运输企业难以与经营机制灵活的个体民营运输企业竞争，纷纷退出货运市场，大部分实行改制，将车辆卖给个人经营，企业管理调控能力严重弱化。依靠自身力量发展起来的个体运输业主自主性更强、流动性更大，很不利于应急动员征用。

3.5 配套法规不全，难以依法实施动员

《中华人民共和国国防交通法》（以下简称《国防交通法》）的出台，从宏观上为民用运力国防动员工作提供了法律保障。但是，由于《国防交通法》和地方政府配套法规尚未完善，国家已经出台的法规在基层还难以显现其强制性和功能性。比如，交通战备办公室作为民用运力国防动员的主管机构存在职能定位问题，如其能否代行政府相关职能使管理依法到位；能否将其职务行为纳入政府行政执法监督体系。又如，为适应部队运力需求，对民用汽车进行改装的科研任务由哪些部门、哪些企业承担；技术标准有哪些；企业不执行又如何进行行政制约，有哪些手段。再如，民用运力国防动员经费如何保障，民用运力国防动员工作年度任务有哪些，如何编制年度预算，突发性任务经费如何解决，等等。这些现实问题，都需要上级、地方政府及部队联合出台具体的政策，以便于组织实施。

4 战时民用汽车动员的对策措施

民用汽车作为国防潜力的主要组成部分和保障未来战争打赢的重要力量，尽管目前存在诸多动员征用制约因素，但我们不能消极等待，必须未雨绸缪，拿出切实可行的对策措施。

4.1 普及动员法规教育，提高依法应征法律意识

国家出台的《中华人民共和国国防法》《国防交通法》《民用运力国防动员条例》等法律法规，为民用汽车快速动员提供了法律依据，但从调研情况来看，相关部门、行业和人员在认识上、行动上还有较大不足。因此，各级国防动员部门应在动员的法规宣传普及上多下功夫。一是要抓纳入教育。要把上述有关国防动员法律法规纳入全民普法教育体系。二是要抓基础教育。要建立国防动员法规基础教育的有效机制，从学校抓起，从岗前培训抓起，从资质认定抓起，把熟悉和遵守国防动员法规作为从业人员的必备条件。三是要抓重点教育。在教育对象上，应突出交通运输管理部门、国防动员工作相关部门，以及直接从事汽车运输的各类企业；在教育内容上，应突出

《国防交通法》《民用运力国防动员条例》及各级地方政府制定颁布的具体实施意见，从而使贯彻执行国防交通动员法规成为相关职能部门和汽车运输企业的自觉行为。

4.2 健全地方配套法规，完善快速动员征用机制

《民用运力国防动员条例》的颁布，标志着我国的民用运力国防动员工作开始走上依法动员的轨道，尤其是《国防交通法》的颁布实施，更是体现了国家对民用运力国防动员工作的高度重视。但是，要建立高效的战时支前保障机制，还需要国家和地方各级政府进一步修订和完善相关的实施细则和政策规定。就民用汽车运力而言，还需要对可能征集的范围、对象、适用车辆及征集程序、方法步骤、经费来源及补偿标准，相关管理机构（部门）及车辆拥有单位和个人的责任、权利、义务等做出具体的规定。针对部分汽车管理单位和个人对参战支前认识不足的问题，地方政府应制定"战时汽车运力动员实施办法""汽车运输从业人员参战支前职责""征用汽车及专业保障人员参战支前奖惩办法"等行政法规。此外，地方政府还应制定"关于征用车辆参战支前经费补偿办法""关于伤病残亡人员的优抚、抚恤规定"等，把各种支前保障需要解决的问题通过法规政策加以具体规范并给予妥善解决，从而使汽车运力动员组织者有法可依，管理者有章可循，汽车拥有者义务明确、权益到位。

4.3 明确车辆动员顺序，按级分类实施队伍预编

未来作战节奏快，必然要求民用汽车动员节奏快、效率高。战时需要征用民用汽车的任务可能有输送作战部队人员、输送作战保障物资，以及直接补入部队转为现役装备。根据这些特点和任务，民用汽车动员应按照"着眼战争需要，便于征集使用，实行人车并征，确保用征衔接"的原则有序进行。在征用对象上，征用的车辆主要是国有、集体、民营企业及个体的大中型客、货车，以及其他适用于军事运输的特种车辆。在征用范围上，应根据战时所需的征集量，科学合理地划分征集区域，由战区统一部署征集。在征用顺序上，应按先交通系统，后建制企事业单位，再零散个体户的顺序进行。在征用需求上，应着眼综合保障，要将作战部队需求、人民防空需求、地方生产生活需求、重点目标防护需求等方面通盘考虑，根据需求的轻重缓急编制汽车运力征用计划。同时，应对战时急需但又无现成适用车辆的情况预先做出安排，制订改装方案，落实改装单位。

4.4 严格动员职责制度，科学合理实施动态管理

各级组织职责明确、指挥关系顺畅是战时民用汽车运输保障快速反应的基本条件。因此，必须依据《国防交通法》和《民用运力国防动员条例》，赋予负责民用汽车动员工作相关部门明确的责任。地级市交战办应制定民用汽车动员预案，明确人员车辆编组、干部配备、队伍管理工作并依案落实保障责任；地方人民武装部应明确参战车辆的型号，承担改装、储备、维修等方面的责任，以及组织预征民用汽车司机人员进行军事和专业技术训练等方面的责任；各级拥有或者管理民用汽车的单位应明确集结人员车辆、落实参战具体准备工作的责任。此外，各级交通运输管理部门、公安交通管理部门等相关部门及社会团体组织，也应明确相应的责任，发挥各自的作用。

浅谈交通建设工程安全生产管理创新路径

杨书琴

（丹阳市综合交通事业发展中心）

摘 要 近年来，我国交通建设工程迅猛发展，虽管理制度日趋完善，但安全问题依旧是无法回避的话题。在建设过程中，工程安全管理贯穿始终，若无安全保障，工程就只是一个"空架子"，所以管理者务必在安全问题上下真功夫。笔者通过阐述目前我国交通建设工程安全管理现状及其产生原因，探寻交通建设工程安全生产管理创新路径。

关键词 交通建设工程；安全生产；管理创新；以人为本

1 引言

交通运输需要依托交通建设工程，而工程本身的复杂性、作业人员的流动性、生产活动的危险性等特点，使得安全管理工作相较于其他行业涉及面更广、难度更大。要实现交通建设工程安全生产形势向好及长效化发展，管理者要以理念创新推动安全生产管理制度和方法的创新。

2 我国交通建设工程安全管理现状及其产生原因

2.1 我国交通建设工程安全管理现状

自 2002 年《中华人民共和国安全生产法》制定以来，我国生产安全事故死亡人数从 2002 年的约 14 万人，降至 2020 年的 2.71 万人，下降 80.6%；重特大事故起数从 2001 年一年发生 140 起，下降到 2020 年的一年 16 起，下降 88.6%。但交通工程建设安全事故起数和死亡人数还是较多，总体趋势呈现波动状态。

2.2 导致现状产生的原因

究其原因：一是我国的交通建设工程安全法律法规不够完善；二是安全生产工作的基础较为薄弱且存在漏洞；三是市场机制不健全，市场秩序不规范；四是监管主体单一、监管力度不大且监管程序形式化；五是从业人员的综合素质较低。因此，我们需要出台安全规范系列文件，提升安全生产工作水平，健全市场机制，规范市场秩序，引入第三方监管并加大从业人员的教育培训力度。

3 交通建设工程安全生产管理创新路径

3.1 树立以人为本的安全管理观

交通建设工程安全生产管理传统模式把重心放在安全问题本身，忽视作业人员的合理需求。安全生产活动本就具有人合性，如果主体缺失，安全生产活动完全就是被动服从，作业人员一直处于高压之下，久而久之就会出现逆反心理，从而阻碍安全生产管理活动的推进、制度的落实、宣传教育的开展。如何将"要我安全"转化成"我要安全"是值得我们深思的。笔者认为一切管理活动都应围绕人来展开，加强安全教育及组织文化活动非常必要。

3.1.1 一切管理活动围绕人展开

习近平总书记强调，所有企业都必须认真履行安全生产主体责任，做到安全投入到位、安全培训到位、基础管理到位、应急救援到位，确保安全生产。发展不能以牺牲人的生命为代价，这个观念一定要非常明确、非常强烈、非常坚定，这必须作为一条不可逾越的红线，不能要"带血的GDP"。当生命安全与其他利益有冲突时，管理者要无条件选择前者。管理者要紧紧围绕建设环境中作业人员的安全开展一切管理活动，制定人性化的安全制度、落实合理的安全措施、优化安全生产环境、规范使用生产设备、改善劳动条件等。

3.1.2 加强安全教育，提升综合素质

安全教育培训制度是安全生产的一项基本制度，是交通建设工程项目实施的重要前提和理论依据。如图1所示，海因里希的多米诺骨牌事故致因理论认为：伤亡事故的发生不是一个孤立事件，而是一系列因素相继影响下的结果，即伤害与各因素之间具有连锁关系。

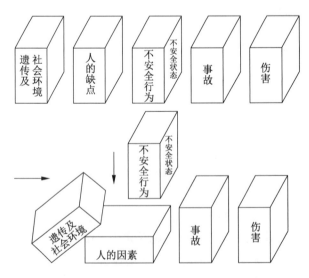

图1 海因里希的多米诺骨牌事故致因理论

连锁关系中涉及一个关键环节，即人的不安全行为和物的不安全状态，安全教育培训的目的就在于切断其中的联系，从而避免伤亡事故的发生。目前来说，我国工程建设基层作业人员整体素质偏低，这导致他们对交通建设工程安全重要性的认识不足。因此，提高基层作业人员的综合素质事关重大，要通过加大教育力度、培养高精尖的技术人才，打造一支支专业强、素质高的管理队伍。

3.1.3 组织文化活动，涵养安全意识

只有确保施工作业人员具备较强的安全生产意识，才能保证建设工程的安全生产，所以管理者需要通过组织各种形式的安全文化活动来培养作业人员的安全生产意识。例如，定期开展"安全生产先进个人""安全生产先进班组"等评选活动，适当给予物质奖励，调动积极性；组织作业人员定期开展应急演练、学习应急技能，提高个人处理突发险情的能力；定期组织丰富精彩的文娱活动，缓解工作压力、调整心态。若施工过程在人文素养浓厚的环境中完成，那么建设工程的质量一定是有所保障的。

3.2 全面实行安全生产动态管理

安全是交通建设工程一条不可逾越的底线。要保证建设工程的安全性生产，需要全过程动态管理，即事前安全评估、事中动态监测、事后监督预防。

3.2.1 制度保障

无规矩不成方圆，交通建设工程也一样。实行动态安全管理，首先要建立健全规章制度，如建立一套符合自身实际情况的动态安全管理的规章制度，包括工程建设安全生产预评价制度、建设过程安全风险再评价与安全风险监控制度等。

3.2.2 事前安全评估

在建设工程施工之前，安全生产管理者要有前瞻性，对整个将建工程进行安全预判，根据现有资料和现场实况全面分析可能会影响施工安全的各种因素，做好交通建设工程安全性的预评估工作；预判存在的问题，事先谋划并制定相应的预防和排查机制。

3.2.3 事中动态监测

在建设工程施工过程中实施动态监测，时刻关注环境条件、操作方法，对遇到的难题进行技术攻关。动态监测是对事前安全评估的补充和完善，运用动态监测可以时刻把握可能发生的风险并及时解决可能存在的安全问题。

3.2.4 事后监督预防

事后监督预防为交通工程建设保驾护航，可以有效防止安全事故发生。安全风险无处不在，不能掉以轻心，监管者务必要做到两手抓，两手都要硬，把建设工程与安全风险监控有机结合起来，研判安全风险因素整体趋势，了解一般风险和重大风险的特点，合理设置监控区间和报警限值，这样面对任何突发情况，都能够适时采取有针对性的举措，尽可能降低安全事故发生的频率。

3.3 广泛应用安全生产信息化管理平台

3.3.1 推广安全生产信息化管理平台

随着信息化的发展,传统的安全生产管理已经不合时宜。安全生产管理信息化已成必然。信息化管理方式,指的是采用现代网络技术,搭建网络安全管理平台,动态监测进度、质量、安全风险,保证生产安全、顺利进行。

信息化在交通工程建设管理中扮演的角色正由幕后的技术辅助者发展为台前的统筹指挥者,尤其在监管队伍的建设、监管工作的职能划分、从业人员的专业技能及整体的监管水平上,信息网络化起到无可替代的作用。"互联网+监管"模式可以加大监管力度、丰富监管手段、扩大监管范围、规范监管程序、接受社会监督、实现电子档案备份。

3.3.2 搭建安全监管信息化平台

交通建设工程安全监管信息化平台总体分为四层,如图 2 所示,第一层为执行决策层,其他三层依次将数据信息汇总于该层;第二层为功能核心层,即安全生产监督管理数据库;第三层是数据采集平台,数据的收集、转码、输送、应用都需经过该层;第四层为工程标段层,即安全监管信息来源层。

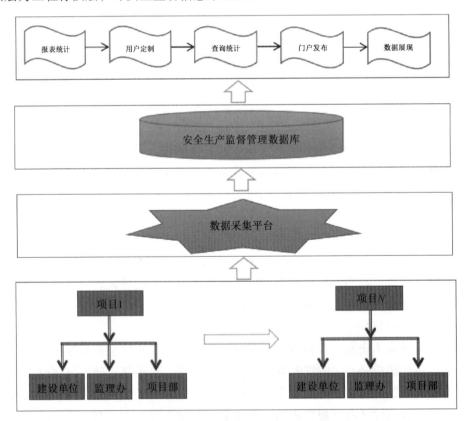

图 2 交通建设工程安全监管信息化平台

3.3.3 信息化是交通建设工程安全监管的助推剂

通过信息化建设，合理的数据采集借助信息化的手段可以促进监管到位，有效防止重大事故的发生。"互联网+监管"模式有利于扩大监管范围、提升监管效率、丰富监管手段、加大监管力度，从而防止事故发生，在更高的层次上保证安全、促进发展，在更高的意义上助推交通建设工程安全监管工作的开展。

3.4 充分发挥第三方监管的辅助作用

3.4.1 引入第三方监管的必要性

根据风险管理理论，安全风险可采取自留或转嫁的方式加以规避。从"以人为本""关爱生命"的角度出发，交通建设工程安全风险不能转嫁，只能采取一切措施降低或化解。建设安全风险因素的隐蔽性决定了单靠管理人员难以全面准确防控安全风险。引入独立第三方，以全新的视角揭示建设工程安全风险隐患，可以消除建设工程安全管理人员安全风险辨识与评价的"盲区"。

3.4.2 国内外第三方监管适用现状

我国的第三方监管模式有其明显的局限性，其一是监管主体单一，主要由政府职能部门监管，我国交通建设工程在设计阶段由图审部门监管，在施工阶段由质监部门监管；其二是监管强制，主体地位决定监管实效，政府职能部门的安全监管本身具有强制性，往往在安全管理的目的性上与企业发生冲突，导致企业被动接受安全管理。在部分发达国家，第三方监管是引入独立于企业和政府的第三方安全咨询或培训机构，他们会以专业且客观的视角跟踪监测全过程施工安全推进情况，一旦发现安全隐患，就会及时提出具有可操作性的建议，从而推进安全生产管理活动有序开展。

3.4.3 第三方监管需双管齐下

实施第三方监管的安全生产管理理念，就要求企业在依托政府进行第三方监管的同时，积极引入安全咨询或培训机构，形成服务于企业的安全管理"第三方力量"。充分发挥第三方监管的辅助作用，有效控制工程质量、进度和投资风险。

4 结语

综上所述，安全是建设工程开展实施最为关键的一点，也是促进我国交通工程建设健康发展的根本。因此，管理者应充分重视建设工程安全生产管理工作，首先要树立以人为本的安全管理观，一切管理活动紧紧围绕人展开，加强安全教育培训，组织丰富的文化活动，提升作业人员的安全意识和综合素质；其次要全面实行安全生产动态管理，建立一套符合项目自身特点的动态安全管理规章制度，注重事前安全评估、事中动态监测及事后监督预防；再其次要广泛应用安全生产信息化管理平台，采用现代网络技术，搭建网络安全管理平台，动态监测进度、质量、安全风险，保证生产安全、顺利地进行；最后要积极引入安全咨询或培训机构，形成服务于自身的安全管理"第三方力量"，充分发挥第三方监管的辅助作用。

参考文献

［1］赵挺生,王欣,唐菁菁,等.建设工程安全生产管理理念创新研究[J].土木工程学报,2010,43(S2):379-383.

［2］宋云雾.工程建设安全生产管理创新研究[J].科技展望,2015,25(35):168.

［3］伍建均.建设工程安全生产管理理念创新探讨[J].技术与市场,2017,24(4):221-222.

以产教研融合为核心推进产学研一体化

——句容华通客运有限公司与江苏省句容中等专业学校深度合作探讨

赵兵杰[1]　朱杨兴[2]

(1. 句容市华厦汽车修理服务有限公司；2. 江苏省句容中等专业学校)

摘　要　汽车运用与维护专业性很强，对从业人员的各方面素质要求高，中职学校现行 2.5+0.5 学制下的人才培养模式已不能适应社会的要求，单靠学校本身的条件与资源难以实现学生与企业、社会的有效对接。因此，必须从调整人才培养方案入手，实现学校、企业、行业多方互通，积极试行现代学徒制，将行业规范融入教学体系之中，从整体上提升汽修专业学生的综合素质，使其更好地适应社会需求。

关键词　产教研一体化；现代学徒制；深度合作；人才培养

1　实施背景

校企合作是职业教育改革发展的一个重要途径，也是企业对人才需求的培养定制模式。通过校企合作，学校能更好地了解企业对人才的需求及其发展趋势，不断促进教学改革，把对学生的培养与企业对从业人员的要求有机统一起来；企业可以根据自身需要，提前培养能更好地适应企业、行业、社会需要的人才。江苏省句容中等专业学校与句容华通客运有限公司强强联手，结合省品牌专业——汽车运用与维修的建设方案，以行业为引领，以引企入校的方式深入合作；以产教融合为核心，推进产学研一体化，有效丰富了"厂校融合"的校企合作模式。

2　主要目标

2.1　创新人才培养模式与教学模式

以行业标准为指导，学校与企业共同制订汽车运用与维修专业的人才培养方案，以校内生产性实训基地为平台，依托句容华通客运有限公司，让学生带着任务在学校、企业之间循环学习，实现校企资源的联动互利，促进校园文化和企业文化紧密结合。通过"五个共建"——共建实训实习基地、共建师资队伍、共建人才培养方案、共建课程计划、共建有效课堂形成创新的人才培养模式与教学模式。

2.2 构建项目化课程体系

行业、企业、学校三方联合，通过调研、专家访谈的形式深入了解企业人才结构、人才需求和岗位要求等情况，以培养具有汽车检测与维修专业能力的人才为主线，在教学中引入企业技术标准，共同构建"行动导向、项目引领、任务驱动"的项目化课程体系。

3 工作过程

3.1 学习调研国内外先进的人才培养模式

在行业委员会的指导和汽修专业建设委员会的统一部署下，学校汽修专业教师和企业优秀员工深入国内外优秀职业院校，探讨学习了先进的校企合作模式，为创新人才培养与教师培养模式、深化课程改革奠定了基础。

3.2 深入企业调研，了解一线需求

以句容华通客运有限公司下属单位为平台，深入了解公司人才结构、人才需求和岗位要求等情况，结合对句容周边大型汽车制造、维修企业的调研总结，了解企业实际需求，培养适应地方需要的服务型人才。

3.3 整合资源，共建基地，深化改革

在行业委员会的指导下，在汽修专业建设委员会的统一部署下，通过调研和反复论证，2012年，学校与句容当地龙头企业——句容华通客运有限公司深入合作，引进"华通定向班"就业模式，共建共享校园汽车创业中心基地，形成了"厂校融合"的新型现代学徒制校企合作模式。企业安排员工到基地进行技能集训和新知识学习。学校通过组织安排学生到基地跟岗实训、实习实训等多种形式，对学生进行技能培养。

校企共同组建的专业建设委员会以企业调研总结与学校实际情况为立足点，指导了以就业为导向的项目化课程体系的构建。项目化课程体系如图1所示。

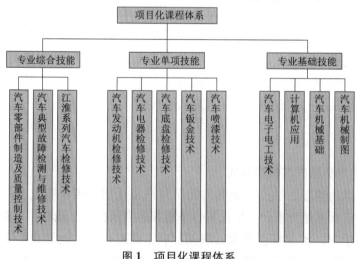

图1　项目化课程体系

同时，校企双方通过"五个共建"的实施，保障了人才培养模式与教学模式一体

化的有效实现。

一是共建实训实习基地。通过校企共建，着力打造一支新型的"双师型"师资队伍。企业可以推荐在企业工作的技术专家和技术能手充实到冠名班的教师队伍中去，使学校在职教师的实践技能得到提升。同时实习基地也可以作为企业人员培训的定点基地，企业人员在培训过程中学习新知识，企业也能适时发现定向班中的好苗子。

二是共建师资队伍。按照企业的人才培养质量要求，重点培养学生的实践能力。企业负责汽车维修设施设备的购置及生产、经营、服务等，并为学生提供实习实训岗位，对学生进行技能培训指导，建立融理论教学与实践教学、职业技能训练与职业意识养成、职业资格认证与职业素质培养等诸多功能于一体的校内外实践教学基地。

三是共建人才培养方案。学校与企业共同进行人才培养方案的制订或修订工作。人才培养目标由校企合作委员会商定；人才培养方案、课程方案由专业指导委员会制订；专业理论课教学由学校专业教师与企业技术骨干担任兼职教师共同实施；技能训练和实践环节以学校车间为基础训练基地，以企业车间、实验室和研发中心为强化训练基地。

四是共建课程计划。校企双方按照人才需求设置课程。学校紧紧围绕企业的生产实际和企业对人才的需求，大胆进行课程改革，同时对专业进行职业岗位工作分析，按照企业的工作流程、岗位技能和综合素质的要求，确定课程结构、选择课程内容、开发专业教材。将企业最需要的知识、最关键的技能、最重要的素质提炼出来，融入课程之中，确保课程建设的质量。

五是共建有效课堂。一方面，由从企业聘请的具有丰富实践经验的兼职教师定期或不定期给学生授课、开设专业讲座，把来自生产管理第一线的最新技术和最新经验传授给学生。另一方面，学校可以聘请省内外的名师专家到企业介绍新技术、剖析日常生产中常见的难点，企业也可以聘请这些名师做技术顾问，解决生产难题，达到资源共享的效果。

4 保障措施

4.1 成立汽修专业建设指导委员会，聘请汽车行业专家做专业建设顾问

为加大汽修专业建设的力度，校企合作成立了汽修专业建设指导委员会，确定了学科带头人，聘请高校教师、国赛教练、汽车行业专家做专业建设顾问。专家的职责是为学校提供市场岗位需求及毕业生素质培养方面的信息，从企业用人的角度对人才培养提出建设性意见，学校、企业共同制订教学和人才培养计划。

4.2 从领导层面制定校企合作共建实训基地的相关制度

在行业指导委员会的监督下，企业和学校制定了《校企合作工作制度》《学生校外实习守则》《校外工学结合教学工作规程》《学生校外工学结合实习指导手册》《工学结合带队教师工作指导手册》《学生顶岗实习管理条例》《学生顶岗实习管理工作职责明细》《学生外出实习就业推荐流程》等系列规章制度与相关操作要求，在订单培养、

联合办班、引企入校、共建基地、股份合作、技术研发、设备改造、顶岗实习、工学结合、联合生产、课程改革及教师下企业锻炼等方面作出了相应的规定和要求，从学校层面开始规范与保障校企合作的开展。

5 主要成效

5.1 形成了校企合作的保障制度

企业和学校共同制定了系列规章制度与相关操作要求，从基地共建、顶岗实习、工学结合、联合生产、课程改革及教师下企业锻炼等方面规范与保障了校企合作的开展。

5.2 加速了教育部门对职教资源的调整与规划

句容地区原有三所中等职业学校，存在着专业设置重复、招生与就业竞争激烈的现象。对一产、二产及三产方面的调研与分析，促使句容市教育局提出调整与规划的设想，将原来的中等职业学校合并成现有的一所中专院校——江苏省句容中等专业学校。句容教育部门对职教资源的调整与规划，更有利于校企合作的深入开展。

5.3 培养和造就了一支适应校企合作的师资队伍

共建基地提高了教师的科研水平，特别是对提升年轻教师的教育能力和管理能力起到了重要的促进作用，对学校开展教学科研活动起到了积极的推动作用。校企合作机制的建立，为专业教师提供了更多下企业的机会，到生产一线实际操作提高了教师的专业实践能力。通过下企业锻炼、参与企业技术研发和生产设备的技术改造、参与校企合作项目课程的开发等活动，一批教师成为"双师型"教师和各类优秀教师。

5.4 提高了学生的生产实践能力

根据企业发展对人才的需求，有针对性地培养学生的专业技能，是积极实施校企合作、工学结合、共同发展的多样化、具有灵活性的人才培养模式，通过认真履行协议，加强了校企合作，提高了学生的生产实践能力。

5.5 强化了产学研结合

5.5.1 学生参与生产

学校利用现有的先进实训设备，与企业商谈承接一定的维修、保养、装潢等生产业务，这些业务在教师与企业员工的指导下由学生操作完成，学生既能提高专业操作技能，又能积累实际工作的经验，变消耗型实训为生产型实习，还能取得一定的报酬，为工学结合、勤工俭学创造条件。

5.5.2 研发与改进产品

在产学研方面，汽修专业教师研制了便携式安全带等并参加了创新大赛，被南京城市频道报道；本专业教师与句容华通客运有限公司合作研发的"汽车烤房调漆喷漆工艺改进项目"、汽车多功能防抢夺方向盘等已取得专利，并在多家企业成功实施或应用，取得了良好的经济效益。图2和图3分别是创新作品便携式安全带和故障模拟器。

图2 便携式安全带

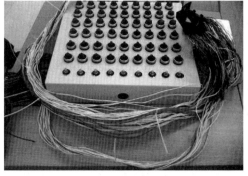
图3 故障模拟器

5.5.3 社会培训服务

教师通过校企合作共建基地这一平台为企业提供技术服务、开展员工培训，积极参与企业设备、工艺及产品的改造，受到了企业的欢迎及好评。

5.6 提高了创新创业能力

5.6.1 提高技能

校企合作、工学结合，强化了理实一体化教学、任务教学、项目式课程教学，学生苦练技能，热情高涨，兴趣小组、技能模块、各种竞赛活动开展得有声有色，毕业生中级工通过率100%，其中取得双中级或取得高级工技能证书的达10%以上，在省市级竞赛中成绩突出。

5.6.2 创新技术

依托校企合作共建基地这一平台，围绕企业生产情况开展创新活动，聘请企业的专家进行指导，学校专业骨干教师配合进行指导。将创新作品作为有实用价值的产品推广至相关合作企业，促使企业实现工艺革新。

5.6.3 创业实践

校企合作也为学生创业提供了舞台，在句容市政府的大力支持下，句容市单独成立了汽车工业园区，学校和企业支持学生自主创业。

5.7 获得了独有的心得体会

在现有校企合作模式实践的基础上，企业员工和汽修专业教师对校企合作有了更深的心得体会，近年来撰写了多篇校企合作方面的文章。

6 体会与思考

6.1 人才培养模式、课程体系建设需不断改革与完善

校企合作的人才培养模式已经运行平稳，相关的课程体系及课程群建立也在有条不紊地进行，但企业与高校的合作仍处于发展阶段，因此各方面的机制需要进一步改革与完善。

6.2 专业教师队伍建设亟须加强

校企合作、项目教学还在不断优化中，学校的教师队伍也和学生、企业一样需要

适应这种模式，因此，教师自身的水平有待进一步提升，尤其是教育、教学理念和专业技术能力、实践能力等。同时，企业员工也需提升综合素质，在接受新技术时不能有抵触情绪。

6.3 实训基地建设水平需进一步提升

由于学校学生众多，学校应与企业进行深度对接，进一步拓展实验基地，让更多的学生能够投身到广泛的社会实践及项目教学中。学校和企业也应该在校内大力建设产学研基地，加快产学研的融合，以人才的优势促进学校发展。

6.4 专业服务地方经济建设的能力需不断提高

任何专业进行校企合作的最终目的都是回归社会、服务社会。因此，学校应该把人才建设的重心放在培养一专多能的复合型人才上，全面提升学生的专业素质、专业技能，为产业振兴、乡村振兴添砖加瓦。

参考文献

[1] 郑益仙,胡俊波.校企合作人才培养模式的实践与研究[J].机械职业教育,2009(3):8-9,21.

[2] 李桂霞,张一非.从教学计划到人才培养方案转变的思考[J].广东教育(职教),2012(7):18-20.

丹阳市网约车监管问题思考

张郑波

（丹阳市交通运输局综合行政执法大队）

摘　要　网约车作为一种新兴业态，充分整合了社会闲置车辆，并缓解了乘客"打车难"的压力，为百姓提供新兴出行方式，是共享经济的一大支柱。但随之而来的是政府监管"困境"问题。本文梳理行业监管法规和丹阳监管体制后得知，丹阳网约车行业监管仍然存在着诸如网约车执法模式落后、取证难度大，未能有效协调网约车与巡游出租车经营者之间的矛盾，网约车平台经营规范程度低，以及聚合平台存在监管漏洞等问题。本文针对丹阳网约车监管存在的问题，引出了建立多元主体合作共治的长效机制、强化技术监管手段、推动巡游出租车转型升级、引导聚合平台规范发展这四种优化监管新思路。

关键词　网约车；巡游出租车；交通执法；监管

1　引言

随着互联网技术的日趋成熟和共享经济的兴起，网络预约出租汽车（以下简称网约车）应运而生。网约车依托互联网技术构建服务平台，以智能手机为服务终端，通过整合供需信息，接入符合条件的车辆和驾驶员，为出行乘客提供非巡游的预约出租汽车服务。网约车是一种通过互联网平台整合车辆和驾驶员，为百姓提供服务的新兴出行方式，是共享经济的一大支柱。网约车这一名词对于丹阳人民来说并不陌生，它满足了人们个性化的出行需求。

2　网约车的优势

巡游出租车由于缺乏有效的信息平台进行整合，需要人们招手叫车，空车时巡游出租车司机自由选择巡游路线，无法满足乘客的用车需求，而且空驶是对资源的一种浪费。而网约车通过网络平台对运营车辆及乘客需求进行了合理匹配，降低了空车率，提高了车辆利用率，为乘客带来便利。然而随着滴滴顺风车几次事件的发生，它的弊端也逐渐暴露出来，广大百姓既需要网约车所带来的交通便利，同时也迫切需要网约车能够提供安全的服务。因网约车发展迅速出现的一系列问题，社会大众提出了对此种交通出行方式加强监管的迫切需求。

3 丹阳网约车管理现状

丹阳市居于全国百强县前列，为中国眼镜之都，地处上海经济圈腹地，公共交通出行方式也较为多样，在网约车普遍进入公众视线之前，丹阳市民大多选择公交车、出租车、公共自行车等出行方式。2014 年，网约车平台开始进入大众视野。2015 年5 月，滴滴、快滴登录打车平台，网约车这一新鲜的出行方式逐渐被丹阳市民所接受，在镇江市关于网约车的具体实施细则出台以前，滴滴等网约车平台已经开始在丹阳提供网络预约出租汽车服务，此时全市并没有一家得到许可经营的网约车平台公司，但网约车服务的便捷性满足了不同层次的用户的出行需求，使得丹阳市民更倾向于选择这种新兴的出行方式。

3.1 网约车行业监管依据

目前，镇江市网约车行业规范性文件如表 1 所示。

表 1 镇江市网约车行业规范性文件

发布时间	主要依据	意 义	实施日期
2016 年 7 月 27 日	《网络预约出租汽车经营服务管理暂行办法》	我国网约车合法化	2016 年 11 月 1 日
2017 年 1 月 22 日	《镇江市网络预约出租汽车经营服务管理实施细则（试行）》（以下简称《实施细则》）	镇江市网约车合法化	2017 年 5 月 1 日

《镇江市网络预约出租汽车经营服务管理办法》经过修改于 2021 年 5 月 1 日实施，规定丹阳市网约车经营服务管理工作参照本办法执行。运营车辆要求见表 2。

表 2 运营车辆要求

序号	要求
（一）	7 座及以下乘用车
（二）	车辆使用性质登记为预约出租客运
（三）	车辆技术性能符合运营安全相关标准要求
（四）	车辆初次注册登记时的实际购置价格（含车辆购置税）以及轴距不低于市区同期巡游出租车标准
（五）	自行驶证载明的车辆初次注册登记之日起不超过 3 年
（六）	安装符合相关标准的车辆卫星定位装置、应急报警装置以及具有人像识别、录音录像、实时调阅功能且图像清晰的车内影像摄录装置
（七）	新能源车型除符合上述条件外，续航里程不低于 350 千米。

3.2 监管历程

2017 年 12 月 29 日，镇江市运管处发放我市首张网络预约出租汽车经营许可证，北京东方车云信息技术有限公司（易到）成为第一家在镇江市获得经营许可的网约车平台公司，标志着镇江市范围内网约车规范管理工作迈出了坚实的一步。

2019 年 7 月 10 日，丹阳市运管处向武汉风韵出行信息科技有限公司丹阳分公司颁发了丹阳市首张网络预约出租汽车经营许可证，此举标志着丹阳市首家网约车平台公司落地，也标志着网约车正式在丹阳取得合法地位。2023 年，镇江市范围内共有 25 家注册合规的网约车平台公司。滴滴公司是目前丹阳市网约车用户使用率最高的网约车平台。2023 年，丹阳有 3 家注册网约车平台公司、168 辆合规车辆，部分网约车平台和网约车车主在镇江市交通部门注册。

3.3 丹阳市网约车监管体制

《实施细则》规定丹阳市交通部门承担着监管本市网约车行业的主体责任，由丹阳市交通部门主导，丹阳市公安交警部门、市监部门、工信部门、网信部门、市人行、税务部门等有关部门共同参与网约车管理。目前具体行政实施由丹阳市交通运输局综合行政执法大队负责，主要包括网约车经营许可的受理、网约车行业管理及非法行为的查处。

4 网约车监管存在的问题

4.1 网约车执法模式落后、取证难度大

对于网约车行业的监管，事实上主要由丹阳市交通运输局综合行政执法大队管理和执法，未能开展联合执法，各管理机构权责不够明确。在网约车的治理过程中，丹阳市交通运输主管部门、公安机关、网信部门等相关部门权责界限划定不清晰，存在部门职责交叉、信息壁垒、管理盲点等问题。而网约车作为新兴业态，缺少推进联合监管的体制与经验，难以形成各职能部门共同发力监管的体系。

许多网约车并没有统一标识，车辆不安装计价器等设施，乘客是否与该车辆存在有偿搭乘行为仅依靠手机订单确认，在对非法营运的网约车进行处罚时，如果乘客不配合调查，交通部门的执法人员就很难取证。网约车运营数据接入不够完整，数据共享不畅通等，导致网约车违法行为难以被及时发现。在网约车发展初期，滴滴公司提出替车主承担罚款，更让非法营运车主有恃无恐，而且据网约车司机反映，合规后保险费用很高，甚至高于违法成本。2022 年 11 月开始，《国务院关于取消和调整一批罚款事项的决定》下调"对未取得网络预约出租汽车运输证、网络预约出租汽车驾驶员证擅自从事或者变相从事网约车经营活动等行为的罚款"数额。由此，交通部门的处罚与滴滴公司获取的盈利相比更加不痛不痒。

4.2 未能有效协调网约车与巡游出租车经营者之间的矛盾

网约车的发展抢占了传统巡游出租车的市场份额，这在一定程度上引发了巡游出租车经营者及驾驶员对网约车的仇视情绪。丹阳市网约车行业发展之初，由于相关法律法规及有效的管理手段仍在完善中，网约车平台在本市依靠优惠券减免、诱导下载等方式抢占公共出行市场，传统出租车缺乏有利的竞争手段，在出行市场上败下阵来，

以致巡游车驾驶员与网约车驾驶员发生矛盾、冲突。而且,对于传统巡游出租汽车的改革推进得较慢,虽然也提出了一些针对巡游出租车的改革措施,包括取消经营权使用费等,但都收效不高,巡游出租车驾驶员更需要能够快速解决其经营困境的办法。

4.3 网约车平台经营规范程度低

网约车营运须同时具备"三证",平台需取得网约车平台经营许可证,车辆需配网络预约出租汽车运输证,司机需持有网络预约出租汽车驾驶员证,三证缺一不可。执法检查发现有不少无证、少证的网约车在市内运营。同时由于网约车平台与政府监管平台对接不到位,网约车平台信息数据传输存在漏洞,部分网约车平台未向交通运输部网约车监管平台提供完整的车辆营运 GPS 轨迹和相关系统数据等重要信息,未按承诺将平台营运数据完整、实时接入交通运输部监管平台,未及时在平台上报备网约车、巡游车驾驶员及车辆信息且将数据库接入政府部门监管。部分网约车平台公司仍存在部分不合规车辆,明显不符合《实施细则》中车辆要求的网约车仍在接单。

4.4 聚合平台存在监管漏洞

聚合平台即依托互联网技术,直接面向出行用户,与网约车企业共同合作开展网约车经营服务活动的平台。目前主要包括两大类:一类是自有平台,如滴滴出行、鞍马出行、花小猪等,这类平台有专属 App,只向本平台车辆提供服务;另一类是非自有平台,如美团、支付宝、高德地图、百度地图、携程旅游等,它们本身没有网约车经营业务,但它们的 App 会提供多个平台的网约车供消费者选择。一些无资质的网约车公司利用聚合平台审核不严的漏洞避开监管,违规开展网约车业务。未来,聚合平台份额有望持续提升。然而一些聚合平台疏于履行审核义务,导致聚合平台内无证平台、无证车辆、无证驾驶员泛滥,一定程度上阻滞了网约车行业合规化进程。目前,包括镇江市政府在内的不少地区人民政府仍未制定聚合平台监管的相关法律法规。

5 网约车监管对策探索

5.1 建立多元主体合作共治的长效机制

首先,政府各部门都应当转变治理理念,主动打破部门间的协作壁垒,共享并整合各个部门的网约车监管数据。其次,各部门都应发挥优势,厘清职责,积极参与治理,构建全面合理的责任体系。交通管理部门需联合其他相关部门,共同监管网约车运行,建立完善的监督体系,不仅要在网约车平台许可审批环节相互配合,还要借鉴周边地区执法经验,在对网约车平台公司违法经营行为及非法营运网约车进行查处时进行联合执法。最后,借助网约车司机加入的丹阳货运行业工会联合会平台,政府部门和工会可以跟保险公司商谈,降低合规网约车保险费用,减少合规"成本",提高网约车司机合规意愿。

5.2 强化技术监管手段

通过与网约车平台信息对接,强化对网约车平台的监管。目前,丹阳市交通部门对网约车的监管主要依靠"江苏运政在线"营运车辆监管平台和"守护 2.0"执法平台。可以在当前"江苏运政在线"监管平台中植入网约车监管模块，要求网约车平台公司（包含聚合平台）将全部经营数据接入交通部门监管平台，掌握平台公司全部注册车辆及驾驶员信息，而不仅仅是合规并且办理过道路运输证件的车辆和驾驶员信息，实时观测该平台公司合规车辆占比，即时要求平台清退不合规车辆，使网约车平台公司在经营时更加谨慎，加强对申请准入车辆的把关。通过监管平台，交通部门可以直接调取网约车公司经营数据，在进行管理或实施处罚时能够掌握更加全面的信息，改变仅依靠线下检查的管理状态。"守护2.0"也要进行系统升级，更便捷、快速地显示路面执法人员周围的合规网约车数量和位置，方便执法人员及时对非法网约车进行检查。

5.3 推动巡游出租车转型升级，提升服务质量

巡游出租车与网约车应各自发挥优势，借鉴对方优点，实现融合发展。首先，网约车的一大经营优势是借助互联网实现精准派单，降低车辆空载率，缩短乘客等待时间，传统巡游出租车公司可以借鉴这一经验，借助互联网来实现服务转型，加深巡游出租车与互联网的融合程度，提高巡游出租车的竞争力。其次，鼓励巡游出租车企业积极探索数字化转型，或引导巡游出租车司机主动加入网上叫车平台，加快巡游出租车行业转型升级。最后，要提升服务水平。巡游出租车的投诉率居高不下，在网约车出现以前，打车难也是老百姓屡次反映的问题，网约车的出现在一定程度上填补了巡游出租车的缺陷。要从根本上解决巡游出租车逐渐丧失公共出行市场的问题，就要转变巡游出租车企业和个体司机的思路，提升自身服务质量，杜绝拒载、议价、强制拼车等现象，促进巡游出租车市场良性发展。

5.4 引导聚合平台规范发展

聚合平台因自身不直接开展网约车经营服务而无法成为交通执法的监管对象。围绕聚合平台的法律定位问题一直存在争议，核心是看聚合平台在运营中有无起到网约车平台的作用，是"自营+聚合"的模式还是纯聚合平台。要加快对聚合平台规范立法，明确职责。提供信息中介、交易撮合服务的第三方网络聚合平台，应当对接入的网约车经营者进行审核，不得接入未取得经营许可的网约车经营者。部分地方立法将网约车聚合平台纳入电子商务平台予以监管，为我们提供了有益的经验。

6 结语

虽然丹阳市交通管理部门在对网约车监管的工作方面取得了一定的进展，但仍然存在一些问题，本文给出相应的对策建议，为丹阳市交通管理部门监管网约车提供新的思路。建议包括建立多元主体合作共治的长效机制；强化技术监管手段；推动巡游出租车转型升级，提升服务质量；引导聚合平台规范发展。本文还有一些需要完善的地方，但旨在开拓创新，积极稳妥地推进网约车规范管理工作，实现网约车行业健康发展，为丹阳人民创造良好的出行环境。

参考文献

［1］周艳艳.网约车驶向正轨的监管路径［J］.江南论坛,2019(11):39-41.

［2］裴健如.网约车市场复苏正当时:聚合平台份额有望继续提升,车辆电动化已成趋势［EB/OL］.(2023-03-01)［2023-05-01］.https://www.mrjjxw.com/articles/2023-03-01/2691077.html.

［3］王静.中国网约车的监管困境及解决［J］.行政法学研究,2016(2):49-59.

［4］张鸽.网约车监管现状及优化建议［J］.合作经济与科技,2018(1):188-192.

［5］艾超,王建剑.网约车监管问题研究［J］.河北青年管理干部学院学报,2017,29(4):68-74.

［6］周三妹.突破网约车监管困境仍需"猛药"［N］.北京日报,2019-09-11(14).

［7］杜小三.乐山网约车发展现状及管理对策研究［J］.中共乐山市委党校学报,2023,25(1):102-108.

丹阳市巡游出租汽车运价调整的可行性研究

许　新

（丹阳市交通运输综合行政执法大队）

摘　要　长期以来，丹阳市委、市政府高度重视丹阳市出租汽车行业健康稳定发展，出租汽车行业也在促进丹阳市经济发展、方便市民出行、提升城市服务功能等方面发挥了重要作用。由于出租车客运服务面广，直接关系到城市的文明程度和整体形象，因此出租车客运又具有一定的公益性质，在运价形成机制上普遍采用政府定价。丹阳市现行运价调整时间为 2012 年，截至2023 年上半年已执行 11 年。长期僵化的运价结构已不适应形势发展的需要，出租汽车经营者怨言越来越多，对运价调整的呼声日益高涨。因此，本文通过对比研究丹阳市以及周边地区出租汽车市场，为丹阳市出租车运价调整的可行性提供了思路和合理化建议。

关键词　出租车行业；营运现状；运价调整；可行性研究

1　丹阳市巡游出租汽车行业概况

出租汽车是丹阳市城市综合客运体系的重要组成部分，是满足市民个性化出行需求的一种重要的交通运输方式，是体现城市综合服务能力的重要载体，是城市公共交通的重要补充。

1.1　行业规模

截止到 2022 年年末，丹阳市共有巡游出租汽车 497 辆。其中，具有巡游出租汽车经营资质的企业 7 家，车辆数 171 辆，占比 34.4%；个体工商户（个体经营者）324户，车辆数 326 辆，占比 65.6%。丹阳市巡游出租车行业规模构成如图 1 所示。截至2023 年上半年，丹阳市有巡游出租车注册从业人员 700 余名。

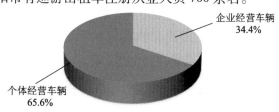

企业经营车辆
34.4%

个体经营车辆
65.6%

图 1　丹阳市巡游出租车行业规模构成

1.2 经营模式

长期以来，丹阳市巡游出租汽车行业自发形成以"自主经营为主、承包经营为辅"的经营模式。与省内同行相比，丹阳市个体工商户占比远大于公司占比，这是一个比较独特的现象，主要原因是错过了 2000 年前后的全国客运行业公司化改造有利契机。个体工商户拥有产权和经营权；公司内主驾以公司名义拥有车辆产权，经营权由公司持有，主驾向公司缴纳 500~600 元的月度服务费。自主经营者（含主驾）承担一切费用；承包经营者缴纳承包金，承担燃油、车辆基本维修等费用。

1.3 运价水平

自 2012 年起，丹阳市巡游出租汽车一直在执行《关于调整出租汽车运价和实施油运价格联动机制的通知》（丹价〔2012〕58 号）规定：起步价 8 元/3 公里，运价 1.8 元/公里，单程用车超过 4 公里不足 6 公里的，按超出 4 公里以上不足 6 公里的实际里程加收 50%的空驶费，单程用车在 6 公里以上的，按超出 6 公里以上的实际里程加收 70%的空驶费，截至 2023 年上半年未作调整。

1.4 营运现状

经统计，2022 年度全市巡游出租汽车单车日均客运量 25 人次，单车日均服务车次 18 次，单车日均营收 365 元，单车日均营运里程 115 公里，里程利用率 48%，每车次平均乘距 6.4 公里，每车次平均运价 20 元。

2 丹阳市巡游出租汽车行业发展所面临的现实困难

2.1 油价气价大幅上涨，运营成本逐年增长

丹阳市巡游出租汽车现行运价方案自 2012 年执行至 2023 年上半年，一直没有调整变动。随着油价、气价等能源类商品价格上涨，巡游出租汽车的运营成本逐年增加。

2.2 市场竞争日益加剧，生存空间逐步萎缩

当前，群众出行方式更加多样化，公交车增线扩量，私家车爆发式增长，网约车、顺风车、共享单车等"互联网+"交通新业态不断发展，对传统出租车行业的生存空间形成明显挤压。

2.3 营运收入明显减少，行业引力逐年下降

2012 年与 2022 年丹阳市巡游出租汽车的实际营收纵向对比：2012 年单车每月营收约 1.8 万元，2022 年单车每月营收约 1.1 万元，扣除车辆维修、折旧、保险、油气和租金等费用后，收入明显下降；再加上十年前与十年后的购买力反差较大，巡游出租汽车驾驶员经营收入的下滑与行业经营状况的持续恶化，导致驾驶员的职业吸引力逐年下降，从业人员逐年减少。2012 年丹阳市有在职巡游出租汽车驾驶员近 1300 人。截至 2023 年上半年，丹阳市在职巡游出租汽车驾驶员只有 700 余人，不到高峰期的 60%，且人员流动性大，不利于日常管理，不利于服务质量提升，不利于行业稳定。

3 丹阳市巡游出租汽车运价与周边城市横向对比情况

2017 年 12 月 15 日起，南京市区巡游出租汽车运价改革方案正式实施：将运价外

的 2 元燃油附加费并入起步价，起步基准价为普通车 11 元/3 公里；中档车、纯电动车 11 元/2.5 公里；高档车 11 元/2 公里，起步里程和车公里价不变，浮动幅度为 20%但暂不执行。同时，实行全天候全程双计费、交通高峰时段差异化定价。超过起步里程的车公里基准价为：普通车 2.4 元/公里；中档车、纯电动车、高档车 2.9 元/公里。

2018 年 11 月 26 日，常州市区巡游出租汽车运价机制改革方案正式实施：基本车型的起步基准价由 9 元/3 公里调整为 10 元/3 公里，增加舒适车型起步基准价为 11 元/3 公里；起步基准价最高上浮 30%，下浮不限。车公里基准单价（3 公里以上）由 1.8 元/公里调整为 2.1 元/公里。

2021 年 4 月 20 日起，镇江市区巡游出租汽车运价改革方案正式实施：对巡游出租汽车运价实行政府指导价，即政府制定发布基准运价和浮动幅度，巡游出租汽车经营者在基准运价（普通车 10 元/3 公里、新能源车 11 元/3 公里）的基础上，综合考虑市场供需、运营成本、交通状况、服务质量、居民收入和驾驶员收入水平等因素，在浮动幅度范围内，确定巡游出租汽车实际执行运价。其中方案规定 3~16（含）公里内为 2.7 元/公里，大于 16 公里为 3 元/公里。

2018 年 2 月 5 日，泰兴市巡游出租车运价执行新标准：起步价调整为 7 元/2 公里，2 公里以上，超起租里程价为 2.6 元/公里。

2018 年 4 月 15 日，溧水区巡游出租车运价执行新标准：起步价调整为 9 元/3 公里，超过 3 公里的车公里基准价为 2.3 元/公里。

2018 年 4 月 25 日，溧阳市巡游出租车运价执行新标准：起步价调整为 7 元/2 公里，超 2 公里以上的基准价调整为 2 元/公里；单程 6 公里内免收空驶费，6 公里外按实际执行车公里价的 50%收取；夜间服务费按总价 30%加收。

2019 年 6 月 26 日，金坛区巡游出租车运价执行新标准：起步价调整为 8 元/2.5 公里，2.5 公里以上基准价由 1.8 元/公里调整为 2.0 元/公里；夜间服务费起步价加收 30%。

2021 年 12 月 7 日，句容市政府公示巡游出租汽车运价改革方案：普通车起步基准价 8 元/2.5 公里；新能源车 9 元/2.5 公里。车公里基准价（含空驶费）2.5~16（含）公里内为 2.7 元/公里，大于 16 公里为 3 元/公里。起步基准价最高上浮 25%，每次价格上调不得超过 1 元，每次上调起步价间隔时间不少于 2 年，下调幅度及时间间隔不限。该运价调整方案已于 2022 年 3 月 10 日落地实施。

从调查情况来看，周边地区巡游出租汽车的车公里运价普遍高于丹阳市。表 1 为丹阳及周边地区出租车运价与 2022 年城镇居民人均可支配收入对比。其中，6.4 公里总价（普通车日间）是根据 1.4 节中所提到的每车次平均乘距计算得出的，并附以 2022 年周边地区城镇居民人均可支配收入作为对比参考，由此可见丹阳市已经成为巡游出租汽车运价洼地。

表1 丹阳及周边地区出租车运价与2022年城镇居民人均可支配收入对比

地区	起步基准价（普通车）	车公里基准单价（普通车）	6.4公里总价（普通车日间）/元	2022年城镇居民人均可支配收入/元
南京市区	11元/3公里	2.4元/公里	19.16	76643
溧水区	9元/3公里	2.3元/公里	16.82	67214
常州市区	10元/3公里	2.1元/公里	17.14	68578
金坛区	8元/2.5公里	2.0元/公里	15.8	65119.9
溧阳市	7元/2公里	2.0元/公里	16.2	63152
镇江市区	10元/3公里	3~16(含)公里内2.7元/公里，大于16公里为3元/公里	19.18	61552
句容市	8元/2.5公里	2.5~16(含)公里内2.7元/公里，大于16公里为3元/公里	18.53	59371.8
泰兴市	7元/2公里	2.6元/公里	18.44	56312.3
丹阳市	8元/3公里	1.8元/公里	16.5	61518.9

4 丹阳市巡游出租汽车行业摸底调查情况

2021年11月22日，部分巡游出租汽车经营者向交通运输主管部门提出运价上调申请。11月29日至12月15日，交通运输部门对全市巡游出租汽车驾驶员进行了问卷调查。调查结果如下：总计发放问卷调查表786份，收回669份。其中，同意运价上调的589份，占88.04%；不同意运价上调的17份，占2.54%；弃权的63份，占9.42%。由此可见，出租车从业人员上调运价的诉求十分强烈。12月16日，丹阳市7家出租汽车公司和部分个体经营者向市价格主管部门递交了《关于上调巡游出租汽车运价的申请》。

5 丹阳市巡游出租汽车运价调整的可行性和必要性

5.1 运价调整的可行性

截至2023年上半年，丹阳市现行巡游出租汽车运价已经连续执行11年，属于政府定价。同时期的周边地区均已将政府定价改为政府指导价，并建立运价动态调整机制。同时，周边地区巡游出租汽车车公里运价普遍高于丹阳市。此时开展巡游出租汽车运价调整工作，既有必要性，也能得到大部分市民的理解。即使少数市民担心自己出行成本增加，也有城市公交、城乡公交、长途汽车和火车予以保障。调整巡游出租汽车运价，是大势所趋。一直以来，出租车都是群众个性化出行的交通工具，提供的是点到点的服务，运费也是各类交通运输工具中最高的。

从中长期来看，巡游出租汽车运价调整能适当增加从业人员的收入，缓解从业人员的经营压力，还能增强巡游出租汽车行业的吸引力，更能维护巡游出租汽车行业稳定，有利于行业健康可持续发展。

5.2 运价调整的必要性

周边部分地区在运价调整前，曾出现部分驾驶员反应强烈，集中表达调整巡游出租汽车运价诉求的情况。虽然政府部门顺势依法做出了调价决定，但也留下了被动工作的负面影响。虽然丹阳市暂未发生出租车从业人员聚集及其他冲突行为，但要求调整运价的呼声很高。目前，已经有相当一部分从业人员依法委派代表向价格主管部门和行业主管部门提出了调价书面申请。创造安全稳定的社会环境是各行各业的着力点和关键点，适时启动、推进巡游出租汽车运价调整工作，主动回应从业人员合理诉求，有利于防范和应对出租车行业突发事件。

6 结语

综上所述，合理的出租车运价调控机制是有效促进出租车行业良性发展、实现出租车行业结构调整和宏观调控的重要手段，现在启动丹阳市巡游出租汽车运价调整工作，既有可行性，也有必要性。政府部门应当根据市场和社会的实际情况，适当调整出租汽车运价，更好地保障出租车司机的合理收入和市民的出行需求，维护出租车行业的健康有序发展。

注：2023 年 9 月 11 日，丹阳市经济发展局、丹阳市交通运输局发布了《丹阳市巡游出租汽车运价机制改革和运价调整方案》，对本市巡游出租汽车运价做出了调整。其中，普通车起步基准价 9 元/3 公里；新能源车 10 元/3 公里。营运里程不足 3 公里的，按起步价计费。起步基准价最高上浮 20%。3~6（含）公里内为每公里 2.7 元，大于6 公里为每公里 3 元。车公里运价（含空驶费）以百米计价，不足百米的按百米计价。车公里基准运价下浮不限，最高上浮 20%。

参考文献

［1］管泽江.关于河南省出租汽车行业油运价联动机制的研究［J］.企业导报，2012(9):150-151.

［2］南京市物价局,南京市交通运输局.关于南京市市域巡游出租汽车运价政策的通知［EB/OL］.（2017-11-01）［2023-05-01］.http://fgw. nanjing. gov. cn/njsfzhggwyh/202212/t20221201_3771165. html.

［3］常州市物价局,常州市交通运输局.关于常州市巡游出租汽车运价机制调整的通知［EB/OL］.（2018-11-22）［2023-05-01］.https://www. changzhou. gov. cn/gi_news/356154319654380.

［4］单玉红.呼和浩特市出租汽车行业健康发展的探索和研究［J］.北方经济，2017(10):60-63.

［5］镇江市发展和改革委员会,镇江市交通运输局.关于镇江市市区巡游出租汽车

运价机制改革和运价调整的通知[EB/OL].(2021-04-12)[2023-05-01]. http：//zj. bendibao. com/news/2021412/3314. shtm.

［6］泰兴市物价局,泰兴市交通运输局.关于调整我市巡游出租车运价的通知[EB/OL].(2018-02-04)[2023-05-01]. http：// www. ourjiangsu. com/a/20180204/1517710436153. shtml.

［7］南京市溧水区发展和改革局,南京市溧水区交通运输局.关于南京市溧水区巡游出租汽车运价政策的通知[EB/OL].(2018-04-17)[2023-05-01]. http：//www. njls. gov. cn/lsqrmzf/201810/t20181024_768949. html.

［8］溧阳市发展和改革委员会,溧阳市交通运输局.关于溧阳市巡游出租汽车运价政策的通知[EB/OL].(2018-04-25)[2023-05-01]. http：//www. liyang. gov. cn/html/cz-ly/2018/LBQPAIMO_0425/5124. html.

［9］常州市金坛区发展和改革局,常州市金坛区交通运输局.关于金坛区巡游出租汽车运价机制调整的通知[EB/OL].(2019-06-22)[2023-05-01]. https：//www. jintan. gov. cn/html/czjt/2019/MJONAQIQ_0624/19592. html.

［10］句容市发展和改革委员会,句容市交通运输局.关于句容市巡游出租汽车运价机制改革和运价调整的通知[EB/OL].(2022-02-28)[2023-05-01]. https：//www. sohu. com/a/526369679_121123874.

交通工程技术

公路桥梁路面大修平整度控制技术研究

王　锋[1]　朱雨薇[2]

（1. 丹阳市公路事业发展中心；2. 丹阳市宏龙建设有限公司）

摘　要　本文首先对影响公路桥梁路面大修平整度的重要因素进行分析，然后提出改善影响因素的平整度控制技术，详细研究了应对公路桥梁路面局部深陷、伸缩缝型钢错台等问题的平整度控制技术，同时研究了路面摊铺平整度控制技术。

关键词　公路桥梁；路面大修；平整度；控制技术

随着生活水平的提高，人们对公路桥梁路面平整度的要求越来越高，平整的路面会减少汽车燃料的消耗和对轮胎的磨损，提升行车舒适度，因此需要研究路面大修平整度控制技术，为车辆与行人提供更高品质的出行感受。

1　路面平整度影响因素分析

路面平整度受多种因素的影响。首先，在修筑路基时，要关注填土的实体密度，密度较低通常会导致路基没有足够的压实度，使土体存在较高的渗水性，长时间的雨水渗透会导致基土软化，使路面发生不均匀升降，对后期摊铺工作造成影响。摊铺基准控制可以提高路面平整度，由于水准点移动也会影响路面平整度，因此要在提高施工放样精度的同时确保架设的钢丝具有足够且均匀的张力，减少路面纵向波浪等现象。其次，摊铺工艺与摊铺机械也会影响路面平整度，在摊铺过程中要控制摊铺速度、摊铺行走距离，选择优质摊铺材料，选择合适的沥青混合料配比，控制油石的比例，同时加强对摊铺材料的拌合，选择合适的拌合设备，提高拌合材料的稳定性，降低沥青拌合料温度差，在碾压过程中还需要控制碾压温度。

2　公路桥梁路面大修平整度控制技术分析

2.1　伸缩缝型钢错台措施

公路桥梁路面大修时需要因地制宜，针对不同情况的公路桥梁选择经济、环保且便捷的设计方案，本文以具体项目为例，将厚度为 10 cm 的 C40 水泥混凝土和厚度为 5 cm 的沥青混凝土的路面结构作为研究案例。将旧沥青路面铣刨 5 cm，然后再加铺

SBS 改性沥青，使用玄武岩作为封层碎石，最后铺上厚度为 5 cm 的 SMA-13 沥青混凝土。路面摊铺前需要对麻面、坑槽和桥面裂缝等问题进行处理，提升基层结构的稳定性，在处理过程中发现 3 处伸缩缝型钢有 5~13 m 范围的错台情况，需要用到长度为 3 m 的检测尺，对伸缩缝型钢错台准确测量。对于此现象的处理方案可以分为两种：一是针对锚固位置的大裂缝混凝土或 10~13 mm 的错台实行整体更换，选择同一型号的伸缩缝重新结合沥青摊铺施工；二是针对 5~9 mm 的错台调整伸缩缝标高，采用同步顶升方式结合错台高度在支座位置垫入不锈钢后将错位弥补调和为 0。两种方式都可以解决错台问题，具体方案的选择还需要根据工程现场实际状况中桥梁支座形态和型钢变形程度等因素决定。

2.2 高程设计

桥梁桥墩伸缩缝钢型错台较大，易造成路面出现凹陷，使局部桥墩发生沉降，对此要在加铺路面前确定设计标高，确保设计标高符合路面要求，以便减轻桥梁荷载，降低风险。这就需要合理控制路面平整度指标。在铣刨旧路面时要保证铣刨效率，杜绝欠刨、超铣现象，设置横断面要以 10 m 为一个单位，同时要根据从左到右的顺序对 3 个高程测量点完成设置，高程设计可以使用相关软件，并将测量数据输入指定软件中，结合参数设计出路面横坡与路面平纵曲线，再根据设计规范确定参数，协调横断面、纵断面和平面参数，不断优化线形设计。

2.3 桥梁局部深陷措施

通过现场的实地勘测，发现有 5 座墩台出现 6~15 cm 的沉降，这种情况下难以保证沥青摊铺厚度和路面平整度，需要结合桥梁自身载荷恢复桥面原来的标高，采用桥梁同步顶升措施调整标高，有效恢复桥梁纵断面线形。同时需要加高支座垫石，在材料的选择上要选强度高的环氧砂浆，根据升降数值完成垫高施工，环氧砂浆可以降低墩台继续沉降的概率，长时间保证纵向线处于平直状态，恢复路面最初的线性。梁底空间高度小时，可以将钢抱箍放置在桥墩上替代千斤顶，这样钢抱箍可以作为顶升支架，在其下部搭建设备可以提升桥梁的安全性。如需稳固支架，则要在钢抱箍底部做好标记，以便在顶升时准确监测工程的施工状态。可以选择液压同步顶升完成桥梁顶升施工，在施工前要获取顶升试验数据，确保正式顶升时的安全性。不同的片梁会存在不同的顶升高度，可以采取分级形式进行顶升，控制单次 5 mm 内的顶升高度。此时需要对支座垫石做凿毛处理，做好与桥梁顶升后完成对接准备的工作，还需要安装钢模板，模板规格需要根据垫石尺寸确定，最后进行环氧砂浆的浇筑施工。

2.4 沥青路面摊铺

在解决伸缩缝错台和桥梁局部塌陷问题后，要及时完成路面摊铺施工，施工前需要对原路面实行铣刨，要严格按照设计尺寸控制铣刨深度和宽度，需要选择符合不同原路面材料特质的铣刨机，将铣刨速度调整到适宜挡位，一般需要选择每分钟 6~8 m 的铣刨速度，这样可以均匀铣刨路面原材料。在铣刨后还需要完成铣刨料二次破碎处理，应控制破碎参数，一般选择 15~25 mm 和 0~15 mm 两个挡位进行破碎。选择适合的摊铺机和伸缩机是使路面摊铺平整的关键,施工中需要通过混合场对沥青材料进行拌合,在此之前要对沥青混合料进行试拌,以便确定沥青用量、加热和出场温度、拌合时间等条件,目的是提高混合料拌合质量。要对拌合后的效果进行考察,确保混合料质地均匀,避免出现粗细骨料分离的现象,避免有结成块的混合料。工作人员需要定期抽样检验矿料级配组成和沥青用料质量,及时更换未达标混合料。

在摊铺前,要对公路的基层杂物进行清理,清理之后方可进行施工作业;还要详细了解基层路面的密度和厚度,注意路面基层的松散情况和坑槽位置,及时对此情况进行修补。如果想要使公路基层贴合于面层,就要在施工前4~8小时进行基层表面透层沥青的挥洒,每米使用1000~1200 g即可。对于不是初次铺设的沥青路面,施工人员需要将一层粘层沥青撒到旧沥青表面。对路面进行摊铺的过程中,摊铺机需要倾斜一定角度使沥青混合料进入摊铺机料斗中,沥青混合料会随着链式传动器进入螺旋摊铺器上,螺旋摊铺器的作用是将沥青混合料质地均匀地摊铺在路面上,再用振捣板捣实沥青,最后一步是借助熨平板施工,将路面压平。施工队在控制厚度时经常采用雪橇式摊铺方法。对于已达到规定平整度的路面,在铺筑多层混合料时,上下层面横接缝要错开1 m,纵接缝错开15 cm。

2.5 控制摊铺质量

第一次压实是在摊铺结束后立即展开的,需要专人对油面温度进行测量,标出初压、复压及终压相应的施工路段。这可以采用插旗方法实现,前方控制线在超过小旗半个机身的位置,后方要重叠5~8 m,这样可以确保碾压均匀、全面,同时便于指挥。初压使用二轮压路机,至少要压两遍,同时保证压路机驱动轮与摊铺机相对且方向一致,防止沥青混合料移动。初压后施工技术人员要及时检测路拱和路面平整度,及时处理出现路拱和平整度不合格的路面。复压使用振动压路机将碾压工作重复3~4遍,要想保证碾压力度适宜,需要使用轮胎压路机再碾压4~6遍。终压旨在解决复压遗留的沥青不平整问题,需要使用双轮钢筒式压路机。

3 结语

综上所述,路面大修平整度技术的提高可以使公路桥梁工程满足人们的出行需求。控制摊铺质量可以使平整度控制技术达到公路桥梁的质量要求,同时施工方需要加大施工试验检测力度,控制施工质量,及时调整参数,提高路面平整度。

参考文献

[1] 袁大伟. 公路桥梁路面大修平整度控制技术[J]. 公路交通科技(应用技术版),2020,16(2):230-232.

[2] 杨晶. 公路桥梁工程路面大修平整度控制技术研究[J]. 黑龙江交通科技,2021,44(7):69,71.

南京港新生圩码头泊位项目技术创新

季海彦

（江苏润华工程管理有限公司）

摘　要　南京港新生圩码头是20世纪80年代建成投入使用的，其结构老化严重，基础设施陈旧，码头升等改造已迫在眉睫。本次改建工程主要涉及码头结构拆除和局部改造。为将老港区打造成"平安、绿色、高效、智慧"的港口，在项目实施过程中积极探索小建议、小创新，确定了下横梁加固改造、伸缩缝排水改造微创新小课题，取得了较好的成效。

关键词　加固改造；质量；安全

1　工程概况

本次南京新生圩港区码头改建项目404#—405#泊位码头部分进行升等改建，改造后码头的靠泊能力由原来的2.5万t提升到3.5万~7万t，404#—405#泊位定点改造，其中包括横梁改造、码头伸缩缝排水改造等。横梁改造：码头横梁底面和侧面砼表面清理干净，粘结面进行粗糙处理，在梁底面粘贴钢板，单层钢板厚4 mm，梁底面粘贴2层，钢板外用U形箍板固定。钢板及U形箍板除锈达Sa2.5级后，均须采用热浸锌及外露面涂层联合防腐的措施。

2　码头下横梁结构加固

2.1　横梁加固背景

老码头靠泊能力需要提升。老码头横梁在改造前经设计单位的荷载计算，承载力已不能满足新规范要求，本工程范围内已建404#—405#泊位原为集装箱泊位，码头结构采用满堂式布置，码头前平台宽21.5 m，后平台宽34.5 m，结构总宽56 m，结构设计标准较高，对404#—405#泊位原码头桩基、横梁、轨道梁按改造后使用荷载进行复核，根据复核计算结果，原结构横梁不满足新设计规范承载力要求，需进行加固改造，其他构件基本满足使用要求，故404#—405#泊位考虑采用定点靠泊方案，对原结构进行局部改造，新增5个嵌入式系靠墩，满足泊位船舶靠泊要求，保留原码头主体结构。

2.2 工艺流程

清理、修复原结构表层—加工钢板、箍筋、压条及钻孔—界面处理—固定、加压、养护—施工质量检验—防护面层施工。

2.2.1 实施步骤

1）下横梁打磨、清理

横梁底部贴合面首先使用手持式磨光机进行打磨，清理表面浮灰、保证表面粗糙，清理后监理部安排专人逐梁进行检查和验收，如图1所示。

图1 下横梁打磨、清理

2）花篮螺杆布置

考虑横梁底部两层钢板的临时固定方式，水上作业施工不易搭设支撑体系，综合考虑后在横梁两侧布置花篮螺杆（见图2）。

图2 花篮螺杆布置

3）粘贴钢板

粘贴钢板（两层4 mm钢板）表观质量符合设计要求，粘贴胶A级，检测合格，使用时严格按照使用说明执行；钢板粘贴后立即进行固定，并加压至胶液刚从边缘挤出（胶涂满厚度控制在3 mm）；第二层钢板重复一层做法（见图3）。

图 3　粘贴钢板

4）U 形箍板加固

种植螺栓后，在粘贴前的混凝土表面和 U 形箍板粘贴面涂抹一层环氧树脂结构胶，胶层厚度为 2~4 mm，中间厚边缘薄（见图 4）。然后将钢板条进行贴合，当螺栓埋植完毕并与钢板条贴合上后，加垫片，紧周螺母，交替拧紧加压螺栓，以使多余的胶砂沿板缝挤出，达到密贴程度，加压固定的压力不小于 0.15 MPa。同时要不断轻轻敲打钢板条，及时检查钢板条下环氧胶砂的饱和性。完成贴钢板条 24 h 后，用小锤轻轻敲击粘贴钢板，判断粘贴固化效果。钢板条粘贴固化面积必须大于 90%。经检验确认钢板粘贴固化密实、效果可靠后，清除钢板条表面污垢。

图 4　U 形箍板加固

2.3　工艺选择对比

钢板加固和砼结构截面的工艺选择对比见表 1。

表 1　工艺选择对比

工艺选择	适用范围	优点	缺点
钢板加固	① 梁柱构件加固，当混凝土梁柱抗压强度和抗弯刚度需要大幅度提高时，其他加固方式无法满足或抗弯和抗压无法同时满足时采用此加固方案； ② 使用环境不允许加大断面加固，而构件又必须大幅度提高承载力时使用此加固方式	① 施工操作安全、施工简便、作业空间较大、加固效果可靠，可有效地保护原构件砼不再被破坏； ② 采取横梁钢板加固措施，工期短、效率高、质量可控	素砼不适用

工艺选择	适用范围	优点	缺点
砼结构截面加大	适用于钢筋混凝土受弯和受压构件的加固，当梁、板、柱承载力相差较大，且其刚度也不满足要求时，采用增大方案	工艺简单、成熟，加固费用低，可用于大气区、浪溅区、水位变动区、水下区等	湿作业空间较大、增加自重较大

2.4　粘贴钢板加固法检查和验收

（1）粘贴钢板前应对钢板粘结面进行检查，规范要求其除锈等级应达到 St3.0，粗糙度等级应达到 60~100 μm。

（2）钢板与混凝土之间的粘结质量可用锤击法或其他有效方法进行检查。按检查结果推定的有效粘贴面积不应小于总粘贴面积的 95%。

（3）钢板与原构件混凝土间的正拉粘结强度应符合规定的合格指标要求。（实体检测及化学螺栓的抗拉力检测）。

（4）粘贴钢板加固可采用目测或用放大镜对接头进行外观检验，构件修复连接处应结合紧密，不得有缝隙、夹层或空腔。胶层厚度应按（2.5±0.5）mm 控制。

（5）粘贴钢板加固海工混凝土后，应按国家现行有关标准检测钢板表面防腐涂层性能，涂层质量应满足设计要求。

2.5　项目技术创新点

（1）通过试验段施工掌握操作要点，形成标准化施工工艺流程。在施工过程中各工序紧密衔接，效率、质量得到提升。

（2）工艺优化。原图纸 U 形箍板只采用一道螺栓固定，后根据图纸情况（梁高大于 1.6 m）及现场操作难度大的实际，一道螺栓难以起到充分的固定作用，经设计单位同意，在箍板底部往上 400 mm 左右新增一道螺栓。对现场化学螺栓的抗拔承载力进行了检测，荷载检验值大于 18 kN，合格率 100%。

（3）规范质量和业内资料格式。因粘钢加固施工常用于建筑中，港口水工码头运用较少，并无对应的工序资料表格，项目参建方根据现场施工实际情况和验收对应指标，对资料表格进行了一定的改动及创新，参照《港口水工建筑物修补加固技术规范》（JTS/T 311—2023）的相关技术要求，结合现场实际质量管控要求，制定粘结钢板质量检验记录表。

3　码头伸缩缝排水改造

3.1　面层排水改造背景

现有码头排水系统已年久失修，积水区面积较大，且存在直接排江的情况，已不能满足环保要求，所以利用本次升等改造解决码头面层排水难题。经过多次讨论和综合考虑，并将讨论的方案经设计单位复核，最终采取在码头纵横向伸缩缝设置一定的横坡和纵坡，利用伸缩缝坡度汇集雨水，将雨水排至码头后沿原有的雨污水收集系统排出的方案。

3.2 排水改造实施步骤

1）伸缩缝造坡

伸缩缝分为三个区域：码头前平台各结构段间横向伸缩缝、码头后平台横向伸缩缝、前后平台之间纵向伸缩缝。总体思路为：前后平台通过面层修复造坡将雨水汇至横向伸缩缝，穿越钢轨连通管排至纵向伸缩缝，然后通过纵向伸缩缝排至码头后沿集水槽。优化伸缩缝设计图如图5所示。

实施前安排测量人员对老码头后平台高程数据进行测量，收集汇总，根据测量数据进行计算，分析水流走向，给出初步排水方案，经多轮开会讨论，并与设计单位沟通，确认码头结构安全后再实施排水方案；面层造坡，具体是对码头前平台伸缩缝降低顶标高，横向设置1.5‰~3.8‰坡度，纵向伸缩缝设置0.32‰~0.5‰坡度。通过造坡，将老码头伸缩缝向两侧凿除50 cm。两侧顺接找坡，采用的是GQF-C型桥梁伸缩缝，配置氯丁胶条。考虑到排水通道应顺畅，在安装结束后采用柔性材料双组分聚氨酯材料进行密封灌注，并对氯丁胶条起到保护作用，同时在灌缝施工时预留1 cm左右高度作为排水通道。施工后排水效果如图6所示。

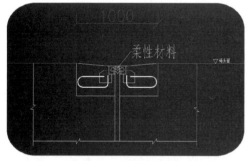

图5　优化伸缩缝设计图（降顶标高）　　　图6　施工后排水效果

2）钢轨处设置连通管

连通管设计图如图7所示。轨道两侧间隔30 m设置连通孔，孔径为50 mm，轨道内侧积水可经连通孔排至轨道外侧伸缩缝，再由伸缩缝排至后平台收集系统。其实际排水效果如图8所示。

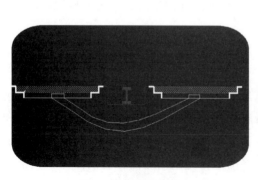

图7　连通管设计图　　　　　　　图8　连通管实际排水效果

3）横坡较大处设置钢盖板

如图 9 所示，伸缩缝横坡较大处设置钢盖板，板厚 20 mm，内侧焊加强筋，增加整体刚度，从项目投产至今实地查看发现钢板变形量较小，生产车辆运行情况良好，安全状况良好。

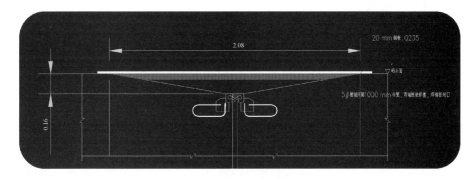

图 9　钢盖板设计图

3.3　伸缩缝改造成效

（1）节约人力、物力，成本投入少、工期短，对原有码头结构破坏程度低。

（2）工后在降雨期到现场查看，排水通畅，积水能实现有效外排。

（3）作业车辆通行总体平稳、安全。

（4）为后续升等改造的老码头起到一定的指导作用。

4　结语

码头横梁改造施工、伸缩缝排水改造等在本工程上均能满足使用要求，达到一定的成效，在节约经济、人力、物力的基础上，本码头的靠泊能力有了进一步的提升。码头改造是水运工程行业的大趋势，长江沿线上新建码头的数量在逐年减少，已趋向饱和；随着近年来国民经济迅速发展、长江内河船舶吨位不断增大，绿色港口建设要求越来越高，对 20 世纪八九十年代建设的港口码头改造加固、升等是必然趋势。致力于港口发展的港口工程人在创新方面任重而道远。

参考文献

［1］中交四航工程研究院有限公司．港口水工建筑物修补加固技术规范:JTS/T 301—2023［S］．北京:人民交通出版社,2023.

海域长距离管道施工工艺及质量控制

董国平

（江苏润华工程管理有限公司）

摘　要　连云港徐圩新区达标尾水排海工程是基于国家环保要求，解决徐圩新区石化基地内企业污水经处理达标后向深海排放的大型市政工程，海域管道总长 21558.5 m，其中，海域敷管 21258.5 m、扩散段沉管 300 m。敷管采用先铺后冲沉再回填的工艺，扩散段采用基床开挖后沉管再回填的工艺。工程从 2020 年 5 月开始施工，至 2020 年 12 月完成敷管及扩散段沉管，2021 年 10 月完成冲槽埋管及回填。本文主要结合工程特点、施工过程及问题处理，对海域长距离管道施工工艺及质量控制做出介绍。

关键词　海域长距离管道；施工工艺；质量控制

1　项目概况

本工程海域管道敷管里程为 K01+120.0～K22+378.49，长度为 21.5585 km，在近岸靠接收井 K01+120.0～K1+220.0 及尾部靠扩散段 K22+280.0～K22+378.49 处为便于入井内管道连接、与扩散段连接，采用预开挖埋管的方式，其他区段采用先铺管后冲沉的方式。

本项目采用 Q235B、DN1400 型钢管，壁厚 18 mm；进场的钢管为 6 m 标准节，在岸上将 2 节对焊成 12 m 管，然后采用运输驳吊运至铺管船上，利用铺管船上的管架，以边焊接边下管的方式铺管。

冲埋采用多次复冲的形式，根据设计埋管深度、地质条件、设备选型等，实际复冲 3 次 SK 基本达到设计埋管深度。管道埋设深度统计见表 1。

表 1　管道埋设深度统计

序号	里程	长度/m	冲槽深度/m	埋设深度/m	冲泥量/m³
1	K01+220.0～K18+400.0	17180	3.4	2.0	19.6
2	K18+400.0～K20+233.0	1833	3.9	2.5	29.1
3	K20+233.0～K22+280.0	2047	3.9	2.5	29.1
4	合计	21060			

主要结构形式如图 1 至图 3 所示。

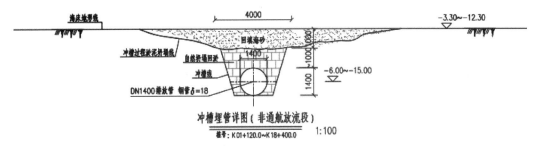

图 1　K01+120.0～K18+400.0（管顶自然回淤 1 m、回填海砂 1 m）

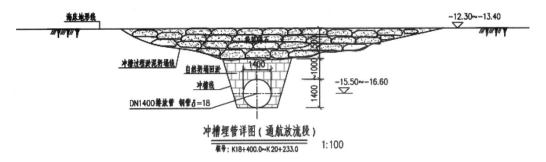

图 2　K18+400.0～K20+233.0（通航段，管顶自然回淤 1 m、回填袋装碎石 1.5 m）

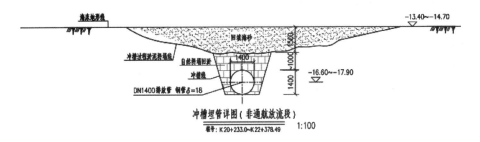

图 3　K20+233.0～K22+378.49（管顶自然回淤 1 m、回填海砂 1.5 m）

2　工程地质、水文

2.1　潮汐及水位

根据 1975 年审定的连云港理论最低潮面与连云港零点的关系，各基面相互关系如图 4 所示。

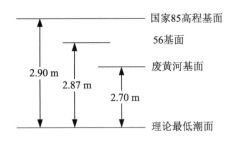

图4 各基面相互关系

设计高水位 5.41 m，设计低水位 0.47 m；极端高水位 6.56 m，极端低水位 −0.68 m。

连云港所在的江苏北部沿岸海区主要受南黄海旋转潮波系统控制，工程海域属正规半日潮性质，每个潮汐日内出现两次高潮和两次低潮，"两高两低"非常接近，日不等并不显著。本海区潮汐强度中等，平均潮差约为 3.4 m；落潮历时大于涨潮历时，平均落潮历时 6 小时 48 分，平均涨潮历时 5 小时 38 分。

工程海域潮流的涨潮流速大于落潮流速，涨潮与落潮流速之比为 1∶1.3。实测涨潮最大流速 2 m/s，在施工区靠岸侧 9.5 km 内为沿海堤往复流，远处为沿岸线旋转流。

2.2 波浪

波型：本海区以风浪为主，出现频率约占 63%，以涌浪为主的混合浪次之，占 28%。

常浪向：本海区常浪向为 NE 向，出现频率为 26.31%；次常浪向为 E 向，出现频率为 18.40%。

强浪向：本海区强浪向为偏 N 向，实测 NNE 向 H1/10 最大波高为 5.0 m，N 和 NE 向实测 H1/10 最大波高为 4.2 m；大浪出现于 NNE、NE 向，占大浪总数 80%；1.5 m 以上波高 NNE 向出现频率为 2.13%，NE 向出现频率为 1.79%。

平均波高：本海区累年平均波高为 0.5 m，各月平均波高为 0.4~0.6 m，其中秋冬季波高略大于春夏季；各向平均波高以偏北向为最大，其中 NNW、N、NNE 向平均波高均为 0.9 m。

2.3 地质

海底面从上到下土层分布如下。

Ⅲ1 灰黄~灰色淤泥：饱和，流塑。切面光滑，土质均匀，含有机质和云母，局部夹少量粉土。摇振具反应，干强度高，韧性高。标高一般为 +0.82~−3.57 m，厚度一般为 3.9~9.7 m，在海管段为表土层。

Ⅲ2 灰黄~灰色淤泥质黏土：饱和，流塑。切面光滑，土质均匀，含有机质和云母，局部夹少量粉土。摇振具反应，干强度高，韧性高。标高一般为 −1.25~−9.93 m，在海堤内侧厚度较大，一般为 6.5~12.2 m。

Ⅲ3 灰黄~灰色黏土：饱和，软塑。切面光滑，土质均匀，含有机质和云母，局部夹少量粉土。摇振无反应，有光泽，干强度高，韧性高。标高一般为-0.93~-12.37 m，厚度为2.0~8.8 m。

Ⅳ1灰黄色粉质黏土：饱和，可塑~硬塑。切面稍粗糙，土质较均匀，夹少量粉土薄层或粉土团块，局部夹姜结石块，局部见铁锰质结核。摇振无反应，干强度中等，韧性中等。标高一般为-13.08~-22.39 m，厚度变化大，为0.6~10.8 m。

3　主要施工工艺

3.1　管道敷设工艺

3.1.1　作业船舶主要参数

本次的作业船舶为平板驳船（"京润206"），钢质，在沿海航区作业。其参数见表2。

表2　平板驳船（"京润206"）参数

总吨位/t	总长/m	公约船长/m	满载水线长/m	型宽/m	型深/m
1450	70.15	69.09	69.09	19.51	4.27
空载吃水/m	满载吃水/m	满载排水量/t	空载排水量/t	参考载货量/t	
0.588	3.2	3866	601	3265	

为了保障敷管作业需求，在"三航驳202"平板驳船上增设相应设施，主要如下：一台150 t履带吊、长60 m的导向发射架（协助管道敷设）、长20 m的管道架、仓储集装箱。管道架结构和铺管船机作业布置分别见图5、图6。

图5　管道架结构

图 6　铺管船机作业布置

3.1.2　敷管工艺

（1）敷管工作船航行至管轴线上，船轴线与管轴线重叠布置，抛锚，锚链长均为 300 m，由抛锚船起抛锚。

（2）采用信标机和 GPS 正确定位轴线（船上配置有电脑显示屏），利用收放锚缆调整工作船至轴线中心。

（3）第一节钢管同第二节钢管在工作船上焊接位置就位。

（4）钢管进行拼管焊接，经检测合格后先进行接口除锈清理，再进行内外防腐制作。

（5）钢管端部焊接封口板，位置在距钢管端部 40 cm 左右，采用 δ25 钢板做封口板，加筋肋板，封口板上焊接两个 4 寸球阀短管用于排气排水。端部封口板示意图见图 7。

（6）放下管托架，使用卷扬机把钢管一端缓慢下滑至导向架外，压紧夹管器，焊接法兰，防腐，检查球阀是否关闭；放松夹管器卷扬机，继续把钢管缓慢放下水；收紧管托架，送管到管端拼焊位置，压紧夹管器开始第三、第四节钢管拼焊。

（7）管道沿托管架下滑至海底，确保管道在预定的敷设路线上进行敷设下沉。在管道沉放过程中，控制管道移动的速度和注水的速度一致，根据计算，管道每移动 48 m 的注水量为 73.86 m³。进水由船上的潜水泵供水，进水量采用流量仪进行准确计量。同时对托管架前端的受力情况进行观测，校核注水与沉管速度的同步性。观察安装在管道上测量浮标的水下深度，校验管道在水下的形态。

（8）管道敷设每增加 5000 m 左右，试压一次，以确保管道完好，敷管完成后进行全长段试压。

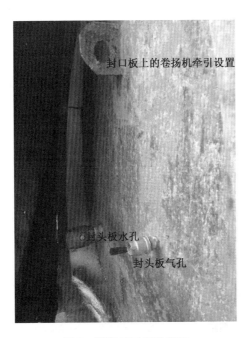

封口板上的卷扬机牵引设置

封头板水孔

封头板气孔

图7 端部封口板示意图

3.2 冲埋管工艺

本次作业船舶为水力冲沟铺助船（"救星1号"），钢质，在沿海航区作业。其参数见表3。

表3 水力冲沟铺助船（"救星1号"）船舶参数

总吨位/t	535	型宽/m	14.40
总长 m	41.4	型深/m	2.80
船长/m	41.00	空载吃水/m	1.468
满载水线长/m	41.00	满载吃水/m	1.743
满载排水量/t	883.3	空载排水量/t	715.7
参考载货量/t			

冲槽设备主要参数如下：

（1）滑橇部分：长12 m、宽7.8 m、高8.5 m，重45 t。

（2）水力刀（四把）：长8.5 m、高3.5 m、间距1.66 m，前后间距9 m。

（3）安装GPS定位系统，进行定向和定位。

（4）高压供水泵：高压供水泵3台，型号TSWA，每把水力刀独立供水。

（5）水泵：流量360 m³/h、扬程240 m、电机功率400 kW。

（6）高压供水管采用D150主管供水，水力刀处设出水孔45处，孔径7 mm，最大出水流速57 m/s。

（7）气举排泥系统：每把水力刀尾端设气举排泥系统，独立供气。每处设30立方空压机供气，供气主管管径 D250，共 2 套。

水力冲槽机结构和冲槽机排泥工况分别见图 8、图 9。

图 8　水力冲槽机结构

图 9　冲槽机排泥工况

4 主要质量控制措施及常见问题的处理

4.1 管道焊接及管道焊缝防腐质量控制

管道焊接及管道焊缝防腐质量控制须遵照相关要求进行。具体要求见表4。

表 4　管道焊接及管道焊缝防腐质量控制要求

工序	设计标准	规范、标准	检测、检查方式	备注
管道焊接	焊缝不应有咬边、裂缝、未融熔、弧坑、气孔或夹渣等缺陷，且应达到《承压设备无损检测》中的Ⅱ级焊缝要求（钢管焊缝底焊处理见图10）	《给水排水管道工程施工及验收规范》（GB 50268—2008）；《污水排海管道工程技术规范》（GB/T 19570—2017）；《工业金属管道工程施工规范》（GB 50235—2010）	① 焊缝外观质量检查；② 采用TOFD（超声波衍射时差法）进行焊缝检测	原设计海域管道检测采用RT、UT检测方式，但海铺管存在焊接—检测合格—内外焊缝防腐—铺管作业的连续性，需要即时知道检测结果，所以采用TOFD检测
管道焊缝防腐	① 内防腐采用环氧富锌底漆一道、环氧云铁中间漆一道、无毒聚氨酯面漆两道，干膜总厚度不小于160 μm，表面平整光滑，色泽均匀，无麻点；② 外防腐采用聚乙烯复合涂层，干膜厚度不小于3.7 mm。表面应平整光滑、无汽包、暗点、褶皱、裂纹，用电火花检测仪检测，检漏电压25 kV，无漏电为合格	《埋地钢质管道聚乙烯防腐层》（GB/T 23257—2017）；《涂覆涂料前钢材表面处理表面清洁度的目视评定 第1部分：未涂覆过的钢材表面和全面清除原有涂层后的钢材表面的锈蚀等级和处理等级》（GB/T 8923.1—2011）	① 外观质量检查；② 内防腐可采用漆膜厚度仪检测；③ 外防腐可采用外防腐电火花检测仪检测（如图11所示）	

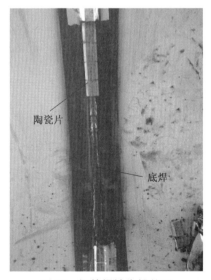

图 10　钢管焊缝底焊处理

管道焊接采用二氧化碳气体保护焊，分底焊、中间焊二层、面焊。底焊采用陶瓷垫片，焊缝检测采用 TOFD 检测。

图 11 外防腐电火花检测仪检测

4.2 铺管管道形态保证措施

管道敷设过程中为防止管道屈曲甚至拉裂，保证管道形态、使其最大弯曲半径不小于设计要求是质量控制的一个重点。在管道首次下沉结束时和后期沉放过程中，应不定期测量安装在管道上的测量浮标的水下深度，或者通过水下多波束的测深仪测量水下管道的实际形态并与计算分析的管道形变情况进行对比，校验管道在水下的形态。

通过监测深水段管道形态是否同计算一致，并根据管道在水中的实际形态，可以调整管段配重浮球数量及进水量等。

测量浮标安装：在管道下水之前将其绑扎在管道上，也可以由潜水员水下绑扎，通过观察点平面位置、管道在水中的深度了解监测深水段管道形态，一般每一监测段可设 5~6 个观察点。

钢管敷管注水应力计算（仅为某一状态下的综合计算分析，不同风浪条件需根据现场实际情况对计算的参数进行调整）包括如下步骤。

1）敷管状态管道参数分析

（1）基本参数：

① 钢管外径 D = 1420 mm，壁厚 18 mm，材质 Q235B 允许应力 δ = 2350（kg/cm²）；

② 空气中每米质量 $G_{空}$ = 629.14 kg/m，水中重力 $G_{水}$ = 549 kg/m；

③ 净浮力 $F_{浮}$ = 989.61 kg/m。

钢管的内外防腐对敷管的应力影响不予考虑。

（2）设计控制曲率半径为 800 m；

根据 $\delta_{控} = EDh/(2\rho) = \delta = 2100000 \times 143.6/(2 \times 80000) = 1884.75（kg/cm^2）$。

（3）钢管的截面系数 $W = 3.14 \times (D_4 - d_4)/(32/D) = 28059.92（cm^3）$。

敷管状态受力分析示意图见图12，管道助浮设施见图13。

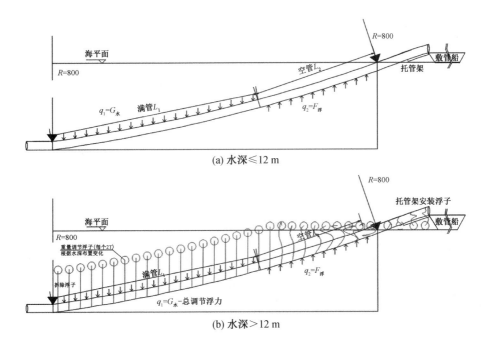

图 12　敷管状态受力分析示意图

图 13　管道助浮设施

4.3　管道拾、弃管处置

海域施工受气象、海况影响，铺管过程中弃管、拾管（见图 15、图 16）很常见。两种弃管方式如下。

（1）短时风力在 6~8 级，铺管船不能安全、可控作业时弃管，作业船现场抛锚（不进锚地）。一般提前 3 个小时左右开始做弃管准备和弃管，管头焊接封板，通过封板上的注水孔注水，让管道自然下沉，但留管头露出水面（控制注水量，便于后续拾管），管头抛锚固定。

（2）长时间受风力影响或风力超过 8 级时，弃管注水全部沉入海底，并用锚固定管头。作业船进锚地避险。

拾管方式如下。通过封头板上的气孔，采用空压机打气排水，使管节上浮，同时作业船通过锚机牵引使船头导向架进入，保证管头沿导向架、管道托架进入管道固定口固定，为后续焊接施工做准备。

图 15　弃管　　　　　　　　　　　　　　图 16　拾管

基于探地雷达的路面隐性病害检测与识别研究

王亚奇[1]　嵇业超[1]　朱浩然[2,3]　黄九达[2,3]　蔡海泉[2,3]

（1. 镇江市公路事业发展中心；2. 苏交科集团股份有限公司；3. 新型道路材料国家工程实验室）

摘　要　本文概述了对探地雷达现场检测布置方式和关键参数的设置，并基于专业 Reflexw 数据处理软件，对原始数据滤波处理方法进行详细探究，结合工程实例中积累的大量雷达检测图像，着重对沥青路面典型隐性病害特征进行分析，并通过现场取芯验证了探地雷达识别的准确性。结果表明使用探地雷达可以有效实现对路面结构内部隐性病害的无损探测。

关键词　道路工程；探地雷达；无损检测；路面隐性病害；数据处理

1　引言

随着公路事业的快速发展，公路养护任务日益繁重。在越来越多的公路养护方案确定以及性能评估过程中，亟需路面结构内部病害数据的支撑，包括沥青面层内部裂缝、松散、脱空、基层的开裂以及桥头搭板下的脱空等。目前传统的钻芯取样技术已无法实现对路面结构内部隐蔽位置病害的快速无损探测。

探地雷达法（ground penetrating radar，GPR）是借助频率在 $10^6 \sim 10^9$ Hz 范围内的无线电波来确定地下介质分布的一种无损探测技术。欧美国家较早就开始利用探地雷达对路基路面进行检测研究，我国于 20 世纪 90 年代初将探地雷达应用于沥青路面检测。近年来，随着电磁学、图像处理技术的发展及应用，探地雷达已成为探测路面内部结构及状况的有效工具，但是在路面内部隐性病害判定、识别精度以及工程应用等方面还存在较大困难。在此背景下，依托瑞典 MALA 探地雷达（RAMAC/GPR）开展了路面结构内部隐性病害无损检测技术应用研究，实现了对结构内部病害的准确探测，这对于内部早期病害的预防性养护、保障路面使用性能、降低路面开挖检测对交通的影响具有重要的现实意义，同时对于推动无损检测技术在路面隐性病害检测中的应用、提高养护设计成果质量具有重要的促进作用。

2　探地雷达检测方法研究

基于探地雷达具有测量效率高、成本低、操作简单以及分辨率高等优点，本文采用瑞典 Impulse 公司生产的 CrossOver 4080 型冲击脉冲式探地雷达，针对被探测物体具体的范围和目标，对其检测的关键参数设置和测线布置方式进行概述。

2.1 关键参数设置

2.1.1 中心频率

天线频率的差异对于雷达检测的精度和深度具有较大的影响。实验数据证明：天线发射的电磁波频率越高，其在路面内部传播时能量衰减的速度也越快，同时检测的深度相对于低频天线也越浅；反之亦然。因此在实际的工程检测中，需要根据检测目标的位置和检测精度需求来选择天线。一般而言，检测路面内部很深的位置建议选择低频天线，探测位置较深，但精度比较低；若探测沥青混凝土路面面层内部的病害或者空隙率、厚度等参数，建议选择频率较高的天线。不同天线频率对应的探测深度和纵向最小分辨率如表 1 所示。

表 1 不同天线频率对应的探测深度和纵向最小分辨率

中心频率/MHz	探测深度/m	纵向最小分辨率/cm
2500	0.3	0.8
1600	0.5	1.2
1000	0.8	1.9
500	1.5	3.9
250	3.0	7.7
100	5.0	19.4
50	10.0	38.7
25	30.0	77.5
10	50.0	194.0

2.1.2 采样时窗

采样时窗大小主要取决于最大探测深度和介质中的电磁波传播速度，其中探测深度的选取又直接影响着数据采集的信息量及精度。根据探测深度 D、波速 V（或介电常数 ε）的选取原则及相互之间的关系，确定采样时窗长度为

$$W = 1.3 \times \frac{2 \times D}{V} \tag{1}$$

式中，D 为预期的探测深度，m；V 为介质中的平均波速，m/ns；W 为采样时窗，ns；1.3 是经验放大系数，在实际检测中为保证雷达探测深度和速度有一定的冗余量，时窗的选择常略有富余。

2.1.3 分辨率

分辨率是体现探地雷达探测到的最小目标物的能力。探地雷达的分辨率可分为垂直分辨率和水平分辨率，路用探地雷达最主要的是垂直分辨率。根据散射理论和有照

射长度的最新研究结果，垂直分辨率 R_V 应为半波长，即

$$R_V = \frac{\lambda}{2} \tag{2}$$

进一步考虑

$$\lambda = \frac{V}{f} \tag{3}$$

$$V = \frac{c}{\sqrt{\varepsilon}} \tag{4}$$

可得

$$R_V = \frac{c}{2f\sqrt{\varepsilon}} \tag{5}$$

近似计算公式为

$$\begin{cases} R_V = 0.08h, & 0 < h < 3 \\ R_V = 0.05h, & h \geqslant 3 \end{cases} \tag{6}$$

式中，c 为雷达波在大气中的传播速度，约为 3×10^8 m/s；f 为雷达发射信号的频率，Hz；V 为介质中的传播速度，m/ns；ε 为雷达波所穿过地下介质的相对介电常数；h 为深度，m。

垂直分辨率主要与雷达中心频率有关，也受地下介质电性状况等影响，随着频率增大和介电常数增大，垂直分辨率数值变小，垂直分辨能力提高。

2.2 现场测线布置

基于 CrossOver 4080 型冲击脉冲式探地雷达设备，笔者对江苏省内典型公路开展测线布置研究。路面基层在受到面层传递的行车荷载、地下水等复杂因素的影响下，容易出现局部不密实或强度不均匀的现象，具体表现为路面结构层间粘结不良、路基脱空及沉陷等病害。而根据调查发现，上述病害主要发生在行车道的轮迹带处。因此，雷达测线的布置应沿着行车道左右侧轮迹带测量，当道路路面状况不良时，测线可进行加密。此外，应在疑似病害区进行横断面补测，直至定位出病害所在垂向位置。

3 检测数据处理技术研究

在探地雷达检测完成后，检测数据往往会受杂波及初始设置等影响，导致原始检测图谱难以被直接使用。本文通过数据处理软件 Reflexw 对数据进行去直流漂移、静校正、图像增益、背景去除、巴特沃斯带通滤波以及滑动平均等一系列滤波步骤处理，这样便于从图谱中提取有效信息，并发现隐性病害。

3.1 去直流漂移

雷达在发射电磁波过程中，半导体元器件受外界条件（温度、湿度变化等）影响，会产生一定的系统误差，即零点漂移。Reflexw 中去直流漂移是通过设置时窗达到去除零点漂移的目的。去直流漂移为探地雷达信号处理过程中的重要步骤，是开展其他滤波处理的基础。

在 Reflexw 中的具体操作是：使用 Processing 中的 1D-Filter，选择 Subtract-2-shift 对雷达图像进行处理，将时窗范围选择三分之二至最后采样点处。如图 1 所示，经去直流漂移后，图像显示无零点漂移信号。

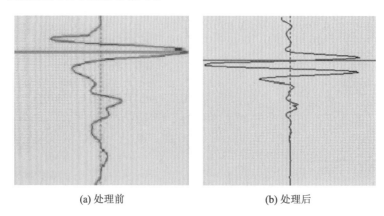

(a) 处理前   (b) 处理后

图1   去直流漂移后波形图对比

3.2   静校正

雷达的发射天线并非紧贴地面，在电磁波发射后，第一道波并非来自路面的反射，而是直接由发射天线经空气到达接收天线，因此，每道波的前一段都是空气信号。Reflexw 中的静校正独立地作用于每个通道，在时间方向上的每条轨迹进行独立于时间的校正，以移除浅部无效信息。静校正适用于发射天线与路面存在一定距离的探地雷达的数据预处理。

在 Reflexw 中的具体操作是：使用 Processing 中的 Static corrections，选择波峰、波谷中的较大值，将直达波的第一个波峰或波谷之前的部分截去。如图 2 所示，经静校正后，图像中空气部分的信号得到有效去除。

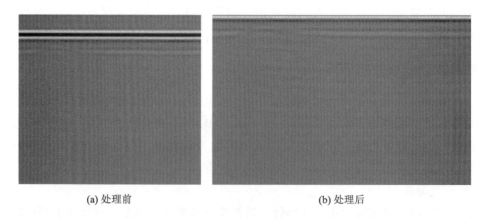

(a) 处理前   (b) 处理后

图2   静校正前后效果对比

3.3   图像增益

雷达波在介质中传播时，其信号强度会随着地面深度的增加而迅速衰减，使深层信号较弱，因此需要对深层信号进行加强处理以方便观察、比较。Reflexw 中的图像增益独立作用于每个通道，在整个剖面上应用时间深度方向的增益曲线，放大深部信号，突出有用信息。图像增益适用于目标深度信号弱、无法有效识别时的探地雷达数据处理。

在 Reflexw 中的具体操作是：选择 Processing 中的 Gain 选项，使用 Energy decay 功能对雷达图像进行处理。图像增益前后的雷达灰度图如图 3 所示。

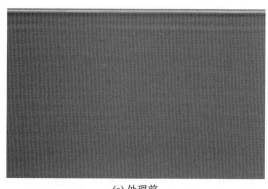 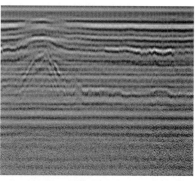

(a) 处理前　　　　　　　　　　　　　　　　　(b) 处理后

图 3　图像增益前后效果对比

3.4　背景去除

雷达图像在同一深度下，水平方向上的信号强度变异很小，难以用肉眼发现其差别，因此需要在水平方向上减去其平均值，突出变异性以方便观察。Reflexw 中的背景去除是滤波器在选定的通道上执行从当前部分选择时间/距离范围构建的平均雷达波的减法。背景去除适用于同一深度不同位置信号强度变异较小、难以识别病害时的探地雷达数据处理。

在 Reflexw 中的具体操作是：选择 Processing 中的 2D-Filter，用 Background removal 对雷达图像进行处理。背景去除前后的雷达灰度图如图 4 所示。

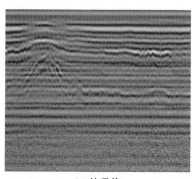 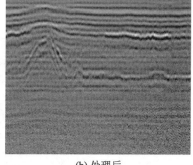

(a) 处理前　　　　　　　　　　　　　　　　　(b) 处理后

图 4　背景去除前后效果对比

3.5　巴特沃斯带通滤波

雷达波的发射频率带宽一般为中心频率的 0.5～1.5 倍，不同频率的电磁波在介质中会存在不同程度的衰减，同时各种环境噪声也会被天线接收，导致接收频率与发射频率不同，使得频域中存在一些无效的频率。Reflexw 中的巴特沃斯带通滤波独立地作用于每个通道，滤波器只能使高频截止频率值和低频截止频率值之间的波通过。巴特沃斯带通滤波适用于外部环境噪声较大时的探地雷达数据处理。

在 Reflexw 中的具体操作是：选择 1D-Filter，用 Band-pass butterworth 对雷达波进行处理，对于中心频率为 1 GHz 的天线，Lower cut-off 和 Upper cut-off 分别取 500 MHz 和 1300 MHz，这样做的目的是去除不需要的低频和高频成分。巴特沃斯带通滤波去除前后的雷达灰度图如图 5 所示。

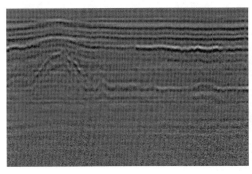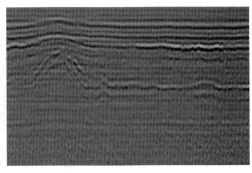

(a) 处理前 　　　　　　　　　　　　　(b) 处理后

图 5　巴特沃斯带通滤波去除前后效果对比

3.6　滑动平均

经过上述处理后的雷达图像基本可以进行识别，为进一步减少噪声与随机干扰，可以将相邻的雷达波取平均，以对图像进行平滑化处理。Reflexw 中的滑动平均滤波作用于选定的通道数，滤波器对每个时间步的可选通道执行一个运行平均值，在多个通道上执行运行平均值。滑动平均适用于背景去除和巴特沃斯带通滤波后的图像进一步处理。

在 Reflexw 中的具体操作是：在 2D-Filter 中选择 Running average 对雷达波进行处理，Average traces 一般选择 3，此值越大，雷达波越平滑，但同时分辨率也会相应降低。滑动平均处理前后的雷达灰度图如图 6 所示。

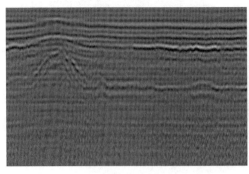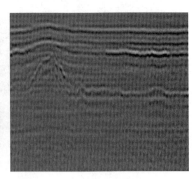

(a) 处理前 　　　　　　　　　　　　　(b) 处理后

图 6　滑动平均处理前后效果对比

4 沥青路面典型病害雷达图谱案例分析

沥青路面隐性病害主要包括层间结构类病害和裂缝类病害。基于 CrossOver 4080 型探地雷达在对溧马高速、宁宿徐高速、淮盐高速以及连徐高速等江苏省多条高速公路检测的过程中积累了大量雷达检测图像，下面对沥青路面典型病害雷达图谱特征进行分析和总结。

4.1 层间结构类病害识别分析

4.1.1 层间粘结不良、脱空

图 7 为溧马高速 K222+750 下行三车道雷达剖面检测图谱，雷达图像中方框处反射强烈，显著区别于周围的层间分界面，表现为层间高亮的条纹并伴随多次反射，据此判断此处有层间粘结不良的现象。在异常特征位置现场开挖取芯验证，证实了面层与基层之间存在明显的局部脱空问题。

图 7　层间粘结不良、脱空

4.1.2 基层松散、碎裂

对网裂路面进行探地雷达检测，如图 8 所示，图中方框处表现为层间界面的突然模糊或中断，伴随有紊乱的同相轴的波动，据此判断此处路面内部层间有松散、碎裂的不良现象。根据图中方框处的异常特征位置，现场开挖取芯验证，证实了基层存在松散现象。

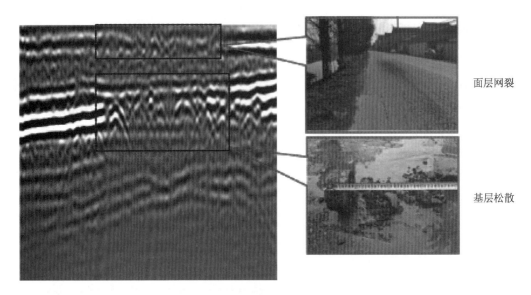

面层网裂

基层松散

图 8　基层松散、碎裂

4.1.3　层间积水

图 9 中雷达图像中方框处反射强烈，表现为极其明显的层间高亮，并伴随明显的频谱变化，据此判断此处基层与面层间脱空并浸水，相比于层间脱空，水对高频电磁波的吸收更明显，因此反射波的低频信号更强。

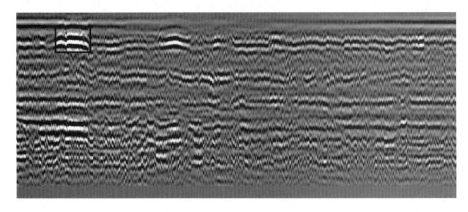

图 9　层间积水处波形图

4.2　裂缝类病害识别分析

4.2.1　浅表裂缝

图 10 的方框处表现为浅层的凸起或断层，据此判断此处具浅表裂缝特征，根据图中方框处的异常特征位置，现场开挖取芯验证，确定了此处于面层内部存在浅表裂缝。

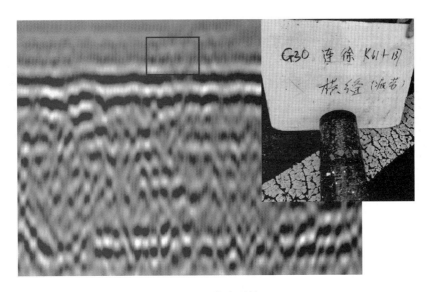

图 10　浅表裂缝

4.2.2　反射裂缝

相比于浅表裂缝，基层反射裂缝较易识别，图 11 所示的雷达图像中，方框处反射强烈，通常表现为一系列从基层开始的向上凸起，据此判断此处为基层反射裂缝。根据图中方框处的异常特征位置，现场开挖取芯验证，证实了此处出现贯穿面层与上基层的反射裂缝。综合大量检测图谱，发现反射裂缝的识别与裂缝宽度有直接关系，若裂缝宽度小于 1 mm，则凸起一般不明显，易发生漏判。

图 11　反射裂缝

4.2.3　管道反射裂缝

管道反射裂缝与路面贯穿裂缝类似，区别在于此类裂缝由埋设的管道所引起。图 12 为淮盐高速某处雷达图谱，其方框处反射强烈，表现为一系列从基层开始的向上凸起，而且裂缝根部发现水平方向较宽的单个半展开伞状凸起。为了明确基层反射裂缝产生的原因，对图中方框处的异常特征位置进行现场开挖验证，经测量观察，确定此处为埋深 0.9 m 的管道。

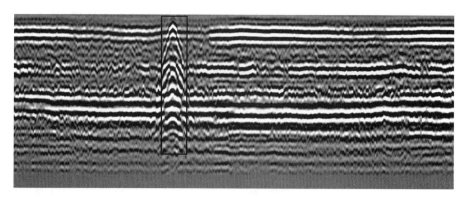

图 12 管道反射裂缝

5 结语

（1）在雷达实际工程检测中，需要根据检测目标位置和检测精度要求合理确定天线的中心频率、检测时窗及分辨率等关键参数，并在疑似病害区进行加密和横断面补测，从而明确病害所在垂向位置。

（2）使用数据处理软件 Reflexw 对原始采集数据进行去直流漂移、静校正、图像增益、背景去除、巴特沃斯带通滤波以及滑动平均等一系列滤波处理，数据处理后得到的雷达图谱能够直观地展示波形，便于识别有效信息。

（3）笔者在使用探地雷达对沥青路面进行检测时，依据其图谱表现出的异常波形特征，对沥青路面隐性病害进行了判定，包括路面层间结构类病害（如层间粘结不良、脱空，基层松散、碎裂，层间积水等）和裂缝类病害（如浅表裂缝、反射裂缝、管道反射裂缝等），并通过取芯验证证实了路面隐性病害识别的准确性，从而表明探地雷达可以有效实现对路面结构内部隐性病害的无损探测。

参考文献

［1］刘大彬. 高速公路半刚性基层沥青路面养护维修方案选择研究［D］. 西安:长安大学,2013.

［2］汤博. 瑞典 MALA 探地雷达在管线探测中的应用［J］. 水科学与工程技术,2015(1):95-96.

［3］李盛巧. 探地雷达在高等级沥青路面损伤检测中的应用［J］. 广东建材,2018,34(11):74-77.

［4］王若俊,严筱. 探地雷达在路面面层厚度检测中的应用［J］. 公路交通科技(应用技术版),2018,14(8):137-140.

［5］丁浩. 探地雷达技术在水利工程检测中的应用［J］. 水利规划与设计,2018(6):148-152.

［6］李嘉,郭成超,王复明,等. 探地雷达应用概述［J］. 地球物理学进展,2007,

22(2):629-637.

[7]银卓.探地雷达在道路检测技术中的应用性研究[D].长沙:长沙理工大学,2015.

[8]杨磊,张志勇,周峰,等.探地雷达在路基勘查中的应用[J].公路,2015,60(5):17-21.

空间缆索体系的张弦梁钢构桥施工技术研究与应用

王 威

（江苏省交通工程集团有限公司）

摘 要 厦门山海健康步道景观提升工程节点六桥梁采用张弦梁和悬索梁桥组成的混合体系结构，由加劲钢箱梁作为上弦，下部设置两根平行的密闭高钒索，中间连以撑杆、吊缆形成整体受力自平衡体系。节点六桥梁结构新颖，跨越仙岳路交通主干道，交通组织压力大；撑杆及缆索为空间结构，定位困难，安装精度要求高，施工难度大。本桥采用"先梁后缆"的施工方法，先安装钢箱梁，再进行撑杆、密闭高钒索、不锈钢吊索安装，最后进行体系转换，形成独具特色的施工技术，为今后类似桥梁施工提供借鉴。

关键词 张弦梁；钢箱梁；桥塔；密闭高钒索；撑杆；不锈钢吊索；体系转换

1 引言

厦门山海健康步道是贯穿厦门岛东西方向的山海步行廊道，路线起于国际邮轮码头，途径狐尾山、仙岳山、园山、薛岭山、虎头山、金山、湖边水库、五缘湾、虎仔山、观音山，终于观音山梦幻沙滩，串联"八山三水"，全长约 22.4 km。步道中七座节点桥梁结构设计新颖，造型美观，是厦门岛中北部重要的生态节点，本工程为节点六桥梁。

2 工程概况

节点六桥梁连接金山与湖边水库，该桥跨越岛内交通要道仙岳路，毗邻湖边水库，在湖边水库侧设置钢结构桥塔。桥梁采用张弦梁和悬索梁桥组成的混合体系结构，由加劲钢箱梁作为上弦，下部设置两根平行的密闭高钒索，中间连以撑杆，形成整体受力自平衡体系，缆索一端锚固在桥面加劲梁上，另一端锚固在桥塔塔柱上。

全桥直线长 83.3 m，总宽 4.4 m，塔高 28 m，加劲梁采用扁平钢箱梁结构，顶板宽 4.4 m，底板宽 1.2 m，梁高 0.7 m，材质为 Q345C。

桥塔高度 28 m，共设 5 层，塔底截面短边宽度 3.94 m，长边 6.85 m，沿桥向长度 5.83 m。塔顶截面短边宽度 9.7 m，长边宽度 17.23 m，沿桥向长度 12.93 m。桥塔塔柱、主梁、次梁采用的材质均为 Q345C 钢板。

本桥主缆采用两根 φ96 mm 密闭高钒索，为国内桥梁上首次使用，其公称抗拉强度不小于 1570 MPa，最小破断力 9300 kN，弹性模量 1.6×10^5 MPa，在安装前应对主缆进行预张拉，以消除拉索的非弹性变形，并测定拉索的弹性模量。

密闭高钒索与钢箱梁之间共设置 13 对撑杆，直径为 φ168×10 mm 钢管，材质为 Q345C，编号 ZC1-ZC13；2 对 φ50 mm 不锈钢吊索，编号 ZC14-ZC15。撑杆及吊索间距均为 5.2 m。节点六桥梁总体布置见图 1，横断面结构布置见图 2。

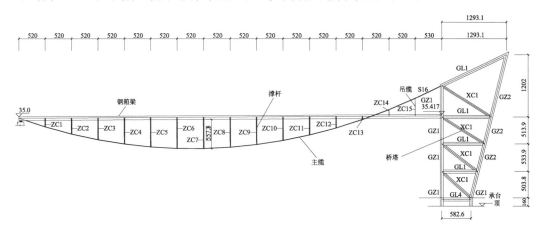

图 1 节点六桥梁总体布置

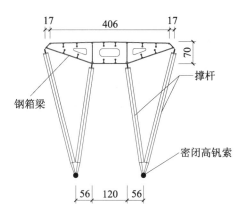

图 2 节点六桥梁横断面结构布置

3 总体施工方案及施工难点

3.1 总体施工方案

本工程采用"先梁后缆"的施工方法，先搭设钢管临时支墩，分节段吊装钢箱梁 A—F，安装桥塔，待钢箱梁节段焊缝施工形成整体后，再安装 ZC1-ZC13 撑杆、两根

ϕ96 mm 密闭高钒索和 ZC14-ZC15 不锈钢吊索，最后张拉两根密闭高钒索，体系转换成桥。

3.2　施工难点

（1）本桥梁跨越厦门岛内仙岳路主干道，交通流量大，钢箱梁和缆索安装均属于高空作业，安全风险大，交通组织压力大。

（2）湖边水库侧桥塔高 28 m，塔底截面尺寸为 3.94 m×6.85 m×5.83 m（短边×长边×沿桥向长度），塔顶截面尺寸为 9.7 m×17.23 m×12.93 m（短边×长边×沿桥向长度），断面类似于梯形，联系杆件多，且采用销接，安装难度高。另外施工场地受限，空间狭小，桥塔片架尺寸大，安装难度很大。

（3）节点六桥梁为非对称空间缆索体系结构，非线性影响很大，成桥结构线形、构件无应力长度的计算，结构施工定位、监测难度大。

撑杆及缆索为空间异型结构，安装精度要求高，索夹安装的位置与偏角将对主缆的线形、内力产生很大的影响，且在高空作业，空间定位十分困难，直接影响桥梁体系转换的成败。

4　张弦梁桥施工技术

4.1　钢箱梁安装

钢管支墩设在仙岳路中央绿化带及两侧辅路上，以减少钢管支墩对仙岳路交通的影响。钢管支架设置 ZD-1#—ZD-5#，共 5 个，高度为 4~15 m，从下往上分别为：扩大基础、609 mm 钢管柱、贝雷梁组、安全护栏、密闭高钒索、不锈钢撑杆、20 H 钢、40 工字钢、临时支墩。

其中贝雷梁组既可作为挂索和撑杆安装平台，又可作为安全平台，防止高空坠物影响车辆通行安全。

工程地质为残积砂质黏性土、全风化花岗岩、散体状强风化花岗岩。

钢管支墩总体布置图见图3，钢管支墩断面图见图4。

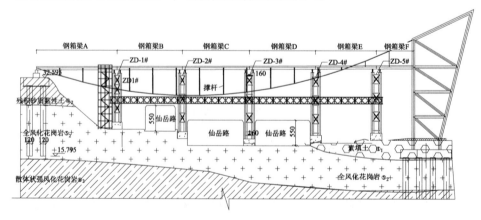

图3　钢管支墩总体布置图

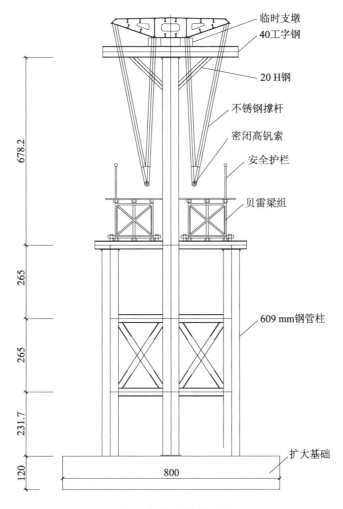

图 4　钢管支墩断面图

　　根据交通组织方案，钢管支墩和钢箱梁只能在每天 0：00—5：00 这一时间段内进行吊装。届时请交警在该施工期间管制交通。现场布设交通引导标志标牌、爆闪灯、水马、防撞桶等安全警示设施。

　　钢管支墩采用 1 台 QAY130 型汽车吊进行安装，待钢管支架安装完毕后，再安装321 贝雷梁，复测钢管支架轴线位置、高程，确认无误后，进行钢箱梁吊装。

　　钢箱梁共分 6 个节段进行吊装，编号为钢箱梁 A—F。采用 1 台 QAY260 型汽车吊进行安装，安装顺序为从金山侧向桥塔侧依次安装。其中最大吊装工况为 A 节段重 41 t，最大吊装半径 14.5 m，查阅 QAY260 性能表，当采用臂长 31.4 m、半径 16 m 工况时，吊车起重量为 48.6 t＞41+1＝42 t，满足使用要求。

　　经过计算，选用型号为 6×37+FC，直径为 ϕ32 mm，抗拉强度为 1670 N/mm^2 的钢丝绳。采用四点法进行吊装，吊耳位置应设置在隔板或腹板位置，若受尺寸限制无法设置在上述位置，则吊耳位置下方应做加强处理。

汽车吊吊臂回转至安装位置上空，主臂停止回转，梁段通过钢丝绳稳定，施工人员指挥梁段缓慢落下，当梁段与钢管支架接触后，让吊车维持 60% 的受力状态并保持稳定，测量工程师测量梁段位置，位置若有偏差则让吊车将梁段吊离约 10 mm，通过钢丝绳、撬杠等工具调整梁段位置后，梁段再次下落并测量，反复调整至要求位置后，梁段正式落位并做临时固定，落位时梁段采用砂筒做四点支撑，并采用码板与相邻梁段临时焊接固定，待梁段放置稳定后，吊车落索。

4.2 桥塔安装

由于桥塔单面尺寸太大，交通无法运输，故在厂内按照塔柱、主梁、次梁、斜撑等部件分构件制作，分为 72 根 5~13 m 长的管件，运输至现场，拼装成两片桥塔，分别吊装定位后，安装两片间横梁。桥塔拼装平面布置见图 5。

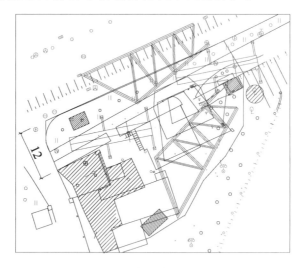

图 5　桥塔拼装平面布置

单片桥塔重 57.9 t，采用 1 台 QAY350 和 1 台 130 t 汽车吊进行安装，选用型号为 6×37+FC，ϕ32 mm 的钢丝绳。用 QAY350 汽车吊将单片桥塔端部起吊，缓缓抬升至一定高度，由 130 t 汽车吊抬起尾部缓缓向前，直至整片桥塔竖立；汽车吊脱钩，由 QAY350 汽车吊将单片桥塔吊装到位，靠住临时支撑，调整单片桥塔的定位及标高，将单片桥塔固定于底部预埋及临时支撑后，汽车吊松钩；采用同样的施工方法将另一片桥塔吊装到位。然后安装两片桥塔之间的横梁及斜撑。桥塔安装现场如图 6 所示。

图6　桥塔安装现场

4.3　撑杆及缆索安装

4.3.1　撑杆安装

本工程缆索属于空间异形结构，空间定位精度要求高，撑杆的安装定位将直接影响缆索定位的精度，而每对撑杆与钢箱梁的角度均不同，施工难度大。因此须重点控制撑杆的安装精度。

采用在钢构生产厂家内对撑杆和钢箱梁进行预拼装，然后对撑杆位置进行定位的方法，可以有效减少现场进行撑杆安装定位的调整时间、降低调整难度。

（1）撑杆精确定位、预拼装

在加工厂内，钢箱梁加工胎架需进行反向设计，即钢箱梁顶板在下，钢箱梁底板在上，便于撑杆精确定位。钢箱梁与撑杆结构图见图7。

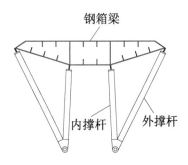

图7　钢箱梁与撑杆结构图

采用全站仪在钢箱梁底部测放出耳板位置。撑杆与耳板销接后，整体吊拼至耳板测放位置，全站仪测量复核撑杆空间位置。撑杆空间位置符合要求后，将耳板与钢箱梁底部局部焊接。局部焊接稳固后，拆卸撑杆，进场耳板侧板焊接。全部耳板及侧板焊接安装完成后，进行耳板侧板焊缝探伤检测，检测合格后，及时进行耳板及侧板防腐。

（2）撑杆现场精确定位、拼装

钢箱梁定位安装完成后，撑杆运至现场进行安装。撑杆在现场与索夹组拼完成后，采用25 t汽车吊起吊，人员站在登高设备上操作作业。在撑杆上，绑扎吊带，采用3 t手拉葫芦使得外撑杆上的叉耳能比较顺利地进入外侧的耳板。外撑杆上的叉耳进入耳板后，插入销轴。内撑杆再通过3 t手拉葫芦旋转，使内撑杆上的叉耳进入内侧的耳板，插入销轴销接。

（3）索夹安装

根据监控单位提供的索夹定位表，提前在主缆上标示出各个索夹的位置及偏角，贴上反光贴，主缆安装就位后，采用全站仪复核索夹的空间坐标位置，确认无误后，再进行索夹安装。

（4）撑杆无法安装时的解决措施

耳板与撑杆叉耳间隙仅有5 mm，撑杆定位安装对耳板安装精度要求在1°以内，耳板的变形偏差超过1°会使撑杆无法顺利安装。

现场钢箱梁安装过程中，梁体自身的热胀冷缩和安装误差因素可能导致撑杆无法安装。对于无法顺利安装或者索夹定位偏差较大的撑杆，采取角磨机割取耳板，耳板与撑杆销接为整体后再吊装的方法，吊装就位过程中，全站仪对索夹空间位置进行跟踪定位测量，确保索夹的空间坐标的准确性。

4.3.2　缆索安装

（1）展索

两根ϕ96 mm密闭高钒索在桥面上进行展索，每隔2~3 m在下面设置捆绑式展索小车和展索托辊，避免主缆索与桥面摩擦损坏，且在展索过程中派专人跟踪检查，随时调整展索小车的前进方向和间距，保证主缆索表面不与桥面接触。

（2）索头锚具安装

索头锚具安装见图8。桥塔端索头结构为叉耳式不可调节锚具，桥台侧索头为螺杆式可调节锚具。

图8　索头锚具安装

主缆全部展开后，采用 1 台 25 t 汽车吊和 2 个 3 t 手拉葫芦先进行桥塔侧锚具安装，再进行桥台侧锚固端安装，安装完成后，把主缆锚具螺杆调节至设计要求状态"±0"。

（3）撑杆位置缆索安装

主缆两端锚固后采用汽车吊将主缆抬下桥面，在贝雷平台进行撑杆位置缆索安装，局部位置辅以登高车设备。缆索安装时，拆下撑杆索夹的下半圆索夹，检查索夹在主缆上的安装标记位置线，画出索夹的安装位置长度，对准后，合上索夹，拧上螺栓。采用扭力扳手紧固至设计值，确保每个螺栓的紧固力都达到设计要求。

（4）不锈钢吊索安装

撑杆索夹安装完毕后，采用登高车进行不锈钢吊索安装，安装时索夹安装位置及紧固措施与撑杆位置缆索安装相同。

5　体系转换

主缆张拉采用两幅双端同步分四级进行张拉的方案，左右两幅主缆在桥台侧、桥塔端共设置四组张拉工装设备。张拉工装结构见图 9。

图 9　张拉工装结构

根据监测单位上海同济检测技术有限公司提供的张拉指令进行分级张拉，张拉完成后桥梁中部会拱起 9.6 cm，实际拱起 8.5 cm，符合设计要求。

张拉过程中，每级张拉完成后，需对张拉力和引伸量进行双控对比。

结构应力是结构受力状况最直接的反应，采用磁通量传感器监测主缆内力，采用表贴式应变计监测主梁内力，采用索力动测仪监测不锈钢吊索内力。同时，监控单位全程对桥梁的线形、标高进行测量，并且注意控制两根主缆的相对误差，确保桥梁成桥后受力均匀，线型满足设计要求。

6　结语

为保证节点六桥梁工程在运营过程中的安全可靠，检验桥梁结构的承载能力及其工作状况是否满足使用要求，委托厦门合诚工程检测有限公司对该桥进行静载试验、动载试验。根据《城市桥梁检测与评定技术规范》（CJJ/T 233—2015）判定，该桥的结构刚度及强度满足设计人群荷载承载能力要求。节点六桥梁成桥见图 10。

图 10　节点六桥梁成桥

建议：

（1）采用 BIM 精确建立整体模型，在后场预拼装时以胎架上的钢箱梁为基准建立局部坐标系，精确放样耳板位置。

（2）索夹安装位置应考虑缆索自重垂度影响、撑杆与主缆固定位置将随着主缆的伸长而产生位移、桥塔桁架变形等综合因素，提前设置预偏量。

参考文献

［1］孟超，辛克贵，张崇厚，等．人行景观悬索桥结构的设计与研究[J].工业建筑,2007(11):97-98,103.

［2］满洪高，李君君，赵方刚．桥梁施工临时结构工程技术[M].北京：人民交通出版社,2012.

［3］施工技术杂志社．建筑钢结构施工新技术[M].北京：中国建筑工业出版社,2009.

［4］张永清．起重运输与吊装技术[M].北京：化学工业出版社,2016.

［5］陈建华．桥梁缆索吊装施工组织与示例[M].哈尔滨：哈尔滨地图出版社,2007.

旧水泥路面改造沥青路面多种技术方案的
应用研究探讨

王玉蓉

（句容市公路事业发展中心）

摘　要　本文依托句容地区对旧水泥路面改造沥青路面的多种技术方案的应用，通过对主要技术方案的分类总结，分析了直接加铺法、碎石化法和挖弃法三种方案的特点与适用范围，以期为其他旧混凝土路面的改造工程提供借鉴与参考。

关键词　旧水泥路面；改造；沥青路面；技术方案；探讨

1　引言

由于沥青路面具有行驶舒适性好、噪音小、改造和日常维修方便、路容美观等多种优点，为了提高群众的交通出行质量，将水泥路面改造成沥青路面是未来发展的趋势。近十年，句容在旧水泥路面改造沥青路面的过程中应用了多种技术方案，这些方案在适用性与经济性上各有优缺点，本文通过对比分析，总结了直接加铺法、碎石化法和挖弃法三种方案的特点与适用范围，希望对今后相似路面的改造工程有所帮助。

2　常用技术方案的分类与特点

我国现阶段水泥路面改造沥青路面常用的方法主要有：① 直接加铺法；② 碎石化法；③ 挖弃法。

2.1　直接加铺法

对于路面平整度良好，病害较少，基层、面层结构完好，强度满足要求的路段，在保留原路面结构的基础上，对道路病害做修复处理后直接加铺沥青混凝土面层，即将原水泥混凝土路面面层作为改建沥青混凝土路面的基层，充分利用旧水泥混凝土路面较强的承载力，并缩短工期，降低工程造价。在旧水泥混凝土路面上加铺沥青层可以充分利用旧路资源，具有施工快速方便、对交通和环境影响小等优点，被广泛用于旧水泥混凝土路面的改造工程中。

由于旧水泥面板上接缝的存在，在车辆垂直荷载和温度变化的水平荷载作用下，接缝会反射到沥青面层，形成沥青路面的反射裂缝，严重破坏路面结构的整体性和连续性，削弱路面结构强度。尤其是浸入的雨水或雪水导致基层松散，在行车荷载的反复作用下，产生冲刷和唧泥现象，导致裂缝两侧的沥青路面破碎，加速沥青路面的破坏，严重影响公路使用质量和沥青面层使用效果与寿命。反射裂缝的防治是水泥混凝土路面加铺改造的关键，为了预防和减缓反射裂缝产生，实际工程中常常铺设不同的路层，按其在预防反射裂缝时的作用原理主要分为应力吸收层和补强、隔离层。

2.1.1 应力吸收层

应力吸收层可使温度作用下的接缝伸缩及车辆荷载作用下相邻板边的竖向位移被大变形率的材料所吸收，或是减小板接缝或裂缝处各个方向相对运动时产生的应力，减小裂缝处沥青面层的受力，从而减少或消除沥青路面反射裂缝。此外，部分应力吸收层还具有防水作用。常用的应力吸收层主要包括：① 橡胶沥青应力吸收层，是由橡胶沥青和一定级配的碎石材料分层撒布而成的一种柔性防裂层，厚度为 1 cm 左右。其粘结性强，具有良好的抗变形性能，可以吸收水泥路面接缝或半刚性基层裂缝处的竖向或横向位移，减少裂缝处沥青面层的受力，从而减少或消除沥青路面反射裂缝。② 高分子抗裂贴，由沥青基的高分子聚合物、高强抗拉胎基、耐高温且与沥青相容的高强织物复合而成，是具有自粘性的层间抗裂、防水材料，能够有效地延缓与防治反射裂缝。③ 自粘聚酯玻纤布，是由玻璃纤维和聚酯纤维复合而成的高性能路面裂缝处理材料，其独特结构综合了聚酯纤维的柔韧性和玻璃纤维的强度，它通过吸收沥青材料形成一个有效的结构防水层，该防水层与沥青混合料层复合后可明显提高后者的低温抗裂、抗疲劳、抗反射性能，起到分散应力和防水的作用，有效提高面层的抗疲劳性能，减缓裂缝扩张和延缓反射裂纹的产生，从而延长路面的使用寿命。

2.1.2 补强、隔离层

为了降低旧水泥面板接缝及裂缝产生应力集中对沥青罩面的影响，道路交通量很大时，可以在旧水泥路面上加铺一层半刚性基层补强材料，或铺设大粒径开级配沥青碎石、级配碎石来削弱拉应力、应变的传递能力，起到隔离作用；半刚性基层能有效提高整体路面的强度，但其本身也存在温缩、干缩特性，容易出现早期开裂。大粒径开级配沥青碎石和级配碎石能有效阻止、延缓反射裂缝的产生和扩展，并能及时排出路面内积水，但对碎石的级配及施工工艺都有着非常高的要求，目前使用技术还不够成熟。

直接加铺的方式对于旧路面病害的修复处治要求严格，主要包括裂缝修复、破碎板更换、错台铣刨、脱空板压浆、接缝清理灌注等几个方面的工作。相关研究表明，水泥混凝土路面板板底脱空是造成加铺层开裂的最主要因素，因此消除板底脱空是解决反射裂缝问题的最佳手段。一般对于旧水泥路面板端实测弯沉值大于等于 20（单位：0.001 mm），一些高速公路为 14（单位：0.001 mm）的都视为脱空板，必须经过灌浆处治。

2.2 碎石化法

对于水泥混凝土板破坏严重、路面板强度较低的情况，如出现大量错台，边角破坏，路面破坏等级在中等以下，断板率超过 25%，不受路面标高限制或路段为非村庄路段，可采用碎石化处理。碎石化技术就是利用特殊的施工机械（如多锤头水泥混凝土路面破碎机），将原有的旧水泥混凝土路面彻底打碎，从而减少混凝土板的有效尺寸，充分降低水泥混凝土板接缝、裂缝处在荷载、温度、湿度变化时的位移，有效地防止反射裂缝的发生。打碎的水泥混凝土面板经压实后可直接作为基层或底层基层，再加铺新的面层。破碎后的水泥路面粒径自上而下逐渐增大（7.5~37.5 cm），上部小颗粒经压实后形成平整表面，易于摊铺，中下部颗粒之间形成铰合嵌挤结构，碎石化层的模量大约是普通级配碎石基层的三倍，形成了坚实的粒料基层。但由于碎石化法降低了原路面的强度，因此需要通过增加基层补强或加厚沥青面层（厚度不小于 15 cm）的方法来提高路面整体的强度。

由于碎石化技术施工会产生较大的噪音和振动，对旧路面上的结构物及周边的建筑物会产生一定的影响，所以，在下列情况下不建议使用该技术：① 旧路改建中遇到的挡墙、桥涵等不足以承受设备荷载；② 公路附近有敏感建筑物或设备，不能经受机械引起的地面振动；③ 路面以上受净空限制，不容许加铺新路面。

2.3 挖弃法

当混凝土面板存在大面积破损、断裂、脱空及沉陷等严重病害，且旧水泥路面和基层修补后强度仍不能满足新建公路设计要求，或者受路面标高限制时，可采用挖弃法处理旧水泥面板。根据原基层破损状况进行补强处理或挖除重建后再加铺沥青混凝土面层，一般基层破损量小于 25% 时，采取修补基层的方案；基层破损量大于 25% 时，采取水泥就地再生老路基层的方案，然后再加铺一层水稳补强层，最后加铺新沥青面层。此种方法的优点是能够彻底消除旧水泥面板及基层存在的病害隐患，改造后路面的质量有保证，破除的旧水泥板块可用于砌筑浆砌防护、排水设施；缺点是工程量大、费用较高，施工周期长，交通干扰大。

三种改造技术方案的特点与适用范围见表 1。

表 1 三种改造技术方案的特点与适用范围

改造技术	适用路面	造价	优点	缺点
直接加铺法	旧路面损坏状况和接缝传荷能力评定等级为优良，旧混凝土板强度高，路面允许抬高 7 cm 以上	低	充分利用了旧水泥混凝土板的强度，施工速度快、便捷	对旧水泥路面路况要求高；旧路病害处治要求高；对沥青加铺厚度与材料有一定要求；若裂缝的防治措施不到位，易出现反射裂缝
碎石化法	路面破损严重，路面板强度较低，无软基的旧路改造	较高	破碎后强度分布均匀，可消除板底脱空、消除反射裂缝，施工速度快	对周围建筑物有一定影响
挖弃法	路面破损严重，且路面标高无法抬高	高	旧路病害处理最为彻底	施工速度慢，对交通影响大，废弃混凝土板需要集中处理，对环境影响大，造价高

3　改造方案的选择

设计改造方案的目的在于提供技术先进、经济合理、安全可靠、经久耐用的路面结构，使之在预定的设计年限内，在行车荷载和环境因素的作用下，具有符合使用要求的功能。为了达到这一目的，设计人员应综合考虑以下设计原则。

3.1　重视旧路调查是改造方案选择的基础

旧路调查是改造方案选择的基础。旧水泥路面改造之前，应先对工程项目进行详细的调查和资料收集，主要包括公路修建和养护技术资料、路面损坏状况、路面结构强度、交通荷载、环境条件等，并判定现有路面病害的主要类型及成因，对加铺设计提出具有针对性的处理意见。

3.2　充分利用旧路

在保证工程质量的前提下应尽可能充分利用原有路面的残余承载能力，降低工程量、缩短工期、节约成本，减少废弃物堆积、减少对环境的影响。

3.3　技术成熟、方案可行

采用的改造方案应该技术过硬，施工工艺简单有效，便于工程质量控制。不可过分追求新技术、新材料而忽视安全性、经济性。

3.4　结构安全可靠

结构方案设计应能充分满足预期交通量需求和服务水平要求，选取充分适应当地气候条件、经久耐用、安全可靠的结构方案。

3.5　因地制宜、合理选材

结合当地的气候、地域、材料资源等条件，设计经济合理、资源节约、取材便利、成熟可靠的技术方案，降低项目成本。

4　改造方案工程应用实例

4.1　直接加铺应用实例

4.1.1　橡胶应力吸收层与抗裂贴的应用

2010 年 G104 镇江市句容段路面大中修工程应用该方案，具体位置在 K1162+862—K1168+150，始建于 1992 年，路段全长 5.3 km，路面宽度 9～15 m，为水泥混凝土路面，老路路面结构、技术状况优良，断板率为 1.37%。改造方案为对水泥砼病害进行处理后，用玻纤高聚物抗裂贴（宽 32～48 cm）粘贴所有接缝，再加铺 6 cm AC-20 沥青砼+4 cm AC-13 沥青砼上面层。通车近 12 年，除近几年因一商品混凝土搅拌站重载运料车途经起点 800 m，路面出现翻浆、车辙、沉陷等病害外，其他路段整体路况良好，路面平整，虽改造 5 年后在水泥板块接缝处产生了细小的网状裂纹，但后来基本没有扩大。说明抗裂贴在一定期限内能够很好地实现防治反射裂缝的目标。

2019 年句容市华阳东西南北路改造项目再次应用该方案，增加了 1 cm 橡胶沥青应力吸收层，华阳东西南北路是句容的市内交通主干道，始建于 1988 年，承担东、西、南、北四向进入句容市的主要交通流量，随着句容市经济的快速发展，对城市整体形象的要求也在不断提高，在此背景下华阳路路面改造迫在眉睫。改造路段全长 4.8 km，水泥混凝土路面宽 20 m，断板率 4.72%，弯沉检测脱空板 22 块，路面损坏状况指数 86.89。改造方案为修复原有混凝土路面后，在水泥混凝土板块的各种缝隙处（包括缩缝、施工缝、板块裂缝等）板面均铺设 50 cm 宽玻纤高聚物抗裂贴，铺设 1 cm 橡胶沥青应力吸收层+6 cm SUP-20 改性沥青混凝土+4 cm SMA-13 改性沥青混凝土。在选择沥青路面表面层的材料时，考虑到其结构强度、表面功能和总的成本效益，采用 SMA 沥青玛蹄脂碎石。该项目 2019 年 9 月施工完成，2020 年 6 月通过 CICS 路况检测车对完工后路面平整度的检测，沥青路面平整，没有产生反射裂缝，路面行驶质量指数（RQI）为 98.9，行驶质量属"优"。2022 年 3 月竣工验收，参与验收各方均认为这段路的设计和施工是成功的，改造效果显著，提升了市容市貌，取得了良好的经济效益和社会效益。

4.1.2 水泥稳定碎石补强、隔离层的应用

2011 年在 S340 省道句容段水泥路面大修改造项目中应用该方案，该段建于 1992 年，路基宽 15 m，路面宽 12 m，长 14.9 km，双车道二级公路。老路路面结构为 24 cm 水泥砼+封层+15 cm 二灰碎石+20 cm 10%石灰土。随着道路服务年限的增长，路面相继出现了各种不同程度的病害，如纵横斜向裂缝、角隅断裂、沉陷、接缝碎裂、填缝料损坏、断裂板、唧泥、错台、露骨、纹裂等，导致路面服务能力下降，急需进行"白改黑"，恢复路面使用质量，确保干线公路行驶舒适。对老路面使用状况的调查与综合评定显示，旧混凝土面层的结构损坏状况和接缝传荷能力均为良，断板率为 6.58%，交通量等级为重。为减缓反射裂缝的产生，考虑加铺一层水泥稳定碎石。加铺水泥稳定碎石层，既可以解决道路路面结构承载力不足的问题，也可以解决反射裂缝影响的问题。改造方案为按《公路水泥混凝土路面养护技术规范》（JTJ 073.1—2001）对水泥砼病害进行处理后，加铺 18 cm 水泥稳定碎石+5 cm 中粒式沥青砼（AC-16）+4 cm 细粒式沥青砼（AC-13）。该项目 2011 年 11 月施工完成，运营两年后，由于该路重载车辆较多，路面出现了车辙，2016 年对 5.7 km 的单车道进行了车辙专项维修。经过多年的运营，路面相继出现了不同程度的病害，典型病害为龟裂、纵横向裂缝，龟裂发展较为严重并伴随沉陷现象，横向裂缝大多贯穿全幅路面，严重影响行车舒适性。为准确分析典型病害成因，2020 年 8 月，相关研究人员对典型病害处进行了钻芯取样，共计取芯 51 处，通过芯样可以看出：① 芯样面层和基层开裂严重，裂缝自下向上发展，结合现场情况判断横向裂缝为基层反射裂缝，产生原因主要有两个方面，一方面，在半刚性基层水泥稳定碎石形成过程中，因基层材料失水收缩而形成规则的横向裂缝；另一方面，水泥混凝土下基层材料开裂及板块接缝反射到面层上形成横向裂缝。② 路面纵向裂缝主要分布于行车道轮迹带，纵向裂缝主要为荷载作用下产生的疲劳裂缝，面层材料抗剪强度不足，行车荷载在面层产生的剪应力超过面层极限抗剪强度时，面层表面开裂，逐渐向下发展，水分下渗后冲刷基层，导致基层强度降低进而产生基层

裂缝。③ 龟裂病害的主要成因一是病害加剧，随着纵、横向裂缝的不断发展，裂缝位置未及时灌缝处理，雨水浸入路面无法排出，滞留在混合料内部，在动水压力和行车荷载的作用下，逐步松散形成龟裂；二是沥青老化严重。

通过该项目可以看出，修补处治旧砼路面时，加铺层如何控制反射裂缝是旧水泥砼路面加铺沥青路面改造的关键，水泥稳定碎石补强、隔离层减缓反射裂缝产生的效果欠佳。

4.2 碎石化法应用实例

2013 年 X206 边白线大修改造工程应用该方案。X206 全长 9.194 km，水泥混凝土路面，路面宽 6 m，路基宽 7 m。路面结构均为 18 cm 水泥砼+20 cm 泥结碎石。水泥板块为 3.0 m×4.0 m。由于有大量砂石运输车辆通行，路面破坏十分严重，通过全线路况调查发现，水泥砼路面破坏形式有断板、错台、角隅断裂、坑洞、沉陷等。路面状况指数（PCI）值 65，断板率（DBL）26%，根据《公路水泥混凝土路面养护技术规范》中的水泥路面破损评价标准，该路破损等级为差。采用碎石化技术，用多锤头破碎机将水泥板块破碎成砼碎块，碎块自上而下逐渐增大，上部小颗粒经压实后形成平整表面，下部大颗粒之间形成嵌挤结构。锤头的冲击增加了路基的密实度，使碎块与其下的基础稳固成一体，基本消除了反射裂缝的温度应力，同时提高了基础的整体强度，形成一个均匀的基层，采用水稳碎石进行调平处理，平均调平厚度为 16 cm，再加一层 16 cm 水稳碎石，然后撒铺透层，摊铺 9 cm 沥青混凝土，具体方案如下：原水泥路面碎石化+32 cm 水稳碎石+乳化沥青封层及透层+5.5 cm AC-20C+3.5 cm AC-13C；对街镇路段及路肩外 5 m 范围内有建筑物的路段进行开挖处理，按新建道路处理，新路面结构为 20 cm 10%灰土底基层+16 cm 水稳碎石+16 cm 水稳碎石+5.5 cmAC-20C 沥青砼+3.5 cm AC-13C 沥青砼。该路于 2013 年 10 月施工，两个月完工。运营 8 年多，路面未出现严重病害，节约了养护资金。2021 年年底委托专业检测机构进行县道路面技术状况检测评定，该路技术状况优良路率 100%，PCI 值 95.54，RQI 值 95.01。此工程的路面改造方案高度符合老路实际情况，结构设计合理，技术可行，为该地区农村公路混凝土路面的改造提供了参考方案。

4.3 挖弃法应用实例

2020 年句容老宁杭路改造项目应用该方案，宁杭路（文昌中路—北大街）全长约1.24 km，该段原为 9 m 宽的水泥混凝土路面，路面结构为 22 cm 水泥混凝土板+8 cm 泥结碎石+4 cm 沥青碎石+16 cm 泥灰结碎石，降为地方城市道路，在两边各增设 5.5 m 宽的沥青路面用于非机动车道，路面全宽 20 m，行车道为双向两车道，道路等级为城市支路。由于交通量的增加，路面横断面需调整为 2 m 非机动车道+3.5 m×4 机动车道+2 m 非机动车道。通过老路技术状况调查，沥青路面技术状况良好，病害以纵横向裂缝、龟裂、坑槽为主；混凝土路面破损较为严重，病害主要为错台和断板，其中16%的板块错台量大于 8 mm，错台量大于 8 mm 时，需更换旧板，PCI 值 54.2，行驶质量指数 2.36，评价等级为差。鉴于旧水泥路面破损严重，原路面结构层薄弱，该路又承担过境交通，因此需采用碎石化 IF 或挖除旧水泥混凝土面板，重新铺筑路面结构层。考虑到道路一侧为商住楼，纵断面标高仅允许抬高 5 cm，因碎石化方案路面需抬高 26 cm（16 cm 水稳补强层+10 cm 沥青面层），经比选决定挖除旧水泥混凝土面板，再用水稳碎石修补基层病害，再铺筑 16 cm 水泥稳定碎石+6 cm SUP-20 改性沥青混凝土下面层+4 cm SMA-13 改性沥青混凝土上面层，路面抬高 4 cm。沥青路面病害修补后，加铺 4 cm SMA-13 改性沥青混凝土，全断面整体加高 4 cm。拆除的旧水泥板块运往附近的项目用于浆砌防护和排水设施建设，充分利用了老路原有资源。该项目 2020 年11 月施工完成，运营 1 年多，路面改造后未出现明显病害，相较原来的水泥混凝土路面，沥青路面整洁美观，行车平稳舒适，交通噪音和灰尘少，提供了更加安全通畅的出行环境。

5 结语

旧水泥混凝土路面改造不同于新建道路设计，必须建立在充分调查分析原道路基本状况的基础上，综合考虑各项因素，遵循相关原则进行合理设计。对于不同的路面损坏状况，应选用与之相适应的改造方案。在实践中发现，橡胶应力吸收层与抗裂贴的联合应用能有效延缓加铺层反射裂缝的产生；碎石化改造技术既能利用旧路强度，也能有效消除反射裂缝，但碎石化方案不适合城市道路，可在农村公路水泥路面改造项目中推广使用。

参考文献

［1］朱玉.旧水泥混凝土路面薄层沥青混凝土加铺技术研究［D］.南京:东南大学,2010.

［2］文健康.旧水泥路面改造为沥青路面主要加铺方式的总结分析［J］.公路交通科技(应用技术版),2014,10(12):76-79.

［3］中华人民共和国交通运输部.公路水泥混凝土路面设计规范:JTG D40—2011［S］.北京:人民交通出版社,2011.

［4］江苏省交通厅公路局,水泥混凝土路面技术委员会.公路水泥混凝土路面养护技术规范:JTJ 073.1—2001［S］.北京:人民交通出版社,2001.

［5］交通部公路科学研究所.公路沥青路面施工技术规范:JTG F40—2004［S］.北京:人民交通出版社,2004.

［6］王松根,等.旧水泥混凝土路面碎石化应用技术指南［M］.北京:人民交通出版社,2007.

［7］交通部公路科学研究院,北京新桥技术发展有限公司.水泥混凝土路面再生利用结构设计与施工工艺指南［M］.北京:人民交通出版社,2008.

浮拖法施工技术在云阳大桥施工中的运用

肖宏宇

（丹阳市交通运输局）

摘　要　新建云阳大桥因航道通航不能长时间封航，无法采用水中支架法施工，且该桥地处中心城区，大型起重船难以吊装作业。经方案比选，最终采用浮拖法分幅拖拉过河的施工方案。该技术施工中要解决驳船水上受力稳定、系杆拱桥结构横向偏位等问题。经过前期反复计算论证和现场实际应用，最终该项技术得到成功应用。

关键词　浮拖法施工；钢梁滑移拖拽系统；浮拖系统；跨河施工

1　工程概况

1.1　项目概况

苏南运河丹阳市区段Ⅳ改Ⅲ航道整治要求新建云阳大桥，位于丹阳市中心城区最重要的主干路——云阳路上，跨越京杭运河。云阳桥主桥为斜靠拱式系杆拱，长 110 m，引桥为跨径 30 m 的预应力混凝土连续箱梁，上部结构跨径为 3×30 m+4×30 m+110 m+4×30 m，桥跨总长为 440 m。

1.2　主桥整体结构概况

主桥上部采用斜靠拱式系杆拱结构，主桥长为 110 m，计算跨径为 108 m。主拱之间不设置风撑，为了结构美观，斜拱设置拱腿延伸至地面。

主桥钢结构主要包括主拱、斜拱及其之间的拱肋横梁、桥面横纵梁结构体系，且在主拱和斜拱上均设吊杆，吊杆均采用平行高强钢丝成品索。主桥斜系梁中心线之间全宽为 46.5 m，在主桥外侧设置 0~5 m 宽的观景平台。

拱肋在桥面以上高度为 23 m，主拱与斜拱之间的夹角为 19.406°，主拱与斜拱之间的横梁平面投影间距为 6 m，系杆与桥面横梁的间距均为 3 m。主桥结构见图 1。

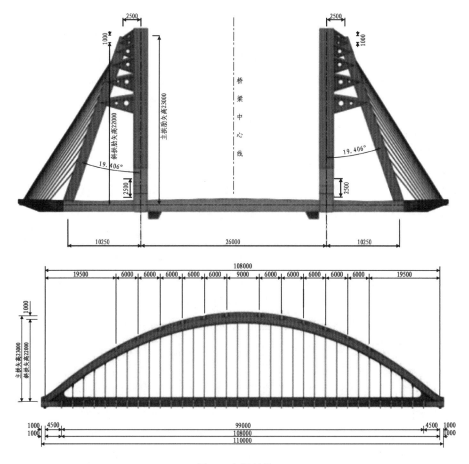

图 1　主桥结构

2　钢梁拖拽安装技术

2.1　拖拽安装概述

　　云阳大桥横跨京杭运河（苏南运河），首先，在运河东岸设置拼装平台，架设拖拽轨道，完成钢桥的拼装；然后，采用 2 台 LSD200-300 的 200 t 连续液压千斤顶进行拖拽，使钢桥拖拽滑移前行至浮船贝雷架上，通过浮托体系向前移动就位。浮托拖拽法安装设施主要由平台支撑及拖拽装置、水上浮托、方向控制和安装落梁等系统组成。

2.2　浮托系统施工

　　本工程浮托系统由浮船、浮托支架、浮船锚固调节系统三大部分组成，具体如下。

2.2.1　浮船选择

　　根据拖拽滑移工况计算验算，浮船承受的浮托荷载为 700 t，浮托支架约 60 t，再加上船体内保留的压舱水荷载及其他不利因素产生的荷载，综合考虑浮船压舱水承载能力至少为 1000 t，结合目前了解到的内河航运船舶资源，本工程浮船选用 1200 吨级平板船。

本项目采用华夏 9282 平板船做浮船，此为 1200 吨级甲板船，甲板长 57 m，宽 13 m，型深 2.6 m，空载吃水 0.45 m，满载吃水 1.8 m，甲板下有 8 个压水仓，每边 4 个，每个压水仓可压 150 t 水。施工时配备 6 台水泵，每台水泵功率为 90 t/h。施工前清理甲板船压水仓，把握船舶的压排水时间，准确掌握河床清淤情况（已经清淤完成，浮船已经进行行走试验），确保封航时间内顺利完成各项工作。

2.2.2 浮托支架设置

浮托支架采取在平板船甲板设 6 排 15 m 长 HN400×200×8×13 型钢（2 拼＋2 拼＋3 拼＋3 拼＋2 拼＋2 拼）做支架基础纵向分配梁并和甲板点焊固接，两端与甲板连接处增设一道 HN400×200×8×13 的 H 型钢，横向分配梁为 4 拼 HN400×200×8×13 型钢，支架下部立柱采用 ϕ630×10 钢管和横向分配梁焊接，剪刀撑采用 20# 槽钢，钢管桩上采用双拼 600 H 型钢做纵梁，三拼 400 H 型钢做横梁，主系梁分配梁上设置 12 排贝雷架，斜系梁分配梁上设置 8 排贝雷架（和陆上支架相同）。贝雷架上部满铺 25# 工字钢，工字钢上布置 20 mm 钢板，钢板轨道用于支持钢桥的行走。

浮托支架高度需根据浮托吃水深度和拖拽滑移时的水位确定，拖拽滑移前用浮托船进行注水试验，然后确定浮托高度。

2.2.3 浮船锚固调节系统布置

本工程采用浮托拖拽法施工，当浮船拖着钢梁向西侧浮运时浮船本身不提供动力，完全靠反拉油顶提供动力，浮船在移动过程中如果发生横桥向的偏移必须靠外力进行调节，浮船在移动过程中采用设置在船上的卷扬机锚固和调节。

在浮船上设置 4 台 5 t 的卷扬机，采用普通槽钢（14a）制作卷扬机底座，再将槽钢底座与浮船间通过焊接固定。在桥位两侧岸边插打 4 根 ϕ63 cm 钢管桩（入土深度 10 m）作为河道两侧锚固桩，设八字锚，每台卷扬机钢丝绳的自由端固定在每根锚固桩上，通过控制卷扬调节浮船位置。

2.3 拖拽滑移施工流程

步骤 1：在东岸硬化地基上，立钢管支架、搭设拼装平台和拖拉滑道，并对河道清淤。在东岸将钢拱肋及系梁拼装完成，对吊杆进行初张拉。浮船进场，在停靠驳岸位置进行浮拖支架的搭设，船上配置 4 台卷扬机钢丝绳八字锚，两侧岸上桥位附近打 4 根拉锚钢管桩。浮托支架搭设完成后加载水约 500 t，封航后浮船行驶至河东支架位置拉锚固定。

步骤 2：通过舱位加载水调整浮船支架顶标高，将船上贝雷架与岸上贝雷架用贝雷销连接固定。对浮船进行排水处理（约 500 t），保证浮托支架的高度及浮力，并利用浮力平衡钢梁的重力。通过拖拽装置将钢梁西侧支点由岸上缓缓拖拽（前进 13.2 m）滑移至船上支架中心（根据浮船吃水情况调整舱内水位，使用 6 台水泵），并在支架上设置限位装置，待钢梁上船就位后采用钢丝绳和 4 个 10 t 手拉葫芦将其捆绑固定在船体上。

步骤3：待钢梁固定后，浮船船舱内水位调整，解除浮船贝雷架与岸上贝雷架的连接，通过拖拽装置对半幅钢桥进行整体稳步拖拽（前进31.9 m），专人负责观测拖拽钢梁前进方向，反复微调两个拖拽千斤顶的前进距离，确保拖拽钢梁前进的方向和角度。

步骤4：拖拽半幅钢桥的浮船在西侧靠岸，调整加载舱内水位，使浮船贝雷架与西侧岸上贝雷架对接，浮船定位固定，采用贝雷销将船上与岸上的贝雷架局部销接稳固，拖拽滑道对接固定。

步骤5：拖拽半幅钢桥从浮船支架中心向西侧桥位处缓慢滑动，随着钢梁移动，浮船船舱内缓慢加载水，确保浮船整体稳定。待钢梁前端拱脚滑块整体移动至岸上支架支撑点位置（前进12.2 m）时，浮船舱内加载水，解除浮船贝雷架与岸上贝雷架局部销接，浮船移走。

步骤6：浮船脱离后，继续拖拽钢梁至桥位支座位置（前进9.0 m），使拱桥前端中心距离支座中心约2 m，时刻观测钢梁中心线位置，拖拽前进过程中反复微调钢箱中心位置，确保钢梁最终精确就位至桥梁支座位置，桥梁拱桥前端精确位置采用型钢焊接限位装置。

步骤7：钢梁精确就位后临时支撑在主墩支座位置型钢上，临时焊接固定拱脚，钢梁整体定位完成后，拆除岸上及水中贝雷架。

步骤8：钢梁精确就位及部分支架拆除后，在钢管桩H型钢横梁顶端安装落梁液压千斤顶，准备落梁。

2.4 拖拽滑移系统施工

2.4.1 拖拽滑移装置布置

钢拱桥每半幅设置4个滑动装置，即每个拱脚支座位置设置一个滑块，拖拽钢拱梁前进滑块在支架的不锈钢滑道上滑动。拖拽装置固定在插打的钢管桩反力支架上。

单幅钢拱桥拖拽滑移结构总重按1400 t计，滑动支座与轨道之间的摩擦系数取0.03，则总水平推力为1400×0.03＝42 t。反拉拖拽滑移施工共设置2个拖拽点，每个点布置1台200 t的连续式提升油顶（卧用）。每台千斤顶配7根ϕ15.24 mm钢绞线，每根钢绞线强度按1860 MPa的75%即1395 MPa计算，每根钢绞线可承受19.5 t拉力。

每台拖拽油顶循环单个行程（30 cm）约需2 min，每小时连续拖拉距离2~10 m。

2.4.2 拖拽反力架

反力架采用在主墩支架附近插打钢管桩，每个油顶反力支架插打4根ϕ63 cm钢管桩（入土深度7 m），在四管支架上部采用20#槽钢焊接剪刀撑及顶面水平剪刀撑，采用四拼H400型钢焊接油顶支撑架，并在受压侧两根钢管桩顶部采用ϕ32.5 cm钢管支撑在地下混凝土承台的斜撑，各型钢与钢管桩、型钢之间均采用焊接固定。

拖拽油顶的摆放必须严格测量放样，确保两根拖拽钢绞线的中心水平、前进方向与系梁中心线方向一致。拖拽油顶与局部采用型钢和四拼H型钢支撑架焊接固定，确保拖拽油顶位置稳固。

2.4.3 钢梁加设水平撑

为了确保拖拽过程中钢梁底面的整体结构稳定，在端横梁与中横梁之间采用28#工字钢焊接剪刀撑加固。

2.5 拖拽施工注意事项

2.5.1 陆地拖拽滑移施工

1）陆地拖拽滑移概述

钢桥拼装完成后开始拖拽滑移，采用2台张拉油顶同步拖拽滑移施工，钢梁从拼装位置沿纵桥向西拖拽滑移。

2）拖拽滑移过程控制

陆地拖拽滑移过程中主要是控制钢梁横桥向偏移。在拖拽滑移过程中两条轨道可能会出现局部拖拽滑移偏差，为了防止出现较大偏差，在滑动支座两侧设置限位挡块，拖拽滑移过程中每条轨道安排专业人员随时观察并记录拖拽滑移距离，尽量避免拖拽滑移出现水平偏差，若出现限位挡块卡住的现象则用千斤顶进行水平调节。

2.5.2 水陆协同拖拽滑移施工

1）水陆协同拖拽滑移概述

从支点托拽滑移到船上浮托贝雷架后开始进入水陆协同拖拽滑移阶段，直到纵桥向拖拽滑移到对岸支架处，拖拽滑移时张拉油顶和浮船上的卷扬机协同作业。陆地拖拽滑移施工结束前3小时浮船开始注水压舱，使得浮托支架顶标高略低于系梁底标高。

陆地拖拽滑移时需要海事部门配合封航，直到水陆协同拖拽滑移结束，钢梁水平偏位调节完成并过渡到落梁支撑上后才能解除封航。

2）拖拽滑移过程控制

（1）纵桥向拖拽滑移同步性控制措施

纵桥向拖拽滑移同步性控制措施主要是加强测量观测，每个滑动支座位置安排专业人员进行观测，每行走1m测量一次拖拽滑移量，如果发现拖拽滑移不同步，可微调两个张拉油顶的前进距离，直至张拉拖拽滑移量同步为止。

（2）横桥向水平偏移控制措施

当浮船托着钢桥向西侧移动时浮船本身不提供动力，完全靠张拉油顶提供动力，浮船在移动过程中发生横桥向的偏移时必须靠外力进行调节，浮船在移动过程中采用卷扬机拉锚钢丝绳配合拖拽油顶进行前进方向的微调。

（3）浮拖端桥横向标高误差控制措施

浮拖端桥的横向标高误差需重点控制，以免桥体受扭。控制该误差的措施主要有两点：浮托支架中心要对齐桥梁支撑中心；如果浮托过程中发现标高误差超过5cm，立即停止拖拽滑移，通过调节船头和船尾的舱内水量控制横向标高误差。

2.5.3 靠岸后拖拽滑移

桥拖拽滑移至西侧贝雷架上时，将船上贝雷架与西侧贝雷架局部销接固定，然后将前端拱脚拖拽滑移到岸上桥墩位置，并在支点位置设置限位装置，采用落梁装置将钢桥顶起，拆除滑动支座，进行落梁。

2.6 落梁施工

钢梁拖拽精确定位并支撑在主墩永久支座型钢上，临时固定并拆除岸边部分支架后安装落梁装置，东西两侧落梁结构布置相同，根据现场测量落梁高度在 80 cm 左右，以东侧落梁结构为例进行介绍。

拱脚位置支架局部拆除后，在钢管桩 H 型钢横梁顶端安装落梁液压千斤顶（主系梁拱脚位置布置 2 台 YD5000 液压千斤顶，斜系梁拱脚位置布置 1 台 YD5000 液压千斤顶）装置，6 台液压千斤顶同步分 5 个油顶行程（每个行程约 15 cm）分步落梁。半幅钢梁总重约 1400 t，六台液压千斤顶顶升力为 8×500 t＝4000 t，完全满足落梁顶升力要求。

为了确保落梁顶升位置钢梁结构稳定，采用型钢制作的 80 cm×80 cm×15 cm 厚垫梁作为油顶顶部支撑，垫梁分别支撑在主、斜系梁腹板位置。

3 结语

本次云阳大桥斜靠式系杆拱的成功架设，是大跨度、大吨位且偏心受力系杆拱桥无导梁上船和无导梁落梁的浮拖法施工技术的成功应用，为今后类似复杂桥型架设积累了丰富的施工经验和技术储备。

参考文献

［1］严朝锋.偏心斜靠式钢箱系杆拱桥浮拖法架设施工技术［J］.铁道建筑技术，2017(4):57-60.

［2］李秀东.96 m 下承式钢桁梁浮拖法施工技术［J］.铁道建筑技术，2015(5):31-34,51.

［3］杨长海，桂晓明.浮拖法架设大型钢桁梁［J］.山西建筑，2013,39(4):203-204.

［4］杨亮，徐传忠.大跨度钢拱桥整体顺桥拖拉滑移安装技术的研究与应用［J］.钢结构，2012,27(S1):276-280.

［5］史茂林，郑尚富，刘浩江.用浮拖法架设 64 m 钢桁梁［J］.铁道建筑，2001,41(5):25-27.

［6］李东，秦国刚.浮拖法架设 48 m 钢桁梁施工技术［J］.哈尔滨铁道科技，2000(3):31-32.

S6 宁句城际轻轨沿线绿化带彩色化的思考与探索

孔庆雷[1] 韩 强[2] 金大路[2]

（1. 江苏山水环境建设集团股份有限公司；2. 江苏句容投资集团有限公司）

摘 要 传统的轨道交通沿线绿化项目已经无法满足当下城市建设多层次景观发展的根本要求。彩叶植物作为当前城市彩化工程的重要角色，对丰富轨道交通沿线色彩、发展景观城市、提高绿植耐盐碱耐旱能力具有十分重要的作用，在现代轨道交通沿线绿化发展中具有十分广阔的应用前景。本文以 S6 宁句城际轻轨为例，思考与探索轨道交通沿线绿化带彩色化的设计规划与应用。

关键词 轨道交通沿线；绿化带；彩色化

1 引言

当前，在我国轨道交通沿线绿化多元化景观发展中，彩叶植物具有极高的应用价值和发展前景。在轻轨沿线绿化中有效应用彩色植物可以将自然景观和生态功能完美融合，使传统道路绿化摆脱色彩单一的桎梏，为实现现代化花园城市和宜居城市建设提供更加多样性的选择。

S6 宁句城际轻轨的开通，使"融入南京、接力镇江"迈出历史性步伐，使宁镇一体化取得重大战略成果。宁句城际线是极具生态旅游魅力，汇聚人文、荟萃灵气的魅力文旅线，沿线辐射众多乡镇，通过推动福道品牌和农路提档升级，促进农、文、康、体、旅深度融合，助推句容乡村振兴，促进城乡融合发展。通过轻轨沿线绿化带彩色化，极大提升城市形象及面貌。

2 轨道交通沿线彩色化

2.1 关于彩叶植物

彩叶植物是指在植物正常生长季节里，叶片呈现非常见的绿色，而是其他颜色如黄色、红色、白色、黑色、蓝色及由上述叶色组成的混合色（复色叶）的植物，以及随着季节的变化而呈现不同色彩（变色叶）的植物（见图 1）。彩叶植物包括金叶国槐、金叶榆、紫叶皂荚、蓝冰柏、千层金等。植物即将落叶时，叶色发生变化的植物不属于彩叶植物，如银杏、元宝枫等。

图 1　常见彩叶植物

2.2　轨道交通沿线彩色化的意义

从人文环境的角度来说，将彩叶植物运用于园林景观中，可以美化人们的生活环境，给人们提供视觉享受，同时由彩叶植物构成的绿化带还是一个天然的大氧吧。

从生态环境的角度来说，彩叶植物对丰富轨道交通沿线色彩、发展景观城市、提高绿植耐盐碱耐旱能力具有十分重要的作用，符合生态发展的要求，在美化环境的同时，可以保护自然、保护人类。

从社会环境的角度来说，随着物质和文化水平的提高，人们对园林植物的观赏品位也逐步提高，这就要求不断开发新优植物种类来满足市场的需要。彩叶植物作为新优植物类群，具有广泛的应用前景，在现代轨道交通沿线绿化发展应用中具有十分广阔的市场潜力。

2.3　轨道交通沿线彩叶植物的应用

彩叶植物观赏性强，季色丰富，有较好的独立造景能力，但呈色易受外界因素干扰，极端条件下不太稳定，尤其在轨道交通沿线的表现中还存在管养不便及日照时长有限等问题。S6 宁句城际轻轨沿线彩叶植物效果图如图 2 所示。

图 2　S6 宁句城际轻轨沿线彩叶植物效果图

彩叶植物在实际应用中需遵从以下几点原则。

2.3.1　生物适应原则

彩叶植物对光照、温度和土壤要求比较严格，光照强度不足或过强将直接影响植株叶片的颜色。如黄心梅、金叶连翘、红叶石楠等，必须保证充足光照才能显现亮丽的色彩；而紫背竹芋、合果芋等耐阴植物则适种于较阴凉的散射光照下，强光会造成叶片严重失色。

2.3.2　行车安全性原则

轨道交通沿线绿化在塑形和色彩搭配上要比高速、快速干道绿化更考究。轨道上受控的车辆往往给行车者提供更长的观赏时间，这就需要在色彩明暗、层次及节奏变化上做更多文章。既不可一色到底，也不能颜色过繁，杂乱无章，造成视觉障碍。

2.3.3　环境共生原则

在道路绿化中，一般都有明确的骨干树种和基调树种，彩叶植物的应用必须充分考虑其在整体环境中的合理表现。尤其是季色相要求较高的设计，需要通过季色相符的彩叶乔灌木、地被相互搭配，营造出统一的季节景观。比如，鸡爪槭与红叶石楠组合的春季景观；洒金变叶木与金叶女贞组合的秋季景观；等等。

3　彩叶植物的绿化要点

3.1　配色与配形

在道路绿化项目的设计过程中，彩叶植物的应用需要关注感官色彩的搭配及其与轨道交通沿线搭配的深度和广度，这就需要用到配色与配形技术。例如，充分考虑彩叶植物一年四季周期性的色彩搭配，春夏两季表现较好的紫叶矮樱、太阳李等，以及秋季表现良好的火炬、五角槭、银杏等可以根据其不同季节色叶的变化搭配常绿树种，进而在一年四季都展现出丰富的色彩广度。在植物配形上，彩叶植物要搭配道路的总体造型及道路两边建筑物的形状，如在人流停顿较短的环岛绿地范围可重点打造不同品种彩叶植物的错落搭配，以期达到形色有致，实现彩叶植物的观赏效果。

3.2 引种

在彩叶植物引种过程中要充分考虑植物与生态环境的匹配度，提前调研植物的生态习性，应用相对稳定的品种，以便呈现稳定的色彩状态。

在彩叶植物引种过程中要兼顾经济效益。道路绿化注重打造体块效果，对彩叶植物引种的需求量较大，因此要充分考虑彩叶植物引种的性价比，参考培育周期和培育成本进行应用摘选。

在彩叶植物引种过程中要降低对本土植被的生物污染。彩叶植物在引种过程中要进行充分的试种工作；对于新物种要做好监管工作，避免对本土物种的入侵。

3.3 空间感

轨道交通沿线绿化可以利用色差对比较大的植物的搭配来实现色彩空间的构建，通过利用彩叶植物色彩上的明度高低变化、颜色深浅变化来实现视觉效果上的远近差别和空间前后体验，进而实现道路绿化空间感的层次搭配（见图3）。空间感技术在实际应用过程中，通常采用明度高的彩叶植物作为前景绿化，进行氛围的烘托和营造，采用明度较低的彩叶植物作为建筑遮挡物或绿化背景，通过色彩强弱及明暗的搭配来实现道路绿化的空间平衡，为轨道交通沿线绿化创造更加丰富的景观层次。

图 3　S6 宁句城际轻轨沿线绿化空间感营造

4　彩叶植物在轨道交通沿线中的栽植探索

根据轨道交通沿线的现有环境条件，从观赏效果方面对彩叶植物进行栽植分类，其栽植形式有如下几种。

4.1　孤植

彩叶植物具有色彩鲜艳的特殊属性，在绿化的应用过程中，可以以单株的形式与其他绿色植物进行搭配，呈现出独立的风景特点。通常情况下，大型或具有独特风格的开阔地适合采用孤植的彩叶植物应用方式，用色彩艳丽的孤植搭配低矮的绿色灌木，形成视觉上的色彩冲击，独立且艳丽（见图4），但是孤植在轨道交通中的应用一般较少。

图4　轨道交通沿线孤植形式

4.2　丛植

在道路绿化应用的过程中，彩叶植物多采用丛植方式，以树冠线为基准，在道路两旁浅色建筑物背景下采用色彩艳丽的彩叶植物进行整体性种植，能够实现色彩搭配、高低错落的层次化结构，在丰富道路两旁景观色彩冲击的基础上，突出绿色乔木背景衬托的彩叶植物特色，体现彩色植物群体组合的多元性（见图5）。

图5　轨道交通沿线丛植形式

彩叶植物采用丛植形式可以有效活跃道路绿化整体的氛围，使道路绿化景观更加丰富，乔木与灌木的色彩搭配变化被展现得淋漓尽致，色彩搭配错落有致，景观搭配层次分明。

4.3　片植或群植

彩叶植物在道路绿化的应用过程中可以采用多品种色彩和形状搭配的片植或群

植方式，形成更具观赏性的设计景观。通过三五成群的色彩搭配，加上草本花卉的错落点缀，将轨道交通沿线绿化打造成色彩斑斓的花园，是构建花园城市的首要选择。彩叶植物的片植或群植多通过多种植物的合理排列组合实现，旨在凸显植物自身的属性（见图6）。例如，将小的彩叶植物与道路绿地进行搭配可以使其与周边的草本花卉有效地融合在一起，使道路绿化变得更加活跃，富有生机。

图6 轨道交通沿线片植或群植形式

4.4 彩篱或模纹

在道路绿化带或者交通环岛等区域，彩叶植物可采用整形篱式的材料进行铺设，通过对耐修剪的彩叶植物进行剪裁设计，设计出人为控制的彩色图案，既美观大方又经济实用，再加上彩色模纹品种的配合，更能够增添城市绿化园林造景的层次感设计效果。例如，在城市绿化园林造景的过程中，可以采用红叶石楠搭配金森女贞的组合方式，通过修剪使其达到道路绿化的外形需求，这种搭配方式不仅丰富了道路绿化彩色模纹的品种，而且极大地提升了道路绿化的层次感。

4.5 地被应用

地被应用是彩叶植物丰富轨道交通沿线绿化的重要方式之一，通常情况下，道路绿化要求地被应用中采用的彩叶植物具有较高的萌生能力和生存能力，以及较高的实用价值，能够应对较为恶劣的生存环境。例如，道路绿化可采用茎蔓生长繁盛的花叶络石作为地被应用的彩叶植物，其既可以为轨道交通沿线绿化提供更加丰富的色彩搭配和景观修饰，又具备较强的生存能力，能够适应更加贫瘠的土地状况。

5 案例分析——以S6宁句城际轻轨为例

5.1 调查范围与内容

5.1.1 S6宁句城际轻轨简介

S6宁句城际轻轨，工程名为"南京至句容城际轨道交通工程"，也称"南京轨道交通宁句线""宁句城际"，是中国江苏省南京市建成的第11条轨道交通线路，也是南京轨道交通开通的第一条跨市域轨道交通线路。S6 号线途经南京市栖霞区、江宁区和镇江市句容市，线路西起马群站，向东经紫东地区至汤泉西路站后进入汤山新城，由汤山站折向东南，至童世界站后转南进入句容城区，止于句容站。

句容市城管局主要负责宁句城际铁路句容段的绿化建设，总长度 10710 m。为便于管理，将全线分为黄梅段、宝华山路段、容城大道段三段管理，其中，容城大道段总长为 2800 m，由于此段靠近城区，城管局在此段成功推出 460 m 标准段，并逐步推广，进一步展现句容的城市形象。

5.1.2 调查区域

为了全面掌握 S6 宁句城际轻轨绿化规划及彩叶植物的种类和应用配置，江苏山水环境建设集团对句容市的不同绿地进行了调查。

5.2 调查结果

5.2.1 句容常用的彩叶植物

以句容的轨道交通沿线来说，句容市道路应用较多、生长良好的彩叶植物主要有金叶女贞、红叶小檗、红叶石楠、红叶李、紫叶桃、香椿、臭椿、美国红栌、金边黄杨、桃叶珊瑚、紫叶酢浆草等。其中，以金叶女贞、红叶小檗、红叶李最为常见，崇明街道的部分道路和开发区主干道的绿化带都有种植；美国红栌主要栽植在高骊山路；金边黄杨、桃叶珊瑚、红叶石楠主要栽植于宁杭北路南段。句容城区道路彩叶植物应用情况如图 7 所示。

图 7 句容城区道路彩叶植物应用情况

5.2.2　彩叶植物在轨道交通绿化中的配置

经调查，就城市轨道交通沿线绿化来讲，应仍以绿色为主，一方面，绿色可以缓解视疲劳，有利于司机朋友安全驾驶；另一方面，绿色给人以生机盎然、充满希望的感觉。过去的轨道交通沿线彩色化，大多选用一、二年生的花卉作为点缀，不仅观赏期短，而且养护费用较大，所以只能在节假日做摆设；而彩叶植物可一次种植多年观赏，不仅节省了大量的养护开支，对道路进行了绿化，也是美化路容、舒适旅途的重要组成部分。行走在五彩缤纷的道路上，能够使人产生与自然交融的感觉，给人们美好舒适的体验（见图8）。

图 8　彩叶植物在轨道交通绿化中的配置

5.3　轨道交通沿线中彩叶植物绿化存在的问题与建议

经过几年的实地种植调查，在 S6 宁句城际轻轨正在用的彩叶植物中，引种成功且引种后彩叶不发生退化的品种有金叶女贞、红叶小檗、红叶石楠、红叶李、桃叶珊瑚等。据规划设计，将来在轨道交通沿线的绿化上将加大对彩叶植物的应用规模，包括应用范围和应用品种。彩叶植物的应用一方面增加了轨道交通沿线的美观度；另一方面也在无形中为句容增加了一张宣传名片。

6　结语

彩叶植物因在生长季节呈现出鲜艳的色彩而备受人们的欢迎。此外，彩叶植物还具有成景快、栽培容易、观赏期长等特点，在现代城市园林绿化中发挥着越来越重要的作用。

S6 轨道交通沿线绿化带通过营造多彩廊道，提升了城市环境品质，针对轻轨配套绿化，营造了"春暖花开，精致繁华"的景观效果。通过中分带、侧分带绿化，增设道路护栏，分化人流交通，有效地协调了城市交通安全。绿化带通过增加城市绿量，降低粉尘污染，改善城市热岛效应，在局部营造了更加稳定的生态位，更好地激发了城市活力、塑造了新的城市风貌。

参考文献

［1］张棣南.彩叶植物在市区道路绿化中的应用与表现[J].绿色科技,2019(9)：82-83,86.

［2］程茜.浅谈彩叶植物在道路绿化中的应用[J].南方农业,2020,14(18):55-56.

［3］介媛媛,李莉,马林.彩叶植物在洛阳道路绿化中的应用及分析[J].现代农业科技,2007(24):42-43.

全面提升"四好农村路"村庄段特色绿化、美化研究探析

杨立勇

（句容市公路管理处）

摘 要 "四好农村路"在全国各地掀起了创建高潮，特色花海路、旅游村亮点纷呈，个别村庄段通过建筑改造打造村庄段特色，但由于投资高，不能惠及整个农村公路沿线村庄，因此绝大多数村民难以近距离感受到"四好农村路"带来的变化。本文针对句容农村线路点多、线长、村庄多的实际，依据几年来对农村公路村庄段普遍性特色绿化、美化的探索中取得的一些心得和经验，提出了一些值得研究、推广的措施。

关键词 "四好农村路"村庄段；绿化美化

1 引言

建好、管好、养好、运营好"四好农村路"是党和国家的一项惠民工程。各地建设的农村公路、打造的农村公路田园风光（如花海路、旅游珍珠链、特色旅游村等），特色纷呈，取得了显著效果。农村公路沿线村庄段特色绿化、美化能够大大提升农村交通便捷性、打造旅游观光环境，但绝大多数农村公路沿线村庄段因经费问题，公路绿化处于空白状态，更谈不上美化和特色。快速有效提升农村公路村庄段的绿化、美化品位，让沿线村民感知、积极支持并参与"四好农村路"创建工作，应采用小经费、大杠杆的方式，快速让农村公路沿线村庄段绿化、美化到位，科学、合理地因地制宜、因村制宜进行村庄段绿化、美化布局，形成农村公路绿化新的亮点。

2 农村公路村庄绿化、美化现状分析

2.1 农村公路沿线村庄段现状

截至 2020 年，句容市有农村公路 1351 条，计 2317.696 km。通过 20 户以上的村庄段达 216 个，分布于句容市境内 11 个镇、管委会、开发区。沿公路两侧对应村庄最长约 1.5 km，最短约 200 m。两侧房屋与公路边沟距离参差不齐，最近距离 1.5 m，远距离一般在 5~10 m 间，80% 的乡道村庄段无公路绿化，40% 以上的县道公路村庄段无行

道树，村道绿化率基本为零。通过的村庄段除特色乡村旅游点、观光点由乡镇统一种植一些草木花卉外，其他村庄段两侧沿公路一侧随处可见堆放的废弃砖瓦、草垛、有机肥、小块农作物和杂草。农村公路通行环境在村庄段受到极大影响。

2.2 农村公路沿线村庄段绿化现状分析

一是农村公路因公路技术等级普遍不高，县道公路一般为二级、三级，乡道为三级、四级，村道为四级或等外公路，不能像一级公路有中分带、侧分带和两侧预留的绿化空间，尤其是乡道和村道通行路面一般宽5~6 m，路肩宽度在0.5~1.0 m之间，种植乔木或灌木会压缩行车视距空间。当前句容仅重点乡道、旅游线路路肩会种植一些草坪或低矮草木花卉，其他路段未采取绿化措施。二是农村公路沿线村庄段民房大多建成历史久远，且为无序自建民房，沿线房屋距公路边沟或路肩较近，一般在2~10 m之间，农民由于勤俭传统，习惯利用门前空地种植蔬菜、堆放杂物，从而挤占了农村公路村庄段可绿化、美化的空间。三是农村公路建设、养护和管理部门由于村庄段矛盾多和经费紧缺问题，忽略了农村公路村庄段绿化和美化工作的落实。四是地方政府将精力、财力重点放在了对可供旅游、观光的村庄段的打造，为此，"四好农村路"和优美乡村段的重要环节——村庄段的公路绿化、美化问题急需解决。"四好农村路"的创建实践证明，农村公路村庄段的绿化、美化工作是全面提升农村公路通行品质的关键，是检验"四好农村路"是否全面达标的重要标准，是"四好农村路"绿化、美化能力的重要体现，是"四好农村路"惠民工作的重要落脚点。

3 农村公路村庄段绿化、美化落实的措施和途径

农村公路村庄段绿化、美化工作落实不仅在绿化、美化布局上要适应当地村庄特点、特色，还要在节约经费、适宜推广的情况下实施，更要得到地方政府的大力支持和村民的积极参与和配合。由笔者提议和直接参与落实的句容农村公路2018年11月至2019年4月的村庄段绿化、美化试点推行工作已取得一些成果和效应。

3.1 领导重视，出台可行实施方案

句容由市农路办牵头下发"五星优美环境村""五星门前美化家庭"评选活动实施方案，在每个镇级农路办进行2个村庄段绿化、美化试点评选工作。由各镇选择2个行政村段，农路办、路长单位、村委会走家串户上门宣传动员，解决了沿线门前乱堆乱放问题和农作物清理问题，腾出绿化、美化空地。通过试点，以点带面、稳步推进。

3.2 贴近村民绿化需求，鼓励村民参与活动

根据当地气候、村庄特点，由市农路办统一推荐适应种植、易管护的四季开花花卉。句容根据当地地理条件、气候、村民喜爱情况推荐了四季花卉和春夏秋冬花卉品种。如：四季花卉有嫁接月季、四季开花蔷薇；春季花卉有杜鹃、海棠、茶花、红花檵木；夏季花卉有石榴、木槿、美人蕉、虞美人、鸢萝；秋天花卉有鸡冠花、菊花、木芙蓉；冬天花卉有梅花、迎春等。由市镇两级农路办提供花卉苗木，供沿线村民自

由选择五种以上喜爱的品种，经合理布局，由养护道班统一种植。农户门前种植花卉产权属农户个人，由各镇级农路办签订管护协议，农户有管护权，但不得移植。年终由市农路办、市旅游局、镇政府统一组织评选，达到"五星门前美化家庭"标准的由三个部门联合授牌，并给予500元管护费补贴。同时鼓励农户自行增添高档景观花卉，作为评选加分项目。

3.3 农村路村庄段绿化、美化经费粗略预算

农村公路沿线村庄段长度一般在150～1500 m，住户在20～120户之间。门前绿化花卉种植规模不宜过大，以2～3年可成型的品种为宜，以每户平均200元花卉采购成本计算，句容共有216个村庄段，平均每个村庄段分布农户约45户。一个村庄段农户门前花卉成本1万元左右，加上沿途交叉道口、公共空地1万元，平均每个村庄段2万元。种植的月季4年苗15元/株，蔷薇5年苗20元/株，茶花5年苗16元/株，美国凌霄2公分苗50元/株，其他易栽花卉苗木在3～10元/株，种植后1～2年成型成片。

3.4 农村公路村庄段绿化、美化经费筹措

一是地方政府立项，财政支出，分3年实施，每年投入。二是在农村公路管理经费上分5年专项支出，以句容216个村庄段为例，每年绿化43个村庄段。11个镇级农路办平均建成4个村庄段，市农路管养办按每村1万元的标准补贴经费，每镇配套1万元1个村庄段。此举经费压力小，推进任务轻，美化质量高，可不断总结经验，稳步提高村庄段绿化、美化品质。三是新建农村公路的村庄段绿化、美化在工程中立项同步实施。四是由市文化旅游局争取全域旅游专项经费予以补助。五是鼓励农户在自家门前自行绿化、美化。

4 农村公路沿线村庄段绿化、美化技术要求及特点

农村公路村庄段的绿化、美化不能按照城市园林标准设计要求，也不宜参照国省道公路绿化标准实施，应本着因村制宜、因路制宜、因地制宜的原则，与乡村气息、自然风光相映衬，一村一景色，一村一特色，做到可持续发展、可普遍推广。

4.1 农村公路村庄段两侧农户门前绿化、美化布局

第一，距公路路肩2～3 m远的房屋，可在大门两侧纵向距路肩1.5 m的范围内种植小种四季月季，混种韭兰或撒播矮种鸡冠花、芝樱。特点：不遮挡出口上路视线，不需要重复种植。第二，距公路5～10 m的房屋可在从大门两侧延伸到距公路路肩2 m的范围内种植2排花木，如四季月季、红花檵木、茶花、杜鹃等，形成门与公路间的花道。第三，花道两侧空地可种植梅花、樱花或桃树、李树等。乔木、花卉种植与公路路肩间距一般保持5 m远，防止影响公路安全观察视距。特点：形成门与农村段两侧农户之间的乡村小花园、小花径。沿路房面围墙和房屋墙面每户选择种1～2株四季爬藤蔷薇或一年开三季的凌霄等爬墙植物。特点：借助围墙、墙体房屋扩大和延伸爬墙植物花卉开放空间，形成不同农房、院落各具特色的繁花盛景，勾画一村一特色的花卉外部轮廓。

4.2 农村公路村庄段沿线公共场地绿化、美化布局

公路一侧有较长围墙的，利用围墙作屏，种植四季蔷薇或凌霄，路对面无围墙、无房屋的，采用高速公路隔离网与路对面围墙相对应，距公路路肩 2 m 的范围内种植与对面相同的藤本花卉，形成花卉走廊。村头有村名墙、石的，在其后侧种植 2~5 株四季蔷薇、凌霄、紫藤等，搭设伞状、棚状支架，让植株生长衬托村名牌的乡村气息。通往村中的交叉道口，在进村主要转弯口对面，距公路路面 6~10 m 远的范围内，留出安全行车视距，种植四季藤本花卉，标准如村头布局。进村主要道口、巷口，无大型货运车辆通行的，可设置钢架结构拱形长廊，长度 20~50 m，高度 5 m 左右；有大型车辆通过的，可采用防护网、水泥柱在公路两侧种植爬藤四季花卉，爬杆高度可控制在 2.5~3.0 m，形成村庄休闲长廊。村庄段公路两侧其余空地，在距水沟外侧 1.5 m 可播种五彩鸡冠花、二月兰、格桑花、美人蕉、虞美人、太阳花等每年可自然生长的花卉品种，形成季节性、大面积特色花卉景观。

4.3 农村公路村庄段花木管护

农户门前花木由农户自行管护，农户管护不及时的，由村委会或道班代为管护，公共路段花木由村委会或道班管护。每年进行"五星优美环境村""五星门前美化家庭"评选活动，激励村委会、农户管理花卉的积极性，提高管理质量。

花木修剪、治虫、施肥等，通过农村公路管理微信群及时发布技术要求和信息。花木成活期浇水由道工负责。成活后根据天气、旱情和花卉生长情况，由道班、村委会、农户浇护、修剪、施肥，责任到人到户。

4.4 农村公路村庄段绿化、美化特点

一是易栽、易活、好管理；二是不重复种植，包括花草花卉，自行落籽，自行冒芽生长；三是四季有花；四是彰显村庄特色，以特定花卉为主，其他花卉辅助，即形成月季村庄段、蔷薇村庄段、紫藤花村庄段、凌霄村庄段、桃花村庄段、杏花村庄段、花廊村庄段、杜鹃村庄段等，也可百花齐放，形成花园村庄段。总之要做到有乡村气息、村庄特色，引人观赏，让人铭记。

4.5 农村公路村庄段绿化、美化试点成果及经费投入

截至 2020 年，句容 11 个镇、管委会、开发区已建成 12 个村庄段。每个镇平均实际投入 2.1 万元。特色农路村庄段绿化、美化的成果正在显现，如茅山镇长城段沿路长 1.2 km，利用围墙网栏种植四季蔷薇花 230 株，形成 150 m 长五彩蔷薇花廊。蔷薇到位价 20 元/株，高度 1.2~1.5 m。开春后各色花蕾竞相开放，万花争艳，在春夏之际将形成特色。农户门前、围墙、村头等地点，爬藤、蔷薇、凌霄衬托村庄特色，沿路门前、空地种植了小种月季，撒播了鸡冠花籽、太阳花籽，农户门前合理规划种植的各种四季花卉正勃勃生长，沿途两侧百花竞放，其他各镇根据村庄特点顺势而为，建成了边城洛阳观百花村庄段、后白月季村庄段、天王樱花村庄段、白兔桃源村庄段、下蜀杏花村庄段等主体农村公路沿线绿化、美化村庄段，为农村公路村庄段绿化、美化全面推广打下良好的基础。

农村公路村庄段绿化、美化是"四好农村路"贴近百姓的具体体现，调动沿线村民共同积极参与"四好农村路"建设，通过以点带面的探索和落实，不仅可以以少经费、大景观全面绿化、美化农村公路村庄段，还可以推进整个农村村庄的绿化、美化，提升农民的生活和居住环境质量，使农村公路村庄段门前四季有花开，共享美丽乡村处处景。

句容新农村道路绿化景观环境提升探讨

华　翔[1]　邵琴琴[1]　郭　鑫[2]

（1. 江苏山水环境建设集团股份有限公司；2. 句容市交通运输局）

摘　要　乡村道路绿化是乡村景观环境建设的重要内容，其科学合理的建设对于农村可持续发展及乡村振兴非常重要。随着新农村和美丽乡村建设的推进和发展，新农村道路景观与绿化设计受到了越来越多的关注。本文结合江苏山水环境建设集团股份有限公司多年以来的市政交通道路和景观绿化设计的施工经验，通过对句容市乡村道路绿化提升的建设理念及成效的分析，探讨句容市在乡村道路绿化景观提升过程中的优点及问题，并针对性地提出了对策建议，以期为句容乡村道路绿化提升提供参考。

关键词　新农村道路；道路绿化；乡村特色

1　引言

句容市是江苏省镇江市代管县级市，地处苏南，东连镇江，西接南京，是长江三角洲一座集港口、工业、商贸、旅游为一体的新兴城市，句容市行政辖区范围总面积 1386.4 km²。结合对《句容市城市总体规划（2017—2035）》的学习和研究，句容市高度重视"四好农村路"建设工作，形成了"交通强则句容强、农路畅则农民富"的共识。整体道路建设有效地提升了句容乡村的风貌，为句容市推进美丽乡村建设和全域旅游发展打下了良好的市政基础。

本文对句容市乡村道路绿化景观提升工作进行了总结及分析，探讨了句容在乡村道路绿化景观提升改造过程中的可取和特色之处，并提出了适于苏南地区乡村道路绿化景观提升的建议和相关措施。

2　句容市农村道路绿化现状概况

2.1　道路及绿化现状

截至 2019 年年底，句容市农村公路总里程达 2324.149 km，153 个行政村双车道四级路覆盖率达 100%，362 个规划发展村庄等级公路通达率达 100%，农村公路三类及以上桥梁占比达 98%，整体乡村道路质量及覆盖率位于全省前列，同时形成了多条特色乡村道路，如句容茅山大道（见图1）、句容丁庄特色生态绿道、句容福道（见图2）

等都各具特色。

图 1　句容茅山大道　　　　　　图 2　句容福道

总体而言，句容市农村道路建设充分发挥了句容的旅游景观特色和乡村地域特色，形成了多个特色鲜明的新农村特色道路景观，但是局部小村庄道路绿化景观仍相对单一，有进一步优化提升的空间。

2.2　句容整体农村道路绿化设计理念

句容市以农村公路结合本地旅游、产业、生态、文化等资源，充分挖掘句容全域山美、水美、田美、园美的资源优势，规划打造了 365 km 的句容福道。除设计山青色、水绿色、福金色三色分隔线外，句容福道还特别在道路上设计了"句容福印"（见图 3）。福道全线长 365 km，每 1 km 就有一个这样的"福"字。365 km 共有 365 个福字，体现了句容对往来客人的美好祝福。

图 3　句容福道特色"句容福印"

2.3　句容整体农村道路特色与有待提升内容

2.3.1　道路景观特色

基于"走福道，行好运"的品牌理念，福道已成为句容市的旅游公路品牌，它将周边的乡村美景、特色农庄等串联成山水田园，打造出句容最美风景线。

2.3.2 村道景观有待提升内容

局部村庄道路绿化景观相对单一，主要绿化树种为杨树、香樟、女贞和银杏，且均存在绿化景观不连续的现象，多处路段需要补植，同时需对倾斜倒伏树木进行扶正，并更换弱死树及影响整体景观效果的树木。

3 农村道路绿化提升的重要性及问题

3.1 新农村道路景观与绿化设计的重要性

党的二十大报告指出，尊重自然、顺应自然、保护自然，是全面建设社会主义现代化国家的内在要求。必须牢固树立和践行绿水青山就是金山银山的理念，站在人与自然和谐共生的高度谋划发展。

农村公路不仅是连接两地的通道，也是农村居民公共生活的舞台。因此，农村道路景观与绿化设计是新农村发展的必然趋势，是开展美丽中国和美丽乡村建设的重要举措。

3.1.1 完善基础设施建设

随着城市化的不断发展，人们对交通等基础设施逐渐产生各种各样的需求，便利的交通设施可为农村居民提供方便舒适的生活环境。农村道路一般由外部交通道路、村庄内部道路和农田交通道路组成。

外部交通道路是农村对外联系的重要途径，以货物运输和旅游观光为主，应当便捷平坦，便于与周边县道联系，绿化景观宜简洁，重要村庄入口空间宜优化设计，体现村庄特色。

村庄内部道路属于生活使用道路，是村民之间交流沟通的重要桥梁，村内道路分为主要道路、次要道路和入户道路，村内道路应结合特色形成青砖、卵石、彩色沥青等特色道路。

农田交通道路是生产使用道路，主要是为了满足农产品现场运输和生产活动的交通需要，应结合田埂路及农田、林间、河道等观光旅游打造特色石道、木栈道。

3.1.2 改善农村人居环境

农村道路景观与绿化设计是新农村发展的重要方面，有助于改善农村人居环境。随着农村经济的发展，村民活动范围变广，机动化出行越来越频繁，农村道路层次越来越丰富，绿化建设越来越完善。道路绿化带不仅可以保证车辆和人员的安全，还有助于引导交通和人流，种植绿色植物还能吸收空气中的灰尘和有毒气体，减少空气和噪声污染。同时，道路景观也起到缓解驾驶疲劳、调节情绪的作用，为人们提供了舒适的行驶环境。总的来说，农村道路景观绿化设计有助于形成优美的田园景观，展现新农村精神面貌。

3.1.3 促进区域经济发展

加快农村道路建设有利于促进区域经济发展，提高村民生活水平。农村道路是服务农业生产、农业观光旅游、农用物品运输和人员信息交流的桥梁。道路交通发展有利于搞活乡村经济，景观与绿化设计能推动农村旅游业发展，解决农村剩余劳动力就业问题。

3.2 新农村道路景观与绿化设计的问题

3.2.1 缺乏统筹规划

道路景观建设应是统一、有针对性的整体规划和设计。目前，我市农村道路景观建设局部还没有统一的设计标准，缺乏完整性。造成这种现象的原因有两个方面：一方面，道路景观绿化涉及范围较广，占用耕地及住宅用地较多，加上村民对道路景观绿化的意识不够，导致工作进展困难；另一方面，村民对道路景观绿化缺乏正确的认知，导致农村道路两侧植被种类繁杂，植被种植不合理。虽然自然环境没有受到严重破坏，但景观绿化并未达到最佳效果，不利于新农村的全面建设。

3.2.2 缺乏景观价值

农村道路基本没有系统的景观绿化设计，道路绿化缺乏景观价值，主要体现在以下方面：

一是道路绿地率低，绿化风格单一，植被间隔不规则；

二是道路断面形式不合理，缺乏绿化隔离带；

三是未充分展现植物本身的自然美，如形态、线条和色彩尚未得到充分利用；

四是绿化植物栽种方式不合理且缺乏养护管理，道路绿化的缺失导致道路环境差，村庄整体面貌缺乏美感，未能体现道路景观价值。

3.2.3 缺乏统一管理

部分农村道路景观建设缺乏长远规划，道路规划建设滞后于交通发展需求；部分村庄没有意识到绿化道路的重要性，且对道路绿化设计的合理性和安全性把控不严格，缺少相关宣传和引导；村民缺乏保护道路绿化的意识，常在主道路上晾晒谷物、摆设摊位等，带来很大的交通隐患。

4 农村道路绿化提升设计优化措施

4.1 设计理念

以人为本，注重功能和景观的结合，遵循衔接原有景观、充分造林绿化、适度拓展提升的基本原则，从景观学和生态学出发，营造自然和谐的乡村道路景观体系，为推进全域旅游打造坚实的生态基础。

4.2 分类实施

县、乡两级道路的绿化提升原则上宜林则林，尽量不占用农田。乡村道路中因路基过窄或无路肩等造成无绿化空间的部分路段，可以不开展绿化提升工作，或采用地被植物景观过渡点缀的处理办法；对旅游景区周边及其他区位比较重要的道路进行重点打造，选择适宜的彩叶树种，营造优美的乡村道路景观；对于近年来新提档升级拓宽的的乡村道路、未绿化及需要绿化更新的道路，选择适宜树种，抓好规划新栽，突出地方特色；对于部分缺株断带的道路，可选择与现有苗木胸径、高度相当的同品种苗木进行补植，保证道路景观的完整性；对于原有绿化基础较好的道路，可通过修枝抹芽、割灌除草、补植间伐等措施对苗木进行抚育提升，提升景观效果。

4.3 科学选择植被

农村道路绿化树种选择要遵循适地适树原则，综合考虑句容的地理特点，树种的选择要丰富，优先选择乡土树种，合理挑选适应本地气候、抗性强、栽植成活率高、管理容易的树种。

行道树要具有树干通直、分枝点高、不易风倒等特征。道路两侧单排栽植可选择栾树、榉树、金桂、香樟、广玉兰、朴树、水杉等；重点打造道路的苗木品种选择要多样化，如可选用枫香树、北美红栎、榉树、悬铃木、黄连木、无患子、银杏、乌桕、榆树等，丰富行道树种类，营造一路一景的效果。

农村道路绿化植被选择建议见表1。

表1 农村道路绿化植被选择建议

编号	品种类型	种植位置	植物品种选择			
1	灌木	① 小型组团景观； ② 沿路点缀； ③ 文化广场等景观环境	小叶黄杨	紫薇	金叶女贞	红花檵木
2	乔木	① 道路两侧； ② 文化广场等主要景观点	榉树	金桂	桃树	栾树
3	地被	① 宅前宅旁； ② 道路两侧； ③ 小型公园	玉簪	马蔺	金鸡菊	栀子花

4.4 合理设计景观

道路绿化提升改造要根据不同道路的路域特点，考虑不同树种的色彩和季节变化，营造常绿、落叶（彩色）树种混交及乔灌木混交的植被，构建多层次、多色调且适合区域环境的多变道路景观。

农村主要道路绿化景观设计建议见表2，农村主要、次要道路绿化配置分别见图4、图5。

表 2　农村主要道路绿化景观设计建议

编号	整治提升位置	整治提升方式	绿化意向
1	村庄道路两侧	① 村庄道路两侧清杂处理； ② 道路两侧破旧房屋修补破损； ③ 单侧设置太阳能路灯	
2	主路段两侧	① 两侧栽植行道树； ② 村路两侧补充垃圾收集点； ③ 形成良好的视线通透效果	
3	次路段局部区域	① 局部利用乡土品种树种； ② 栽植小型组团景观； ③ 合理结合周边环境布置活动广场	
4	村落路口等节点	① 利用节点形成小型景观； ② 突出村落标识主题； ③ 整体简洁干净	

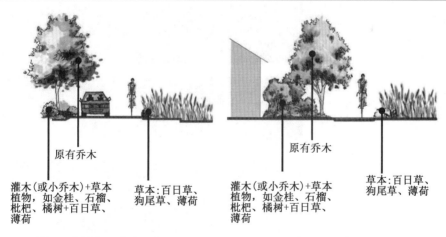

图 4　农村主要道路绿化配置　　　　图 5　农村次要道路绿化配置

4.5　道路断面设计

优化乡村道路断面设计，要形成多层次多梯级道路景观绿化，合理控制乡村道路宽度，优化道路地面做法，形成标准断面设计，从而更便于指导乡村道路设计。村庄主要、次要道路断面及田埂路断面设计分别如图 6 至图 8 所示。

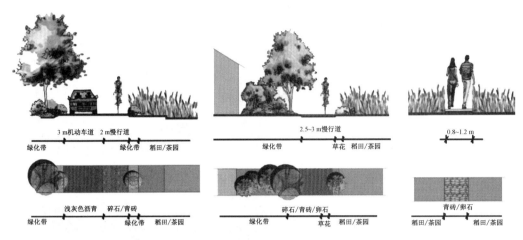

图 6 村庄主要道路断面　　图 7 村庄次要道路断面　　图 8 村庄田埂路断面

应结合村庄道路分类，选择适合村庄特色的道路铺装材质。如表 3 所示，主要道路（机动车道）宜采用沥青、水泥材质；次要道路及乡村慢行道宜采用有地域特色的青砖、青石板、透水铺装材料等，体现乡村气息；宅间道路宜就地取材，采用砖汀步、石板；村庄停车位宜结合村庄情况利用空地集中设置，采用植草砖生态停车位处理方式。

表 3　农村道路地面铺装材质选择建议

编号	整治提升位置	主要铺装材质	铺装意向
1	主要道路（机动车道）	沥青、水泥	
2	次要道路及乡村慢行道	青砖、青石板、透水铺装材料	
3	宅间道路	砖汀步、石板	
4	生态停车位	植草砖	

4.6 技术措施

在乡村道路绿化提升建设中，宜考虑结合以下技术措施。

一是做好基础建设。按标准配套建设路肩，原则上两侧均不低于 70 cm，为道路绿化提供栽植空间。

二是抓好苗木质量。县级道路乔木胸径要在 6 cm 以上，乡、村级道路乔木胸径在5 cm 以上，树高在 3 m 以上，分支点在 2 m 以上，保留 2 级分枝，干形通直。

三是提高栽植、管护水平，确保道路绿化的效果。苗木栽植做到成行成线，有条件的要打好支撑，栽后要落实管护主体，明确管护责任，及时开展修枝、抹芽、浇水、排涝、扶正工作。

4.7 完善管理机制

俗话说，绿化造林"三分栽、七分管"，乡村道路绿化尤其如此。各级政府要积极探索乡村道路绿化管护模式，落实管护责任，建立巡护机制，完善管护措施。对歪斜的树木及时扶正，保证景观效果的同时减少安全隐患；对分枝点以下的萌芽及时抹除；对病虫害加强监测，采用多种手段确保苗木能成活、能成林、能成景。

5 展望

乡村道路绿化提升是深化生态文明建设、破解绿化造林用地荒、增强人民幸福感的有效措施，目前，虽然句容市已经完成大部分乡村道路的绿化提升建设，但建设过程中也出现了一些不尽如人意的地方，在未来几年还需与全域旅游及乡村振兴相结合，进一步提升句容地区的乡村道路风貌。另外，从乡村道路绿化后期管护需求来看，乡村道路绿化管护应纳入镇、村两级农村环境整治工作中，建立长效管护机制，保护绿化建设的成果。

参考文献

［1］张捷，王春军，林永春，等．乡村道路绿化景观提升探讨：以江苏省仪征市为例［J］．安徽农学通报，2018，24(20):112-114.

［2］张亚楠，刘勤，胡安永，等．苏南农村廊道绿化景观研究［J］．江苏农业科学，2013，41(4):183-185.

［3］孙卫邦．乡土植物与现代城市园林景观建设［J］．中国园林，2003,19(7):63-65.

［4］曹涤环，刘静.新农村建设中行道树的选择及应用［J］.新农村，2016(3):19-20.

［5］土木学会．道路景观设计［M］．章俊华，陆伟，雷芸，译．北京:中国建筑工业出版社,2003.

［6］程晓妹．探析小城镇道路景观规划与设计［J］.小城镇建设，2004(6):86.

城市道路搭接道口安全设置浅析

杨立勇

（句容市公路事业发展中心）

摘　要　城市道路新增搭接道口势必对车辆运行、非机动车及行人出行造成影响，也可能引发拥堵和交通事故。本文针对城市新增搭接道口，结合公路技术规范和城市道路设计规范，从搭接道口的类型、技术、安全角度提出一些技术设置建议。

关键词　城市道路；搭接道口；安全设置

1　引言

随着我国城市化进程的加快和机动车辆数量的迅速增加，城市交通压力不断增大。伴随经济的快速发展，在城市新区、开发区增加与道路搭接道口的需求量也随之增大，如不加以控制或不进行安全技术方面的规范，势必造成城市交通交汇点增多、交通拥堵、车辆争道、人车抢行等无序现象，安全隐患较大。

以句容西五环为例，4 km 的路段，落户了 21 家企业和 4 个中大型安置小区，搭接道口达 32 处，设计中分带开口达 12 处，平均每 1 km 有 3 处 T 形路口，加上此路段城市道路红绿灯控制的 4 处路口，平均 1 km 就有 4 处交叉口，侧分带开口每 1 km 双向达 6 处，严重干扰主线车辆的正常行驶，降低城市交通的社会经济效益。

因此，对城市搭接道口进行安全技术方面的规范十分重要。

2　减少搭接道口对道路交通的干扰

减少城市道路新增搭接道口是保障城市交通运行快捷、行人安全的重要途径之一。

2.1　设置辅道

新建小区、大型物流中心、学校等连片的建筑区，应规划设置专用辅道，贯通工厂、物流、学校、小区道口，集中通过辅道驶入有交通信号灯控制的城市道路，减少各自道口与城市道路的直接搭接。

2.2　归并相邻道口

有红绿灯管控的交叉道口的 1 km 范围内，无信号灯控制的中分带开口应予以封闭，特殊情况下间隔不小于 500 m 保留一处；对禁止左转的侧分带开口，应控制间隔，每 300 m 设置一处，特殊情况下间隔不得超过 200 m；对搭接非机动车道的道口，如城市繁华地段相邻单位大门，应根据门前场地情况，尽量合并为一个道口用于进出，减少对非机动车和行人的干扰。

3 控制新增搭接道口

无序放任城市道路新增搭接道口，将不断增加城市交通负担，扰乱正常交通秩序，增加交管部门的管理难度，从而影响城市交通的社会经济效益。控制新增搭接道口是维护城市良好交通秩序的有力保障。

3.1 严格执行规范标准

根据《城市道路交叉口设计规程》（CJJ 152—2010），平面交叉口间距应根据城市规模、路网规划、道路类型及其在城市中的区域位置而定；干路交叉口间距宜大致相等；各类交叉口最小间距应能满足转向车辆变换车道所需最短长度、满足红灯期车辆最大排队长度，以及满足进出口道总长度的要求，且不宜小于 150 m。对于改建交叉口附近地块或建筑物出入口，《城市道路交叉口设计规程》还要求：主干路上，距平面交叉口停止线不应小于 100 m，且应右进右出；次干路上，距平面交叉口停止线不应小于 80 m，且应右进右出；支路上，距离与干路相交的平面交叉口停止线不应小于 50 m，距离同支路相交的平面交叉口不应小于 30 m。

综上所述，应严格控制非道路平交道口的数量。城市繁华路段侧分带开口的设置间距应不小于 150 m，规划建设中的开发区、新区的非道路平交道口设置间距应不小于 500 m，特殊条件下应不小于 300 m。

3.2 控制新增中分带开口

城市已设中分带的道路，在原有规划设计的基础上，不应增设中分带开口。重大项目确需增设的，应本着新增一处、封闭一处的原则，保持一条街道整体交通运行接近初始状态，前后中分带开口保持 300 m 以上间距。

3.3 控制新增侧分带开口

侧分带开口禁左通行，相比中分带开口对交通运行的影响稍小，但仍然会干扰行驶中的车辆通行。繁华街道需保持其间隔在 150 m 以上，开发区、新区需保持在 200 m 以上。

3.4 控制道口与非机动车道搭接

大中型小区存在 2 个大门及以上的，原则上在一条道路上增设一处道口，其他出入口应设计在其他支路或巷内。连片有多个单位大门出入的，应利用辅道、门前通道合并出入。与非机动车道搭接的道口间隔应不小于 100 m。

4 搭接道口要求

搭接道口应符合"一低、二平、三畅、四美"的要求。

4.1 一低

搭接道口与道路相交处 5 m 范围内应以 0.5%~2.0% 的上坡通往交叉，防止路侧积水排向主路。

4.2 二平

搭接道口路基、路面结构应与被搭接道路结构相同或适当加强，防止因搭接道口连接处沉降、损坏而影响被搭接道路的技术性能，同时要确保搭接道口的路面平整度处于良好技术状态。新老路基结合处应挖成台阶，在路基路面搭接处分别设置土工格栅及高性能聚酯布。路面结构搭接示意图见图 1。

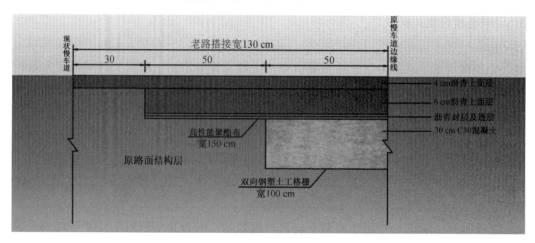

图 1 路面结构搭接示意图

4.3 三畅

保持搭接道口处排水畅通。因搭接道口开挖施工需降低原有雨、污水管道高程的，应会同市政部门根据现场情况采取技术处理。一般采用钢筋混凝土护管，在道路两侧增设窨井过水。

4.4 四美

搭接道口路段两侧与人行道、门面广场的连接处要连接顺畅、美观，人行道台阶与路面高度差不得超过 15 cm，有条件的人行道内侧采用 20~50 cm 宽的坡状连接，方便手推车等通过。道路与门前广场相连，留有停车位的，道路与广场间高度差不应超过 10 cm；道口与停车位需隔离开的，应采用花坛隔离，并栽植低矮花木进行美化；道口内侧与广场相连通车的，应确保连接顺畅，并满足一般小型车转弯半径的需要。

5 搭接道口安全规范

搭接道口是否满足安全出入规范要求，是搭接道口能否得到批准实施的首要条件。安全出入规范要求包括安全停车视距与通视三角区、交通标志、交通标线、监控设施、交通信号灯等。

5.1 安全停车视距与通视三角区

根据《城市道路交叉口设计规程》，当交叉口直行车设计速度为 60 km/h 时，安全停车视距不小于 75 m；当设计速度 30 km/h 时，安全停车视距不小于 30 m。

大门距人行道小于 5 m 的，不能满足最低通视三角区要求，不能在时速 5 km 情况下进行有效观望，不符合搭接道口的安全技术条件。符合规定标准时，驶入非机动车道的通视三角区要达到 100 m；从侧分带驶入右行车道的通视三角区不得小于 140 m；穿越中分带的通视三角区不得小于 240 m。城市道路中分带进行绿化的，中分带开口两侧各 150 m 内的地段，绿化植被不得高出路面 60 cm，确保小型车辆的通视三角区通透。交叉口通视三角区示意见图 2。

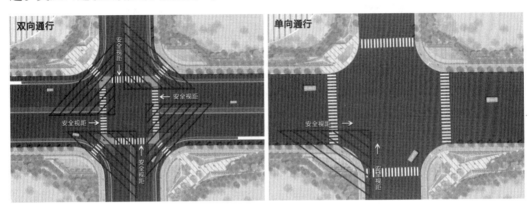

图 2 交叉口通视三角区示意

5.2 交通标志

搭接道口车辆驶入城市道路（非机动车道）前，应在驶入道路右前方设置停车让行标志，需要禁止左转弯的，同时设置禁左标志。车站、物流中心、学校、农贸市场、大型商场地等车流、人流密集的道口，两端增设黄闪灯，提醒过往车辆、行人注意。绿岛式中分带禁左道口，应在出口对面绿岛迎面设置导向标志，提醒驾驶人员右行。

5.3 交通标线

搭接道口大门与道路连接段应划设上下行中心标线、导向箭头，驶入道路口划设停车让行标线。车流、人流密集的道口，应渠化机动车道、非机动车道和人行道，做到使车流、人流各行其道。

搭接道口标志、标线示意见图 3。

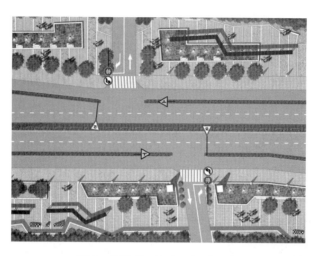

图3 搭接道口标志、标线示意

5.4 监控设施

搭接道口与道路连接段应设置监控探头，有连接条件的，应与公安交警部门联网，条件受限的，应确保一个月的监控储存。保持搭接道口与主线道路一定范围内的交通状况实时监控到位，以便及时掌握交通动态或及时进行交通事故责任核查。

5.5 交通信号灯

大型公交车站、农贸市场、物流中心、商场、学校等中分带开口的道口，需设置交通信号灯进行交通管制。

6 结语

城市道路的搭接道口的规范化许可工作还处于初始阶段，但擅自设立搭接道口会造成城市道路的拥堵，带来较大的安全隐患。因此，加强对城市道路搭接道口的规范化管理，合理设置，严格控制，以及从技术规范和安全角度科学设计道口，对于满足城市交通和经济发展需求十分必要。笔者从多年工作实践中积累了一些浅薄的经验，供相关人员参考、共同进步。

参考文献

[1] 中华人民共和国住房和城乡建设部. 城市道路交通设施设计规范：GB 50688—2011[S].2版. 北京：中国计划出版社，2019.

[2] 交通运输部公路科学研究院. 公路交通安全设施设计细则：JTG/T D81—2017[S]. 北京：人民交通出版社，2017.

[3] 中华人民共和国住房和城乡建设部. 城市道路交叉口设计规程：CJJ 152—2010[S]. 北京：中国建筑工业出版社，2011.

[4] 住房和城乡建设部强制性条文协调委员会. 工程建设标准强制性条文：城镇建设部分[M]. 北京：中国建筑工业出版社，2013.

浅谈城市更新改造背景下窨井盖的处治措施

朱雯君

(句容市交通运输局)

摘　要　在城市更新改造的背景下，窨井盖相关问题逐渐成为城市治理中亟须解决的问题。本文从窨井盖的常见病害、出现原因等方面入手，以句容市文昌路"黑改黑"工程为实际案例，分析研究了城市道路窨井盖的处治措施，以期有效解决窨井盖及周边路面病害这一难题。

关键词　城市更新改造；沥青道路；窨井盖处治

1　引言

近年来，全国多地持续推动城市更新改造，实施了一系列关乎民生的重要举措，以进一步完善城市功能、优化产业结构、改善人居环境，促进经济和社会可持续发展。城市道路有机更新作为城市更新改造的重要部分，在消除路面病害、提升行车舒适性等方面发挥着重要作用。然而，遍布于城市道路路面，常被喻为"城市纽扣"的窨井盖却"险象环生"，时刻考验着城市管理者的治理水平，也因此成为城市更新改造中亟须解决的"老大难"问题。

窨井盖作为城市地下管线检查井的出入口，常年裸露于道路表面，在大交通荷载的作用下，窨井盖及周边路面常常出现下沉等病害。这些病害的出现，不仅影响行车舒适感，带来城市道路噪声，而且会破坏沥青道路的整体稳定性，缩短其使用寿命，甚至于对人民生命、财产构成严重威胁。因此在城市更新改造的背景下，研究窨井盖的治理措施具有重要的理论意义和实用价值。

笔者结合自身工作经验及相关文献资料，得出窨井盖病害在沥青路面上发生的情况较多，在水泥路面上发生的情况较少的结论。因此，本文主要对沥青道路上的窨井盖问题进行调查与研究，同时结合句容市文昌路"黑改黑"工程，着重从病害类型、出现原因、治理措施等方面进行分析，以解决窨井盖治理难题。

2　病害类型及原因分析

在日益繁重的交通荷载及窨井周边土体压力等因素的作用下，窨井盖常出现破碎、下沉、凸起、倾斜、变形等现象，井盖周边路面也随之出现裂缝、破碎、坑槽等病害，严重影响出行安全。根据文献资料及道路实际,本文总结了窨井盖及周边路面常常出现的几类病害,具体如下。

2.1 井盖下沉

井盖下沉现象为目前城市窨井盖最常见的病害类型,该现象常在道路通车运营半年左右出现,下沉的深度多为 2~10 mm,严重者更深。窨井盖常年受到行车静态均布荷载和动态冲击荷载的双重作用,加上其材料与周边回填材料的弹性模量、沉降速率不一致,日渐下沉。

2.2 井盖周边路面病害

井盖出现下沉现象后,若不及时修复,不仅会继续下沉、倾斜、破损,甚至会导致窨井整体下沉。同时,受到行车荷载作用,存在沉降差的井盖周边路面也会因受到水平、竖直及动态冲击荷载的多重作用,出现环向裂缝、破碎、坑槽等病害,进而影响道路的整体稳定性。

2.3 井盖凸起

通常来说,井盖凸起的现象在城市中并不常见,井盖凸起的主要原因是井盖与沥青路面的材料差异性。当前,我国城市中的井盖制造材料常为铸铁、树脂、塑料、钢纤维混凝土等,其中以铸铁井盖最为常见。铸铁型井盖为塑性结构体,沥青路面为弹性结构体,沥青路面的沉降速率大于铸铁型井盖的沉降速率,从而导致井盖凸起这一现象。

2.4 井盖倾斜及破损

井盖沉降之后,井盖倾斜及破损现象常常随之发生。这是因为下沉之后,井盖表面受力不均,导致其易发生倾斜现象。倾斜后的井盖长时间受到不均匀的行车荷载及重车碾压,当荷载强度大于其能承受的强度和刚度时,就会进一步出现破损等现象。倾斜及破损的井盖需要及时进行更换,更换的同时也要检查、加固井体本身,以确保窨井的正常使用。

3 治理措施

针对城市改造道路及新建道路的不同特性,本文分别提出了对应的治理措施,以解决不同情况下的窨井盖问题。

3.1 城市道路改造工程

城市道路改造工程包含"白改黑""黑改黑"等路面改造形式,这类形式在改造时,通常不涉及对窨井下部结构(垫层、井室、盖板)的改造,而侧重于对窨井上部结构(井筒、井圈、井盖及井座)的改造。对于改造道路的窨井盖治理,常见的措施如下。

针对窨井盖下沉、凸起等病害,采取用"钢筋混凝土板井圈"替代传统井圈的措施。传统的窨井井圈与井筒大小一致,在行车荷载作用下,井盖及井圈直接承受着荷载冲击,易产生严重的沉降变形。"钢筋混凝土板井圈"使得井圈扩大为一块混凝土板，该板可以与周围土体结合成为一个受力整体，有效分担行车荷载，同时可以在混凝土板中合理配置钢筋，提高混凝土板的强度，更好地预防窨井下沉。"钢筋混凝土板井圈"窨井结构图见图1。

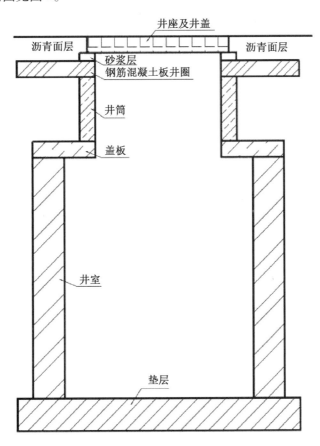

图1 "钢筋混凝土板井圈"窨井结构图

针对井盖行车噪声，采取清理、打磨井盖与井座的间隙，锚固铁片及铝片等措施，密实井盖与井座间的活动空隙。通常来说，井盖与井座间的允许偏差非常严格（间隙≤3 mm），施工现场安装结束后，应及时进行"行车碾压测试"，若出现行车噪声，应重点从井盖与井座接触面平整度、接触面空隙等角度出发，用角磨机打磨不平整处，空隙处用电钻钻孔并锚固铁片、铝片，从而消除噪声。值得一提的是，项目管理者务必高度重视"行车碾压测试"工作，并确保在开放交通之前完成，避免通车后再为消除噪声多次检修窨井盖。

3.2 城市道路新建工程

本文在城市道路新建工程部分所提出的窨井盖治理措施，从一定意义上来说，都属于预防性措施，下面将从设计、施工、管理角度出发介绍相关内容。

3.2.1 设计方面

当前城市窨井盖在机动车道上的位置大致有以下4种：车行道中间、靠近车道分隔线（白线）一侧、中黄线上、车道分隔线（白线）上，如图 2 所示。考虑到车辆行驶轨迹、路拱横坡等因素，建议井盖的设计位置尽可能按照以下顺序选择，以减少行车荷载对窨井盖的破坏影响：车行道中间>车道分隔线（白线）上>中黄线上>靠近车道分隔线（白线）一侧。此外，窨井的设计年限、窨井材料的选择等，也是设计者需要详细考虑的。

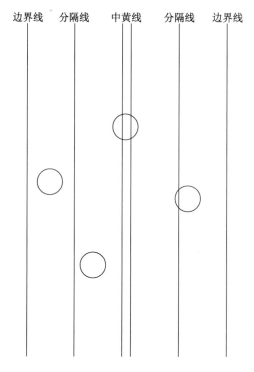

图 2　窨井位置设计图

3.2.2　施工方面

窨井质量的好坏，很大程度上取决于施工的质量。如果每一步均严格按照要求规范化、精细化施工，就可以有效避免未知病害的发生。窨井施工过程常包括基坑开挖、地基处理、排水处理、砌筑井体、井周回填、路面结构施工、井盖井座施工、沥青面层摊铺。在施工过程中，尤其要关注窨井与周围土体的关系，比如井底地基土质强度是否满足承载要求、回填土材料是否达到强度要求等。只有从每一个施工环节入手，严格组织施工设计、按照规范要求进行施工，才能确保窨井的整体施工质量，预防病害的发生。

3.2.3　管理方面

当前城市道路上窨井盖产权管理单位众多，除了市政部门外，还包括供水、供电、燃气、通信等单位，而且隶属不同产权管理单位的井盖，其规格、材质均有差异，导致出现"量多面广、规格不一"这一现状，不利于政府部门统一管理。俗话说"三分建、七分养"，窨井盖的养护主要体现在管理层面。因此本文建议从"统一登记造册，明确井盖权属；统一规格材质，便于维修养护；统一巡查机制，便于应急处理"这3个方面出发，做好城市窨井盖的统一管理工作。

4 案例分析

句容市文昌路"黑改黑"工程全长 4.17 km，改造范围主要是机动车道主路面，不涉及对慢车道及人行道的改造。据统计，改造范围内的窨井盖共 62 处，均存在不同程度的病害，并且存在井周路面病害的窨井盖几乎都有不同程度的下沉。窨井盖病害具体统计数据见表 1。

表 1 窨井盖病害具体统计数据

统计类型	病害类型			
	井盖下沉	井盖周边路面病害	井盖凸起	井盖倾斜及破损
数量/个	51	42	3	8
占比/%	82.26	67.74	4.84	12.90

从表 1 可以看出，井盖下沉及井盖周边路面病害已经成为窨井盖的主要病害。针对该情况，文昌路使用"钢筋混凝土板井圈替代传统井圈"这一技术，对施工范围内的窨井全部进行了处理。具体施工步骤为：切割老路面层—施工钢筋混凝土板井圈—安装井盖及井座—摊铺沥青路面面层—调试井盖—开放交通。现场施工图如图 3、图 4 所示。

图 3 现场施工图 1   图 4 现场施工图 2

目前，文昌路改造工程已建成通车 3 个月，沿线处理的窨井盖未出现下沉、噪声等现象，这表明"钢筋混凝土板井圈"技术可以有效解决改造道路上的窨井盖病害。

5 结语

通过讨论窨井盖病害的类型、成因、治理措施，本文研究了城市更新改造背景下改造道路及新建道路的不同治理措施，并结合实际案例验证了窨井盖病害治理措施的有效性。今后，期待更多的城市管理者能从窨井盖电子化管理、井盖材质选择、井盖视觉设计等角度出发，研究探讨更多有益的建议与对策，助力城市更新改造。

参考文献

［1］黄进波.窨井及周边路面破坏力学行为与防治技术研究［D］.重庆：重庆交通大学，2020.

［2］高坤，类维波.降低道路检查井行车噪声施工技术应用［J］.中国新技术新产品，2016(5):101-102.

［3］周航.城市道路窨井盖的管理和应急处置［J］.商品与质量，2019(51):39.

［4］张雪峰.城市道路检查井施工控制研究［D］.沈阳：沈阳建筑大学，2018.

"四好农村路"助力"美丽乡村"建设

邹学伟

（丹阳市交通局）

摘　要　本文旨在全面巩固和深化"四好农村路"全国示范县建设成果，打造"特色致富路、平安放心路、美丽乡村路、美好生活路"；通过对桐庐、溧水、江宁、溧阳地区的考察调研，学习先进经验，分析丹阳市县道及农村公路现状和存在的问题。结合以上调研，本文提出了一系列建议，以期推动丹阳市"四好农村路"发展，助力"美丽乡村"建设。

关键词　四好农村路；农村公路；美丽乡村

1　引言

为全面巩固和深化"四好农村路"全国示范县建设成果，打造"特色致富路、平安放心路、美丽乡村路、美好生活路"，丹阳市交通局会同财政局、丹阳投资集团，赴桐庐、溧水、江宁、溧阳考察调研，学习其在农村公路建设模式、规划设计、管理养护、资金保障等方面的先进经验。通过调研学习，我们充分认识到丹阳市"四好农村路"建设虽成效明显，但存在的问题更不容忽视，为扎实推动丹阳市"四好农村路"发展，助力"美丽乡村"建设，现将有关情况报告如下。

2　丹阳市县道及农村公路的现状与存在的问题

近年来，市委、市政府高度重视农村公路建设，通过出台补贴政策和理顺管养体制，在农村公路的通达率、建设质量和农村路域环境等方面都取得了较好的成绩。丹阳市在2017年被评为全国首批"四好农村路"示范县，2018年被交通运输部、国务院扶贫办、农业农村部联合评为全国"四好农村路"示范县。2019年"我家门口那条路"江苏展示周活动中，新华社、中央电视台、中新社等中央、省级、市级媒体和网络自媒体等30余家"记者团"深度体验了家门口的"四好农村路"给丹阳百姓带来的便捷与幸福。

对照"美丽乡村"的建设要求，对标先进地区规划建设经验，丹阳市县乡公路建设及路域环境打造存在现有道路技术等级低、病害严重，养护资金投入长期不足及各镇区建设管养能力不足等问题。

一是高等级道路比重偏低。截至2020年，丹阳市共有农村公路2099.825 km，其中县道 407.493 km，乡道 680.631 km，村道 1011.701 km，行政村四级路通达比例 100%。道路总里程数和先进地区处于同一水平。但是，从道路技术等级来看，高等级道路占比与先进地区差距较大：其中县道一级路占比 41%，二级路占比 32%；乡道一级路占比仅 2.4%，二级路占比 11%；村道四级公路占比达 80%。丹阳全市县乡道路沥青路面占比仅 21%，远低于此次考察相关县区标准。

二是现有道路病害严重。丹阳市 80% 的县乡道始建于 2000 年前后，基本上都存在设计标准不高、线形差、路面窄、会车困难、配套设施不完善等问题。同时，在正常养护状态下，道路设计使用年限为 10～15 年，目前，这些县乡道均处于超期服役的状态。根据《省政府办公厅关于印发深化农村公路管理养护体制改革实施方案的通知》（苏政办发〔2020〕48 号），农村公路列养率应达到 100%，县道、乡村道年均养护工程比例应该分别不低于 6% 和 5%，丹阳市每年县道安排的养护工程里程应该达到 24.45 km，但"十三五"期间，丹阳市县道养护工程总计实施了 27.6 km，只到达标准的 22.6%。实施农村公路提档升级 100 余 km，占到总里程的 5.9%。

三是养护资金投入长期不足。道路要求"三分建、七分养"，丹阳市道路里程增加而养护经费却未增加。近年来，人工和材料成本不断上涨，养护成本增高。根据苏政办发〔2020〕48 号文件的要求，省、市、县三级公共财政资金用于农村公路日常养护的总额不得低于以下标准：乡道每年每公里 5500 元，村道每年每公里 3500 元。而现在丹阳农村公路每年所有养护经费合计为：乡道每年每公里共 4000 元，村道每年每公里共 1000 元。丹阳市现有标准达不到最低要求，只能基本保障人工成本，材料和设备投入无法保障。加上农村公路超期服役问题比较普遍，最终只能用代价高昂的重建工程解决通畅问题，大大降低了投资效益。同时，在绿化养护上，丹阳市县道绿化养护补助资金每平方米仅 1.39 元，也达不到最低养护标准，养护投入不足已成为建设美丽农村路的发展瓶颈。

四是各镇区建设管养能力不足。农村公路建设养护属于地方事权，地方是建设养护的责任主体，现行的以投资补助方式支持建设、按基数切块方式支持养护的模式已与发展形势不适应，亟须调整政策，统筹考虑建设和养护的问题。丹阳市各镇区农村公路体制机制建设还没有到位，受制于地方财力，各镇区在农村公路建设、路域环境整治和管理养护上的积极性不高。各个镇区不仅公路建设标准不统一、质量参差不齐，还普遍存在建设意愿低、养护能力低、资金保障低的情况。

3 考察地区现状及原因分析

通过对桐庐、溧水、溧阳、江宁四个地区实地考察和调研，本文将这些地区农村公路的建设养护现状总结如下。桐庐县农村公路 1746 km，近三年来完成农村公路提档升级、改扩建和大中修 812 km；溧水区农村公路 1352 km，沥青路面 889 km，占比 65%，所有行政村实现 7 m 宽沥青路 100% 覆盖；溧阳市打造全长 365 km 的"1号公路"，对内串联全市主要景区、景点、乡村旅游点、美丽乡村和特色田园乡村，对外通达周边 7 个县（市）；江宁区农村公路总里程 1995 km，行政村双车道四级公路覆盖率 100%，2013 年至 2020 年共投资 42 亿元，完成 1100 km 农村公路提档升级，安装农村公路路灯 4.6 万盏。另外，江宁、溧阳道路养护经费为：县道每年每公里 50000 元，乡道每年每公里 5000 元，村道每年每公里 2000 元，路面保洁每年每公里 8000 元，绿化养护经费每平方米 5 元。

虽然四个地区在建设重点方面各有侧重，但基本上有以下几个共同点。

一是工作领导小组层级较高。四个地区县道建设和农村公路建设在市级和区级层面都成立由主要领导亲自挂帅的工作领导小组，统筹协调农村公路建设过程中的重点、难点问题。各乡镇也成立领导小组和办公室，具体落实建设工作。各个地区分别出台了相关文件，在建设模式、规划要求、质量标准、养护标准、职责划分、评价考核等方面做出了明确的要求。

二是资金由市区级财政统一保障。由于道路建设投资量大，四个地区农村公路建设和养护经费统一由市级、区级财政进行保障。各地区财政、城投、交投等单位通过灵活多样的融资方式，确保建设资金到位。为降低资金压力，各地区都采用分步实施的办法，通过以样品路、精品路带动的模式，分批次、分年度进行建设。

三是统一规划和建设主体唯一。在规划上由市、区政府通盘考虑，一体布局。指定城投或交通运输局为建设主体，实施统一立项，统一规划和设计，统一施工和招投标，统一施工管理，统一质量监督和交、竣工验收，统一审计和支付，统一由街道和乡镇负责征地拆迁工作和费用。

4 丹阳市农村公路发展建议

总体来看，丹阳市地方干线公路和农村公路基础扎实、覆盖面广、潜力巨大，应该成为本市园区建设、美丽乡村打造、农村旅游培育、现代农业发展等方面的有力支撑和引领。围绕这个目标，交通道路等基础设施建设要起到串联"点线面"的保障作用，助力"美丽乡村"建设"点上出彩、线上成景、面上开花"。

一是坚持高位统筹，凝聚整体合力。借鉴先进地区的建设和发展经验，市委、市政府应成立"四好农村路"工作领导小组，市委、市政府主要领导担任总指挥。将"四好农村路"建设纳入经济社会发展总体规划及土地利用等专项规划，定期听取情况汇报，研究解决重大问题。市政府分管领导，相关部门主要负责同志、各镇（区、街道）主要负责同志为成员，牵头组织、协调、推动计划制订、资金保障和征地拆迁等工作。研究出台"丹阳市关于高质量推进国省干线公路管养和'四好农村路'建设的实施意见""丹阳市农村公路路长责任制实施方案"。在各镇（区、街道）部门设立专职农路机构，定编定员，设 3 名以上养护管理人员，专职人员不少于 2 人，其中有 1 名为土木工程类的专业人员。

二是坚持规划引领，确保建设质效。市级层面统一高规格、高标准、高质量规划全市农村路网建设和环境整治工作。结合丹阳的区域定位、经济发展、乡村产业（包括乡村旅游业），优化完善农路品牌顶层设计，打造"两环+N射"的全域农村公路网络，形成51 km西环线（312国道—241省道—新司线—岗万线—访上线—生态大道—122省道—丁延线—导延线—季子路—丁延线—丁新线—导延线—丹宝线）与62 km东环线（新司线—开访线—荆裴线—坤导线—访上线—后皇线—双乌线—管大线—丹界线—界司线—312国道）的"四好"农村公路闭环。实现农村公路规划与乡村振兴、镇村布局、国省干道、村内道路及其他运输方式规划衔接，与客运、物流等规划相协调。在规划中以"两环"农村公路为纽带，辐射各个乡村，串联起12个乡镇经济文化特色，不断促进"镜彩农路·丹凤朝阳"农路品牌外延，做到一路一景观，一路一文化，一路一特色，充分融入旅游景点、休闲场所、驿站、绿道、步道等元素，形成"彩色化、珍贵化、效益化"的交通景观带。

三是坚持主体明确，分步实施。在目前资金投入有限的情况下，建议采取"一张蓝图全覆盖，一个主体抓建设"的方式，避免政出多头、各自为战，把有限的资金集中使用。采用分片分区、由环至射的方式有计划地分步实施，确保建一条、成一条、美一条。以点带面，点上突破，面上推进，使区镇层面的农村公路特色品牌与市级农村公路建设品牌相呼应，形成整体。计划到2035年建设形成集丹路产业、丹路文化、丹路旅游、丹路美景、丹路美食、丹路民居等于一体的全域"丹阳农路"融合发展服务平台，将公路文化融入地方特色，带动地方产业，激活地方经济。

四是坚持财政保障，健全长效机制。公路等基础设施建设投资量大，需要政府强大的财政支持。先进地区的建设经验证实，市级财政需要对建设资金和养护资金进行全面兜底，才能确保整体目标的全面实现。建议在适当的时机成立"交投"，拓宽融资渠道。财政、城投等部门可以通过发行债券、土地收益投入、活用融资政策等方式，确保资金投入的长期稳定性。积极与金融机构协调，适当放宽农村公路建设融资门槛，拓宽融资渠道，破解建设资金不足的问题。同时，将农村公路建设与产业发展、旅游开发、客货运输等统筹规划实施，多渠道筹集资金。参照国、省道模式，设立农村公路大中修、水毁地灾等专项资金，将农村公路大中修、小修、日常养护及应急抢险等经费全部纳入财政预算，并建立稳定的增长机制。积极推进村道安全生命防护工程，制订"丹阳市农路安全生命防护工程三年行动计划"，对县乡道临河傍水、有急弯和陡坡的重点路段进行安全隐患整治工作。

五是坚持责权分明，完善考核机制。建议市政府将农村公路建设和养护工作纳入年度政府工作目标责任考核体系，建立市督查办定期督查，镇区月度检查分级负责，上下联动的督查机制，将检查结果列入考核范围，并提高分值，考核结果与单位等次、管养资金配额直接挂钩。在市交通局设立农路办，统筹协调全市农村公路建设和考核工作；在市公路管理处挂牌成立公路养护应急处置中心，负责国、省、县道养护应急处置，指导农村公路应急处置工作。

丹阳市国省干线道路养护
存在问题及应对措施

李丁荣

（丹阳市公路事业发展中心）

摘　要　我国的道路建设已经取得了进一步发展。但是受天气、人为等外部因素影响，国省干线道路在使用过程中仍存在各种问题。为提高干线道路的通行率，有必要对其进行一定的维护。基于此，本文主要针对目前干线道路工程养护中的问题提出相应的解决措施，包括增加相关人员的投入、提高公路维护工作人员的工作效率和质量、建立完善的干线道路养护模式等，以此来提高国省干线养护的效率和水平。

关键词　干线道路；道路养护；养护成本；新技术

1　引言

随着我国经济的不断发展，国省干线成为交通、出行、运输的主要通道。现有建成道路往往因车辆行驶疲劳荷载、道路铺设材料老化、风霜雨雪天气等因素而受到损坏，产生诸多道路问题，比如路面裂缝、车辙、唧浆等，一些沥青路面甚至会出现坑塘等情况，影响交通安全。特别是在恶劣天气，如夏天的午后，灼热的阳光使地面迅速升温，导致沥青路面软化，造成车辙，而突如其来的雷阵雨又会使地面突然冷却，巨大的温差往往会诱发道路病害。此外，车辆超载也是国省干线道路产生病害的原因之一，通行车辆处于满负荷状态，导致国省干线道路被破坏，进一步提高了养护成本。为提高国省干线的使用质量，就需要对道路进行必要养护。

2　国省干线道路养护现存问题及原因分析

2.1　施工人员专业性不足

在对国省干线道路进行养护的过程中，专业的管理及技术人员是必不可少的攻坚力量。社会经济在发展，养护经费却未有显著的增长，导致一线养护人员普遍待遇不高，工作辛苦繁杂，相关单位的专业人才逐步流失且得不到及时补充。各级公路养护人员素质普遍偏低、专业技能较差也是公路养护管理水平无法科学、有效提升的重要原因。

2.2 周期性分明

一年四季中,春季和夏季是国省干线道路病害发生的高峰期,这两个季节的雨水多、温差大,雨水冲刷会造成国省干线道路出现开裂和坑洞,而高温会导致国省干线沥青道路中的沥青材料回软,出现泛油和车辙。此类问题的发生比较普遍,且规模较大,每年在雨水高发的夏季,部分国省干线就会出现多个坑塘,影响行车安全。

2.3 国省干线道路养护成本高

养护成本偏高的原因较多,除了工程养护本身具有应急性、公益性、复杂性之外,还有其他方面的因素,具体体现在以下两个方面:一是养护体制存在问题,"重建设、轻养护",忽视全寿命周期成本管理,建设过程中遗留的很多问题在后期养护过程中难以得到解决;二是没有形成预防性养护理念。

2.4 养护管理科技含量不高

现有的干线道路养护管理缺乏统一的养护规范标准,可操作性较差。同时,道路的机械化、信息化养护明显匮乏,引进的设备或预养护技术缺乏与实践的配套研究和应用,导致养护管理的科技含量较低,难以实现充分养护管理的高水平效能。

3 国省干线道路工程养护应对措施

3.1 注重专业人员的培养

在道路建设及日常养护工作中,需要着眼于人才及技术的更新和流入,可以适当增加相关岗位的人才储备,同时需要对现有的职工进行专业技术、技能的重点培训,尤其要注重对人才的培养和吸纳。例如,可以采用师徒制,让有技术的工作人员传带身边缺乏经验的人员,起到以点带面的作用,使养护工作的效率和质量随着工作人员能力的提升不断提升,进而保证国省干线道路养护工作的效率和水平。

3.2 多措并举,降低养护成本

3.2.1 统筹规划,降低成本

关注国省干线道路全服务期的管理成本,在国省干线道路服务的全寿命期内进行成本管理,将国省干线道路的养护及运营整合到整个周期内,在道路的规划、设计、施工、运营等阶段进行统筹考虑,减少后期的养护成本。要遵循节约、谨慎的基本原则,对整个道路项目做好整体规划设计,从而减少后期的工程养护成本。

3.2.2 加强宣传,转变理念

国省干线道路是公共财产,理应由全社会来共担维护责任。应引起全社会对国省干线道路养护工作的重视,可采用报纸、新媒体等新闻媒介对养护工作进行宣传,使沿线居民之间达成共识,激发居民对国省干线道路养护的热情,提升全体居民对道路的爱护意识及对国省干线道路养护的支持,从侧面推动建立正确的发展观念,真正理解国省干线道路"三分靠建设,七分靠养护"的理念,推动各级政府部门进一步加大对国省干线道路养护的投入。

3.2.3 提升道路养护技术，开展针对性预养护

随着科学技术的不断发展和进步，各种新材料和新技术不断涌现，例如厂拌热再生沥青混合料，沥青微表处技术，基层、水稳层加固，超薄罩面沥青混合料及高模量结构补强沥青混合料，等等，为国省干线工程养护提供了更多的技术支持。国省干线道路经过养护后会进入稳定期，在该时期，道路的结构已经十分稳定，为了提高道路的使用性能，延缓道路路面的破坏速度，同时进一步改善道路的行车条件，可以有针对性地进行国省干线道路预养护。国省干线道路的预养护需要相应的资金支持，但预养护资金相对于后期的大笔修补金而言无疑是"低投入、高回报"，能大大降低国省干线道路的养护运营成本，适合推广应用。

3.3 加强养护工程市场监督管理

国省干线道路工程的养护目的是保证道路行车安全、畅通无阻，完善和健全的国省干线道路养护制度是道路完整和行车畅通的重要保证。在进行招投标的时候不仅要对投标单位的报价、人员及机械设施进行把控，还需要着重考虑投标单位的社会信誉、社会舆论等。充分运用第三方服务机构，做好养护招投标管理、养护质量监督和信息管理、路况科学评价等工作，健全国省干线道路养护的质量管理体系，提高道路养护的质量，保证养护工作的安全性，尤其是要加强对养护工作期间的巡检力度，及时发现问题、解决问题。

3.4 倡导"互联网+"，加强多部门协同

"互联网+"技术是新兴技术，在进行国省干线道路养护的过程中，有必要对该技术加以运用，解决养护过程中出现的信息反馈不及时、养护工作不到位等问题。目前已经建成并使用丹阳市国省干线现代化养护综合管理系统，探索出"智慧养护"这一养护模式，通过科技的力量全面提升养护管理效能。实现"互联网+"精细化和真正意义上的"数字管理"，优化、简化了工作流程，多角度、全方位支撑机构内部职能部门的有机融合和外部上下游单位的协同运作，从而降低了运行成本，提高了管理质量，提升了工作效率。同时，采用自动化智能辅助巡查系统，以人工智能视觉识别技术为基础，利用地图可视化、人工智能视觉识别算法、科学养护智能决策等人工智能手段实现智慧巡检。在巡查车辆上路巡查时，无需停车，利用全局抓拍，可自动化采集路面病害和交安资产异常数据，利用5G技术自动进行图片回传，自动智能识别路面情况，自动生成巡查报表和巡查日志及可视化结果。信息技术平台及巡查系统能帮助工作人员更加及时、高效地开展国省干线道路养护工作，以便第一时间把控国省干线道路运行情况，及时发现问题、解决问题。

4 结语

国省干线道路是国家的大动脉，评价国省干线的管理水平，不仅要看其道路建设的技术水平，还要看道路养护的技术水准。当前各省、市、自治区政府部门对道路的养护工作越来越重视，对行车安全和道路通畅提出了更高要求。在进行国省干线道路

养护的过程中，不仅要注重对相应人才的引进，还要重视整个工程项目的寿命周期和运营成本，加大对道路养护工作的宣传力度，增加对道路养护工作的财政支持，同时结合现有的新技术，开展国省干线道路的预养护工作，提高国省干线道路养护的机械化水平，进一步降低国省干线道路的养护成本。与此同时，还要提高国省干线道路养护市场的开放程度，加强对道路养护的管理，建立以“互联网+”为技术支持的信息共享平台，做好各部门之间的协调工作，促进信息共享和信息管理，推动国省干线道路的养护工作和养护水平取得进一步的发展。

参考文献

［1］孔凡为. 盐城市道路养护市场化管理模式研究［D］. 武汉:湖北工业大学,2017.

［2］刘晓莎,王林. 基于5G的新一代智能交通路口研究与设计［J］. 工业仪表与自动化装置,2020(4):66-69.

［3］杨科. 探析城市道路养护的市场化运作［J］. 居舍,2020(3):167.

丹阳市农村公路建设养护管理分析

蒋小浩

（丹阳市公路事业发展中心）

摘　要　2023 年是踏向中国特色社会主义现代化新征程的重要一年，丹阳交通人全力推进农村公路建设工作，把建设"四好农村路"作为群众工程、民心工程，办好实事，让人民群众有更强烈的幸福感和安全感。

关键词　四好农村路；乡村振兴；丹阳模式；智能转型

1　引言

党的十八大以来，习近平总书记高度重视"四好农村路"的发展，先后多次做出重要指示，为农村公路发展提供了根本遵循和行动指南。习近平总书记强调，交通基础设施建设具有很强的先导作用，特别是在一些贫困地区，改一条溜索、修一段公路就能给群众打开一扇脱贫致富的大门。全面建成小康社会、实现乡村振兴，交通要发挥好"先行"作用。江苏省交通运输厅突出打造"特色致富路"、全面打造"平安放心路"、积极打造"美丽乡村路"、致力打造"美好生活路"，实施农村公路提档升级三年行动计划，在全省 82 个涉农县区按照"一县一品牌、一区一特色"的目标创建了各具特色的农路品牌，就是要为冲刺高水平全面建成小康社会、实施乡村振兴战略和服务农业农村现代化建设提供坚实的交通运输保障。

2　农村公路建设和养护管理存在的问题

截至 2022 年年底，丹阳市农村公路通车总里程 2042.973 km，其中县道 404.923 km，乡道 807.334 km，村道 830.716 km，县道三级及以上公路占比达到 100%，行政村双车道四级及以上公路覆盖率达到 100%，有力地促进了农村地区的经济社会发展，得到了农村群众的普遍拥护和社会各界的广泛赞誉。但是还存在一些突出的短板，制约丹阳农村公路发挥出最大效益。

2.1　农村公路覆盖深度有待提升

虽然全市行政村已实现全部通畅，村内道路全部硬化，但随着经济的发展、乡村旅游的流行和普通农户家庭交通工具的增多，部分农村公路建设等级就显得偏低，"十一五"时期等兴建的农村公路已不能满足人民群众对农村人居环境、社区公共服务水平的要求；在服务农村地区产业发展方面，重要产业、旅游、物流等节点尚未全部通达等级公路，部分规模化农业产业园区道路等级偏低、路面状况不佳，不能满足实际发展需求，亟须构筑畅通优质的路网系统；在服务农村建设方面，目前农村公路的通达深度和覆盖广度仍不足，规划发展村庄尚未全部通达双车道四级公路，仍需推进农村公路向规划发展村庄和较大规模自然村延伸覆盖。

2.2 农村公路融合发展水平有待提升

农村公路与农村经济、社会、生态、文明融合发展还不充分，整体效益有待增强，难以满足人民群众对道路的多重要求。每年对此提出意见的百姓、人大代表不在少数。在智慧农路转型方面，还存在影响到综合管理功能的发挥的许多短板，农村公路信息化总体水平亟待提升。在运营方面，丹阳市镇村公交虽已实现行政村100%覆盖，但部分经济条件较好的乡镇镇村公交线路实载率很低，甚至有些班次无人乘坐，资源浪费很大，城乡客运线网结构、运力配置有待进一步优化。

2.3 农村公路安全标准有待进一步提升

安全生命防护是一个长期、持续和不断改进的过程，目前农村交通安全问题还比较突出。安全隐患治理永远贵在"防患于未然"，必须发现在前、解决在先。此外，随着时间的推移及道路状况、周围环境等因素的变化，原有配套设施会出现磨损、损坏等现象；农村公路桥梁库内存在大量之前由水利、农业等部门建造的桥梁，承载力达不到公路等级要求。

2.4 资金保障制度有待进一步健全

农村公路工程建设项目推进难度大。建设过程涉及规划、财政等多个部门，项目前期手续办理程序复杂，公路用地审批困难、部门协调多、时间跨度大，这些都给农村公路建设前期加大了难度。原来的丹阳农路建设的地方配套资金主要来自丹阳市城市建设投资公司，但根据上级关于规范政府融资行为、防范化解政府性债务风险的相关文件要求，丹阳市城市建设投资公司不再筹措资金用于纯公益性项目和准公益性项目，因此造成提档升级项目实施放缓。基础设施建设和工程建设资金不足是制约"四好农村路"建设的又一大因素。在专业人才的配备上，因为资金长期存在缺口，建设养护工作也显得"力不从心"。丹阳市农村公路点多、线长、面广，公路管养任务重，但市农路管理人员现状与成倍增长的管养里程有所脱节，养护人员少是一个方面，缺乏会创新、懂技术的高素质技能型人才又是一个方面，尤其是镇区农村公路管养机构缺乏专业人才和经验丰富的技术人员，造成开展专业性较强的工作时效率不高。因此，建立一支专业的养护管理团队，负责对农村公路建设和养护管理进行组织、监督和指导，对于保证农村公路安全高效运行极其关键。

3 补短板、整合力、促融合，稳步提升建管养水平

丹阳交通人深入贯彻落实习近平总书记对农村公路的重要指示精神，贯彻交通运输部、江苏省交通运输厅关于推进"四好农村路"建设的意见，以及省、市政府关于

实施农村公路提档升级工程的文件精神，直面问题，采取有效举措，补短板、整合力、促融合，为丹阳市乡村振兴战略当好先行军。

3.1　做好顶层设计，形成政府行业合力

以打造农村公路建设示范性区域为抓手，围绕当前丹阳农村公路发展基础、发展目标、重点任务及保障措施开展全面深入的探索。成立农村公路建设示范工作小组，统筹协调和组织指导农村公路建设示范工作涉及的各项工作任务（包括路长制、品质工程创建、农村地区公路交通安全整治等重点工作），协调和解决建设过程中的土地资金等突出问题，负责工作方案制订、目标任务分解、技术指导和监督考核等工作，特别是要把乡村振兴相关目标考核纳入其中，并将最终的评价结果作为项目资金支持政策调整和预算安排的重要依据，由此形成市镇两级政府与行业管理的合力。

3.2　加大投入，规范程序，编织顺畅农路网络

交通运输部同国家乡村振兴局等单位联合印发了《农村公路扩投资稳就业更好服务乡村振兴实施方案》，提出启动新一轮农村公路建设和改造，扩大农村公路有效投资，补齐农村交通基础设施短板，完善农村交通运输体系，拓展农民就业渠道，更好地服务巩固拓展脱贫攻坚成果，助力全面推进乡村振兴。丹阳市应结合自身实际情况，科学编制建设示范提档升级项目，对未达标的农村公路进行全面梳理，结合村庄布局调整规划及茅山老区等欠发达地区的发展需求，完成农村公路提档升级任务，打通农村公路"微循环"，支撑区域一体化发展。

3.3　安全至上，加强整治，确保农路通行安全便捷

严格按照"县道县管、乡村道镇村管"的原则对农村公路桥梁进行管养，对检测中发现的桥梁及时按《公路桥涵养护规范》（JTG 5120—2021）的要求分类别进行处置，对四五类危桥，发现一座改造一座。要持续推进农村公路生命安全防护工程，基本消灭农村公路安全隐患，重点完善桥梁、临水临崖、急弯陡坡、平交路口等路段的交通安全设施，基本消除临水等危险路段安全防护缺失的隐患。积极探索农村公路桥梁管理新思路，建立桥梁管理及健康系统，以所有农村公路桥梁为对象建立数据中心，进行实时健康安全监测，动态掌握安全信息，填补监控"盲区"，全程把脉桥梁健康，发现一些"看不见"的隐疾。

3.4　权责清晰，智慧管养，提升农路治理现代化水平

根据《关于印发〈丹阳市农村公路路长责任制实施方案〉的通知》（丹政办发〔2020〕91号），全面推进"路长制"实施，在全市县乡村道设立市、乡、村三级路长，同时将"路长制"巡查工作融入"网格化"社会治理，鼓励老党员、乡贤和热心群众参与农路巡查，形成"多元合一、一员多用"的公路管养巡查队伍体系。在现代化管理水平优化方面，可利用信息化手段，推进自动化检测全覆盖，充分运用5G、无人机、人工智能、云计算等技术，建立"智慧农路"信息化管理系统，实现农村公路实时管理、及时整治。加大预防性养护和大中修工程实施力度，保障县道、乡村道年均养护工程比例分别不低于6%和5%，继续提升农村公路优良中等路率。

3.5 富民强业，持续发展，社会效益更加凸显

建立规范、高效、安全、稳定、融合的农村公路服务管理系统，以"建、管、养、运"为核心，完善农村公路"一网一平台"的管理服务平台，提升农村公路建管养运信息化管理和服务水平。为持续发挥农村公路公益性特质，维护好农村地区脱贫攻坚成果，根据《交通运输部办公厅关于进一步开发"四好农村路"就业岗位着力稳定和扩大就业的通知》，大力开发农村公路就业岗位，就业岗位分为公益性岗位和非公益性岗位，主要从事农村公路日常巡查、道路保洁、隐患排查、绿化养护和小维修等工作。同时，以打造与沿线乡村产业、旅游、文化融合的美丽农村路为突破点，助力关联产业经济总规模提升。带动包括生态农业（蔬菜种植、果品采摘）、乡村休闲旅游、制药业和医疗器材等健康产业，以及眼镜产业、汽车零部件产业、电子商务等持续高质量发展，持续提升效益。

3.6 因地制宜，打造品牌，城乡交通环境更加优美

在巩固和深化"镜彩农路·丹凤朝阳"创建成效的基础上，深化"农村公路+"融合模式，实施农村公路品牌提升计划，进一步巩固品牌基础、增强品牌效益、提升品牌形象。优先打造东西部122公里环线，布局形成"两环+N射"，形成全域旅游"微循环"。定位东环"休闲胜境"片区，主要结合"农村公路+"与乡村旅游、典型文化，打造交旅融合；定位西环"田园牧歌"片区，主要结合特色农业产业，推进产业致富、助力乡村振兴。开展县道与乡村道公路的交叉口的节点打造，塑造融合安防需要、生态环境、乡村特色文化的节点景观小品，全面提高农村公路节点配套设施品质。推进美丽乡村路乡镇全覆盖，对照丹阳市农村公路品牌市级评估考核方案的要求，每年推出"美丽农村路""平安放心路"样板路，实现镇镇有美丽农村路。

4 提高农村公路养护水平的思考

针对我市农村公路养护现状，以下分别从建立健全农村公路法律体系，优化农村公路管养运行机制，加强公路养护机械设备精细化管理，提供多渠道资金保障等方面阐述如何提高农村公路养护水平。

4.1 建立健全农村公路法律体系

进一步完善农村公路法律，明确农村公路法律责任，总结发展典型经验并固化，以更好地指导我们建立符合本地实际的"四好农村路"建设模式。同时，在农村公路"建管养运"的全过程中，各职权部门还需统一进行执法监督，对于日常农村公路运行过程中存在的交通违法行为要严格惩处，避免人为因素对于公路造成破坏的情况。

4.2 优化农村公路管养运行机制

规范并完善好各级农村公路管养机构的运行机制，明确相关部门的职责分工，形成"政府、行业、社会"多方联动的农村公路管理养护机制，推动管理养护常态化，为乡镇适当引进农村交通建设、管理、养护专业技术人才。专业人才是农村公路管养的基础，如果人才培训、人员编制、人员经费的问题得到解决，一批真正接地气的农

村公路建设养护方面的人才就能根据当地特色得到培养。结合农村公路的实际养护需求，进行预防性养护措施的合理构建。通过预防性养护措施的应用，公路养护人员能够及时发现农村公路实际运行中存在的病害问题并加以处理。这样能够在保障农村公路使用质量的基础上，有效规避公路病害导致的交通安全问题，从而获得良好的公路养护效果。

4.3 加强公路养护机械设备精细化管理

从安全的角度出发，在对公路进行养护的过程中，应尽可能减少工作人员直接在公路上工作的机会，利用机械设备在一定程度上可以较好地保护工作人员的生命安全，减少安全事故的发生，保障养护工作的正常开展。除此之外，加强对机械设备的管理工作，还能够确保养护质量，这也是促进公路养护工作朝着专业化及社会化发展的重要途径，是养护工作现代化的重要内容。因此，只有提高设备管理的水平，保障公路养护的效率与质量，才能最大限度延长公路的使用寿命，实现经济效益与社会效益的统一。

4.4 提供多渠道资金保障

要保证农村公路养护的深入推进，充足的养护资金必不可少。在资金保障方面，要建立以公共财政分级投入为主、多渠道筹措为辅的农村公路建设资金筹措机制，将农村公路建设资金列入地方各级政府财政预算，逐步提高农村公路建设养护补助标准，以满足"四好农村路"的发展需求。

5 结语

"四好农村路"的建设是一项长期的基础性、公益性工程，是一件利国利民的大事，对丹阳市乡村振兴战略的实施具有重大意义。丹阳交通人将初心不改，始终如一，甘当铺路石，主动承担起"建好四好农路，服务乡村振兴"的使命，将"四好农村路"打造成造福一方百姓的特色致富路、平安放心路、美丽乡村路、美好生活路、城乡融合路。

参考文献

[1]韦金龙.加强农村公路建设与养护管理工作浅议[J].建材发展导向（下），2021,19(1):322-323.

[2]吴文婷.农村公路建设与养护一体化管理分析[J].工程建设与设计，2020(12):112-113.

[3]陈娇娇.公路养护机械设备维修和维护管理策略研究[J].建材与装饰，2019(28):266-267.